Friedrich Georg von Bunge

Die Revaler Rathslinie

Friedrich Georg von Bunge

Die Revaler Rathslinie

ISBN/EAN: 9783743695191

Hergestellt in Europa, USA, Kanada, Australien, Japan

Cover: Foto ©ninafisch / pixelio.de

Weitere Bücher finden Sie auf **www.hansebooks.com**

Die

Revaler Rathslinie

nebst

Geschichte der Rathsverfassung

und

einem Anhange

über Riga und Dorpat.

Von

Dr. F. G. v. Bunge.

Reval.

Verlag von Franz Kluge.

1874.

Von der Censur gestattet.

Reval, den 20. Juli 1873.

Druck der F. priv. Hofbuchdruckerei in Rudolstadt.

Den

Hochedlen Räthen

der Städte

Reval und Riga

hochachtungsvoll zugeeignet von

Ihrem

getreu und dankbar ergebenen Bürger

Dr. J. G. v. Bunge.

Berichtigungen.

Einleitung.

A.

Quellen und Hülfsmittel.

I.

Für die Zeit vor dem Jahre 1333.

Obgleich schon in der ersten Hälfte des dreizehnten Jahrhunderts der Rath, als Obrigkeit. an der Spitze der Bürgergemeinde Revals bestand[1]), so hat sich doch aus diesem Jahrhundert der Name nur eines einzigen Rathsgliedes erhalten, und zwar in einer Inscription des Schuldbuches der Stadt Riga[2]), wo es heisst: „*(Anno M.CC)XCVIII. Dominus Lambertus Seymo et Johannes de Rigemunde et Volmarus Dovinch senior tenentur domino Henrico de Verdene de Revalia et suis sociis XXIV. marcas Rig. etc.*“ Dieser V e r d e n wird hier zwar nicht ausdrücklich als Glied des Revaler Rathes — *Consul* oder *Proconsul* — bezeichnet. Allein es gebührte zu jener Zeit allen Gliedern des Rathes der Stadt das Prädicat *dominus*, Herr, im Gegensatz zu den nicht zum Rathe gehörigen Bürgern, und

---

[1]) S. unten Abschnitt B., I.
[2]) Das Rigische Schuldbuch, herausgeg. von Hrm. Hildebrand (St. Petersb. 1872. 4.) No. 1136.

muss daher, wo in städtischen Urkunden dieses Prädicat vor einem Namen steht — wenn nicht besondere Gründe dagegen streiten — angenommen werden, dass darunter ein Glied des Rathes zu verstehen ist[1]). Hätten wir nicht dieses Kriterium,

[1]) S. besonders H. J. B(öthführ), die Rigische Rathslinie (Riga, 1857. 8.) S. 20. fgg., woselbst manche der von mir im UB. Bd. III. Reg. S. 67 gegen die Zuverlässigkeit dieses Kriteriums der Rathsherrnwürde aufgeworfene Zweifel mit Scharfsinn und Gründlichkeit beseitigt sind. Dennoch möchte ich daran festhalten, dass das Prädicat „*dominus*" allein keinen vollständigen Beweis, vielmehr nur eine Vermuthung dafür liefert, dass der damit versehene Name einem Rathsgliede angehört, übrigens allerdings eine Vermuthung, die nur durch den Beweis des Gegentheils in jedem einzelnen Falle entkräftet werden kann. — Nicht zu übersehen ist anderntheils, dass Rathsglieder, deren Eigenschaft als solche ausser Zweifel ist, nicht selten in Urkunden o h n e das Prädicat „*dominus*" aufgeführt werden. Dies mögen folgende Beispiele an Personen beweisen, welche nach der ältesten officiellen Revaler Rathslinie (unten S. 4 fgg.) entschieden im Rathe sassen: G e r l a c h C a p o r i e, Rathsglied in den Jahren 1333—51, erhält in einer Urkunde vom 17. Novbr. 1350 (UB. No 904) nicht das Prädicat „*dominus*"; ebensowenig A r n o l d C o l n e r (1333—50 im Rath) in dem Pfandbuche bei dem J. 1336 (UB. No. 935, 122. 124), C o n r a d H a m e r (1334 im Rath) im Pfandbuche in demselben Jahre (UB. No. 935, 108. 109). L u d w i g H a m e r (1337—52 im Rath) wird im Pfandbuche bald mit, bald ohne das Prädicat „*dominus*" aufgeführt (UB. No. 935, 119. 133. 144. 188); ebenso J o h a n n e s v o n O s e n b r u g g e (UB. No. 935, 136. 140. 152. 203). Andere Beispiele sind: R e m b o l d L e n e p e (UB. No. 935, 109, 152), H e r - m a n n M o r m a n n (UB. No. 926, 1 u. 2). W e r n e r N i g e r heisst 1333 (UB. No. 924, 1) *dominus*, 1334 (UB. No. 935, 99. 100) *discretus vir*, in dem- selben Jahre (UB. No. 923, 2) *consul*. In zwei Urkunden des Bischofs Jacob von Oesel vom 26. December 1333 (UB. No. 757 u. 58) wird B e r t o l d H a m e r „*discretus vir, consul Revaliensis*", nicht zugleich *dominus*, genannt, gewissermassen im Gegensatz zu dem ebendaselbst genannten „*miles, dominus Marquardus, capitaneus Revaliensis*". Die Bezeichnung eines Rathsgliedes als „*discretus vir*", ohne Hinzufügung des Prädicats „*dominus*", kommt auch sonst noch vor. S. das UB. No. 920. 935, 99. 100. — Aus diesen Gründen ist es auch nur höchst wahrscheinlich, keinesweges als gewiss anzunehmen, dass eine Person, welche s p ä t e r entschieden als Rathsglied erscheint, es zu einer Zeit noch nicht war, in welcher ihr das Prädicat „*dominus*", ur- kundlich fehlt. In unserem alphabetischen Verzeichniss werden übrigens die nachmaligen Rathsglieder in solcher früheren Zeit als „Bürger" be- zeichnet, da jedenfalls die Vermuthung für diese Eigenschaft streitet und

so würde die ohnehin kurze Liste der Rathsglieder vor dem
Jahre 1333 fast ganz wegfallen, da nur wenige derselben ausdrücklich als *Consules* bezeichnet werden. Die ergiebigste Quelle
für diesen Zeitraum bietet das mit dem Jahre 1312 beginnende
und bis zum Jahre 1360 reichende Pfand- oder Oberstadtbuch
des Reval'schen Rathes [1]. Einige Namen finden sich übrigens
auch in andern in meinem Urkundenbuche abgedruckten Urkunden.

II.
Für die Jahre 1333 — 1374.

Für den Zeitraum vom Jahre 1340 bis 1368 einschliesslich
finden sich, ohne Unterbrechung, die Namen der Rathsglieder
für jedes einzelne dieser Jahre, und ausserdem für die Jahre
1333, 1334, 1335, 1373 und 1374, — in Allem also für 34 Jahre,
— wie es scheint, vollständig — angegeben in einem kleinen
Denkelbuche auf Pergament. Dieses umfasst in Sedezformat 58
Blätter, von denen die 14 letzten fast ganz leer sind, enthält die
mannigfaltigsten Notizen über städtische Verhältnisse, Copien
von Urkunden, Concepte von Ausfertigungen des Rathes etc.,
ohne Beobachtung irgend welcher Ordnung, namentlich auch der
chronologischen, aus dem oben bezeichneten Zeitraum: 1333 bis
1374. Darüber, dass dieses Denkelbuch von den derzeitigen

die Weglassung des Prädicates „*dominus*" als Ausnahme von der Regel
angesehen werden muss. S. z. B. Johann von Bremen, Johann von der
Malen, Hermann Moren, Johann von Osenbrugge, Thiedemann von Unna
u. A. — Vergl. über diesen Gegenstand auch noch H. Hildebrand a.
a. O. S. XXXIII. Anm. 1, wo übrigens irrig das Prädicat „*dominus*" den
Vasallen vindicirt wird, während es nur solchen ritterbürtigen Personen
gebührt, welche die Ritterwürde erlangt, den Rittern, *milites*, sie mochten
Vasallen sein oder nicht. Nicht unbegründet dagegen ist die hier aufgestellte Vermuthung, dass auch den Vorständen (Aeltermännern, wohl nicht
Aeltesten) der Zünfte das Prädicat *dominus* beigelegt wurde.

[1] S. darüber das UB. Bd. II. Reg. S. 143.

1

„Stadtschreibern" geführt, sein Inhalt also authentisch ist, kann nicht wohl ein Zweifel bestehen. Obgleich dieser Inhalt fast vollständig in den zweiten und dritten Band meines Urkundenbuches gehörigen Orts aufgenommen ist, so dürfte es nicht überflüssig sein, die darin an verschiedenen Stellen zerstreut befindlichen Verzeichnisse der Rathsglieder (im UB. No. 923) hier nochmals abzudrucken, da sie die wichtigste Quelle für die älteste Geschichte des Rathes bilden, auf dieselben im Folgenden daher häufig verwiesen wird.

1.

(S. 21) Notandum, quod anno Domini M°ccc°xxxiii° isti infrascripti domini consules sunt electi:

primo Winandus Longus	*Item Detmarus de Unna*
It. Hermannus Stumpel	*It. Regnerus Crowel*
It. Theodericus de Unna	*It. Arnoldus Plate*
It. Th. Wyse	*It. Gerhardus Stalbiter*
It. Heyno Brunswich	*It. Hermannus de Silva.*
It. Appolonius de Ek	*It. Gerlacus Caporie.*
It. Ricbodo	*Isti vero quatuor subsequentes*
It. Hinricus Crowel	*fuerunt post hec electi tem-*
	p . . . inprescr. [5]*)*
	Primo Her. Kersebom
	It. Johannes Osenbryghe
	It. Rotcherus de Lapide
	It. Johannes Bremen.

2.

(S. 16) Isti tenentur sedere anno domini M°ccc°xxxquarto.

Primo dominus Bertoldus	*It. Johannes Crach*
Hamer	

---

[5]) Die beiden letzten Wörter sind abbrevirt, überdies stark verblichen, und daher schwer zu entziffern.

Jo. de Lippia, Hinr. Medebeke, Bertoldus Vickynchusen, Wernerus de Calmaria, Th. Doverake, Jo. Viende, Conradus de Reyne, Conradus Stoppecote & Hildemarus de Viesen.

14.

(S. 63) Anno Domini M°ccc°l° isti domini nominati sunt in consilium sedendo: Primo Reynekinus Crowel, Wenemarus Holloger, Rotcherus de Lapide, Joh. Wytte, Gerhardus Stalbiter, Hinr Vrese, Lodwicus Hamer, Remboldus, Hinricus de Beke, Joh. Dynevar, Joh. Longus & Gerwinus de Lenepe.

15.

(S. 64) Anno Domini M°ccc°l° primo post festum beati Michaelis isti domini nominati in consilio sunt presidendo: Primo Her. Moren, it. Gerlacus Caporie, it. Bertoldus Vickinchusen, it. Hinr. Volmesten, it. Th. Doverake, it. Jo. Hamer, it. Hinr. Medebeke, it. Conr. de Reyne, it. Hildemarus, it. Conr. Stoppekote, it. Hermannus de Lippia & Johannes Ostinchusen.

16.

(S. 68) Anno Domini M°ccc°l° secundo, post festum beati Michaelis, isti domini nominati in consilio sunt presidendo: Domini Reynekinus Crowel, Wenemarus Holloger, Rotcherus de Lapide, Gerhardus Stalbiter, Lodwicus Hamer, Remboldus de Lenepe, Hinr. de Beke, Joh. Dynevar, Gerwinus de Lenepe, Joh. Longus, item Joh. Sabel & Cezarius Stalbiter.

17.

Anno Domini M°ccc°l° tertio post festum sancti Michaelis isti domini nominati in consilio presidere: Bertoldus Vickinchusen, Hinr. Volmesten, Th. Doverake, Joh. Hamer, Hinr. Medebeke, Conradus de Reyne, Hildemarus, Conradus

Stoppecote, Her. de Lippia, Joh. Ostinchusen, Joh. Neue & Gerhardus Wytte.

18.

(S. 69) Anno Domini M°ccc°l° quarto, post festum sancti Michaelis, isti domini sunt nominati in consilio presidendo: Primo Reynekinus Crowel, Gerh. Stalbiter, Hinr. Volmesten, Rotcherus de Lapide, Remboldus de Lenepe, Hinr. de Beke, Johannes Dynerar, Gerwinus de Lenepe, Joh. Longus, Joh. Sabel & Sories; item nori Goscalcus uter Ylne & Hinr. Hummer.

19.

Anno Domini M°ccc°l° quinto, post festum sancti Michaelis, isti domini sunt nominati in consilio presidendo: Primo Wenemarus, Hinr. Volmesten, Thid. Doverake, Joh. Hamer, Hinr. Hedebeke, Conradus de Reyne, Hildemarus, Conr. Stoppecothe, Her. de Lippia, Joh. Ostinchusen & Gerh. Witte.

20.

(S. 70) Anno Domini M°ccc°l° sexto, post festum sancti Michaelis, isti subsequentes domini nominati in consilio presidendo: Primo Reynekinus Crowel, Wenemarus, Gerh. Stalbiter, Remboldus, Rotcherus de Lapide, Hinr. de Beke, Joh. Dynerar, Gerwinus de Lenepe, Joh. Sabel, Sories, Goscalcus uter Ylne, Hinr. Hummer: item Hinr. Crowel & Th. de Wickede.

21.

Anno Domini M°ccc°lvij° post festum sancti Michaelis isti subsequentes domini nominati sunt in consilio presidendo. Primo Wenemarus, item Gerhardus Stalbiter, Hinr. de Volmesten, Thid. Doverake, Joh. Hamer, Hinr. Medebeke, Conr. de Reyne, Hildemarus, Conr. Stoppecote, Her. de Lippia, Joh. Ostinchusen & Gerhardus Witte.

22.

Anno Domini M°ccc°lviij°, post festum sancti Michaelis, isti subsequentes domini nominati sunt in consilio presidendo: Primo dominus Gerardus Stalbiter, Reynardus Kruyl, Rotcherus de Lapide, Henr. de Beke, Joh. Dunevair, Gerwinus de Rode, Joh. Sabel, Soreis, Goscalcus; item Hinr. Humer, Henr. Kruyl & Thilemannus de Wickende, Hermannus de Hoven, Joh. Duderstat.

23.

(S. 72) Anno Domini M°ccc°lnono, post festum Michaelis, isti domini subsequentes nominati sunt in consilio presidendo: Primo Hinricus van der Bece, dominus Gerardus Stalbiter, Joh. Hamer, Hinr. Medebeke, Conr. de Reyne, Hildemarus, Hermannus de Lippia, Jo. Ostinchusen, Gerardus Wytte, Eppine, Arnoldus de Rente, Boilman.

24.

Anno Domini M°ccc°lx°, post festum Michaelis: Primo Hinricus Cruel, Rutgerus de Lapide, Jo. Dunevair, Gerwinus, Jo. Sabel, Zoriis. Hinr. Humer, Thid. Wickede, Jo. Duderstat, Hermannus van der Hoven, Brendekin Stalbiter & Hinrik de Essene.

25.

(S. 75) Anno sexagesimo primo, post Michaelis, isti domini presidere debebunt: In primis Hermannus de Hoven, Gerwinus, Hinr. van der Beck, Jo. Hamer, Conr. de Reine, Hildemarus, Herm. de Lippia, Gerardus Witte, Eppine, Arnold van Renten, Builman, Thilo Lange, Alyf, Hermannus Weldighe.

26.

Anno Domini M°ccc°lx secundo isti debebunt presidere: In primis Gerwinus, Hinr. van der Beck, Hinr. Cruel, Rut-

gerus de Lapide, Joh. Dunevair, Zeroijs, Thid. Wichede, Joh. Duderstat, Brant Stalbiter, Hinr. de Essene, Rich. Rike & Petrus Stolzdorff.

27.

(S. 83) Anno Domini M°ccc° sexagesimo tertio hii domini debebunt consulatui presidere: Dominus Hinr. de Beke, Hinr. Crowel, Joh. Hamer, Conr. de Reyne, Hildemarus, Hermannus de Lippe, Gherardus Witte, Eppinc, Arnoldus de Renten, Jo. Boleman, Thylo Lange, Alphodus, Hermannus Weldighe.

28.

(S. 84) Anno Domini M°ccc°lxiiij° hii infrascripti domini isto anno consulatui debebunt presidere: Hinr. Krowel, Herm. van der Hove, Rotgherus de Lapide, Johannes Dunevar, Serius, Thideman Wickede, Joh. Duderstad, Brant Stalbiter, Hinr. de Essende, Rich. Rike, Petrus Stochstorp, Albertus de Verden, Gotfridus Isurede.

29.

Anno Domini M°ccc°lxv° hii infrascripti domini isto anno consulatui debebunt presidere: Primo Herm. van der Hove, Hinr. van der Beke, Hildemarus, Hermannus van der Lippe, Gher. Witte, Thid. Eppinc, Arnoldus de Renten, Joh. Boleman, Thid. Lange, Alphodus, Herm. Weldighe, Everardus Kalland, Hinr. Wulf, Joh. Hamer.

30.

(S. 85) Anno Domini M°ccc°lxvj° hii infrascripti debent consulatui isto anno presidere: Hinr. de Beke, Petrus Stokstorp*), Rothgerus de Steno, Joh. Dunevar, Serius, Thid. Wickede, Joh. Duderstad, Brand Stalbiter, Hinr. de Essende, Rich.

---

*) Hier hatte früher *Hinr. Krowel* gestanden: dieser Name ist aber wieder ausgestrichen und *Petrus Stokstorp* darüber geschrieben.

Rike, Petrus Stokstorp*), Albertus de Verden, Gotfridus
Isureter.

31.

Anno Domini M°ccc°lxvij° hii infrascripti debent consulatui
isto anno presidere: Dominus Petrus Stokstorp, Hinr. Kro-
wel, Hildemarus, Herm. de Lippia, Gher. Witte, Thid.
Eppingh, Arnoldus de Renten, Joh. Boleman, Allef, Herm.
Weldighe, Everd Kalle, Hinr. Wulf, Joh. Hamer, Conr.
Kegheler, Joh. de Molendino.

32.

Anno Domini M°ccc°lxviij° infrascripti consulatui debent
presidere: dominus Hinr. Kruel, dominus Herm. de Hove,
Rothgerus de Stene, Joh. Dunevar, Sorius Stalbiter, Thyd.
Wickede, Joh. Duderstat, Brant Stalbiter, Hinr. Essende,
Rychardus Rike, Albertus de Verden, Gotfridus Isureter,
Arnoldus de Renten, Hinr. Wulf, Johannes de Molendino
& Conradus Keghelere.

33.

Anno Domini M°ccc°lxix° hii infrascripti isto anno debent
conspulatui presidere: dominus Hermannus de Hove, dominus
Hinr. de Beke.

— — — — —

34.

(S. 88) Anno Domini M°ccc°lxxiij°: Herman van Hove, her Hinrik
van Beke, her Hildemar, Zeries Stalbiter, Thideman Wickede, Duderstat, Johan Hamer, Winant Lowenschede,
her Alef, it. her Richardus Rike, item Hermannus de

---

*) Es ist offenbar vergessen, diesen Namen, nachdem er hinauf-
gerückt worden, an dieser Stelle auszustreichen.

Lippe[10]*), Johan van der Molen, Gert Hedeman, Scotel-
mant; it. Joh. Scheper, it. Joh. Specht.*

35.

*(S. 89) Isti infrascripti presidebunt consulatui anno Domini
M°ccc°Lxxiiij°: Her Hinr. van der Beke, her Conr. Kegheler, her Tydeman Eppingh, her Arnold van Renten,
her Boleman, her Godeke Ysurede, her Alef, her Albert
van Verden, her Evert Calle, her Tydeman Langhe, her
Curow, her Heydman, her Johan van der Molen, her
Scheper, her Specht.*

Der Kürze wegen wird dieses Verzeichniss im Verfolge als
„älteste Rathslinie" citirt werden.

III.
Vom Jahre 1375 bis 1550.

Für den Zeitraum nach dem Jahre 1374 fehlt es an vollständigen Nachrichten bis zum Jahre 1550. Eine genaue Durchforschung des reichhaltigen Rathsarchivs aus dieser ganzen
Periode würde ohne Zweifel eine bedeutende Ausbeute geben.
Bis diese grosse und mühsame Arbeit ins Werk gesetzt ist, muss
man sich mit minder Vollständigem und Zuverlässigem begnügen,
und zwar mit Benutzung der nachstehend verzeichneten Quellen
und Hülfsmittel.

1.

Bis zum Jahre 1423 ist das Rathsarchiv in meinem Urkun-
denbuche ziemlich ausgenutzt; demnächst sind aber auch die
Pfand- oder Oberstadtbücher bis zum Jahre 1430 für unsern
Zweck genau durchgesehen worden.

---

[10]) Diese beiden Namen: *Rike* und *Lippe*, sind an dem Rande hinzugeschrieben.

2.

Das von W. Arndt in dem Archiv für die Geschichte Liv-, Est- und Curlands Bd. III. S. 59 fgg. gelieferte Verzeichniss ist nicht nur sehr lückenhaft — das hier gelieferte enthält etwa hundert und fünfzig darin fehlende Namen — sondern auch in mehrfacher Beziehung ungenau und unzuverlässig. Manche Namen sind offenbar entstellt, z. B. Alb. de Bode statt Rode. Gert Wicke statt Witte, Joh. Grefft statt Greste, Joh. Herzrütt statt Hersevelt, Joh. Moullert statt Mouwert, Evert Votert statt Rotert, Carsten Löningk statt Köningk. Einzelne Personen kommen doppelt, ja dreifach vor, zum Theil mit abweichenden, wohl nur unrichtig gelesenen Namen, z. B. 1378 Albertus de Bode und 1388 Albrecht von Rode, 1402 Ludolphus Dunevair und 1420 Ludeke Dunneber, 1428—57 Coste van Borstel und Gosschalk Burstell, 1428 Albert Stoppezake und 1525 (statt 1425) Albert Stapperzak, 1494 Joh. Cullard, 1504 Joh. Cullerde und 1524 Joh. Kullerd, 1498 Borchard Heerde und 1510 Borchard Herw, 1510 Joh. Viant und 1529 Joh. Vigendes u. a. Umgekehrt wird von Heinrich Schelwent angegeben, er habe von 1438 bis 1489 im Rathe gesessen, während dies unstreitig zwei verschiedene Personen — vielleicht Vater und Sohn — gewesen: ein Heinrich Schelwent erscheint bereits 1421 als Mitglied des Rathes, in den Jahren 1430 und 1438 als Bürgermeister. Die nächste Erwähnung eines gleichnamigen Rathsgliedes finden wir erst im J. 1457, und dieser zweite H. Schelwent wird in den Jahren 1481, 82 und 89 Bürgermeister genannt[11]). Uebrigens hat Arndt selbst den Namen

---

[11]) Schwieriger als in diesem, ist in einem anderen Falle die Gränze zwischen zwei gleichnamigen Rathsgliedern zu ziehen. In den Jahren 1442 bis 57 kommt ein Rathsherr Marquart Bretholt vor; in den Jahren 1457—73 erscheint offenbar derselbe als Bürgermeister, denn eine Dienstzeit von dreissig und mehr Jahren ist in Reval seit jeher nichts Ungewöhnliches gewesen. Daher könnte auch unter dem im J. 1482 auftretenden „Herrn" Marquart Bretholt (unbestimmt ob Bürgermeister oder Rathsherr)

beim J. 1482 noch einmal verzeichnet. Unter dem beim Jahre 1535 aufgeführten Syndicus Johann Schmoller ist ohne Zweifel der durch seine thätige Förderung der Reformation bekannte. nicht Reval'sche, sondern R i g i s c h e Syndicus, Mag. Johann Lohmoller oder Lohmüller, zu verstehen.

3.

Ein besonders wichtiges Hülfsmittel ist das W a h l - u n d A e m t e r b u c h d e s R e v a l e r R a t h e s. Ueber dessen Ursprung giebt das Titelblatt des ersten Bandes Auskunft, wo es heisst: „*Anno 1662, den 26. Augusti*, habe ich, *H e n r i c u s F o n n.* dieser Stadt Revall Ober-Secretarius [12]), zu allererst, weilen vor dem bei dieser Stadt Canceley ein solch Werk nicht gewesen. den Anfang dieses Eines Edlen Hochweisen Raths Ampter-, Chur- und Wahlbuches gemachet, und der Herren Bürgermeistere, *Syndicorum*, Rath - Männer und Secretarien Nahmen aus denen alten und neuen Protocollen, Denkel- und Stadt-Hauptbüchern, so viel man noch hat lesen und finden können, eruiret und herausser gezogen." Auf Vollständigkeit machen die in diesem Buche enthaltenen Verzeichnisse erst von dem Jahre 1550 an Anspruch, mit welchem die complete Sammlung der Protocolle des Revaler Rathes beginnt. Bis zu dieser Zeit finden sich nur einzelne Namen bei den Jahren 1346, 1397, 1400, 1415, 36, 38, 70, 1504, 12—14, 17—23, 25—32, 1537, 40, 41, 42, 44 und 46 von verschiedenen Händen verzeichnet, und vollständigere Ver-

---

noch immer derselbe gemeint sein. Allein es ist ebensowohl möglich, dass darunter ein anderer zu verstehen ist, der im Jahre 1521 als Bürgermeister aufgeführt wird. In unseren Verzeichnissen ist daher die Jahrzahl 1482, von einem Fragezeichen begleitet, Beiden zugeschrieben. Uebrigens ist es nicht unmöglich, dass jener M. Bretholt vom J. 1482 ein von den beiden andern verschiedenes, drittes Rathsglied des Namens ist.

[12]) S. über ihn das alphabetische Verzeichniss unter dem Namen Heinrich von Rosenkron.

zeichnisse nur für die Jahre 1430, 1457 und 1524, desgleichen ein Aemterverzeichniss für das Jahr 1539. Auch sind diese Verzeichnisse keinesweges durchaus zuverlässig: manche Namen sind offenbar entstellt, ja eine der vollständigeren Listen, die für das Jahr 1430, ohne allen Zweifel apokryph. Die Stelle lautet wörtlich so:

„*Anno 1430* seyndt alhie *Senatores* gewesen: Hr. *Bartelt Hünnighausen* und Hr. *Warner von der Becke.* Hr. *Christian Bartels.* Hr. *Matth. Schantze, Consul*, Hr. *Berent v. Holten*, Senator, Hr. *Hinrich Kuper*, Sen., Hr. *Casper von Dellen*, Sen., Hr. *Jürgen Sultmann*, Sen.. Hr. *Joh. Schmiede*, Sen., Hr. *Nicol. Stamler*, Bürgerm., Hr. *Diedr. von Kampen*, Sen., Hr. *Jobst v. Stakelberg*, Sen., Hr. *Wilh. Distendorp*, Sen., Hr. *Christophorus von Santen*, Synd., Hr. *Gottsch. Fürst*, Kämmerherr, Hr. *Ernst Kullenberg*, Rathsherr, Hr. *Jochim Schmaltzer*, Sen.“

Wenn man die hier verzeichneten Namen mit den Namen der anerkannt Reval'schen Rathsglieder aus derselben, so wie aus der unmittelbar vorhergehenden und nachfolgenden Zeit vergleicht, so fällt es auf, dass, mit Ausnahme der beiden ersten (die überdies mit anderer Tinte, offenbar später, hinzugeschrieben sind), die übrigen gar nicht weiter vorkommen, ja, dass die aufgeführten Familiennamen ausser in dieser Liste nirgends im Revaler Rathe begegnen. Fügt man hierzu die ungewöhnliche Abwechselung der Titulaturen, von denen die eines Senator derzeit in Reval gar nicht gebräuchlich war, ferner die Aufführung eines Syndicus, welches Amt vor der zweiten Hälfte des sechszehnten Jahrhunderts in Reval selbstständig nicht vorkommt, erwägt man endlich, dass urkundlich im Jahre 1430 im Revaler Rathe 22 Personen sassen, die in jener Liste nicht aufgeführt sind, es also derzeit nicht weniger als 39 Rathsglieder

gegeben haben müsste, — so wird man zu der Annahme ge-
drängt, dass diese ganze Liste einem Missverständniss ihren
Ursprung verdankt, und wahrscheinlich das Verzeichniss der
derzeitigen Glieder des Rathes irgend einer andern Stadt [13])
enthält. Daher ist denn auch diese Liste in unsern Verzeichnissen ganz unbeachtet gelassen worden [14]).

4.

Bei der gelegentlichen Durchforschung des Revaler Rathsarchivs sind mir, namentlich in der Sammlung der Testamente,
so wie der Landtags- und Städterecesse, nicht wenige Namen
von Rathsgliedern aufgestossen. Diese Quellen haben nicht selten
sowohl zur Berichtigung, als auch zur Vervollständigung der
unter No. 2 und 3 genannten Verzeichnisse gedient. Ausserdem
verdanke ich der Gefälligkeit des Hrn. C. Russwurm die Be-

---

[13]) Welcher andern Stadt? — dies zu untersuchen, ist hier nicht
der Ort. Indess darf nicht unbemerkt bleiben, dass es keine der Städte
des alten Livlands zu sein scheint. Denn nach der Zahl der Glieder — es
sind ihrer siebenzehn, darunter ein Syndicus — muss diese Rathsver-
sammlung einer grösseren Stadt angehört haben, und deren gab es in
Livland ausser Reval nur zwei: Riga und Dorpat, wo jedoch jene Namen
weder um das Jahr 1430, noch früher oder später, vorkommen. Ueber-
haupt aber sind wenigstens dreizehn der Namen Livland in jener Zeit ganz
fremd: ausser den bereits oben angedeuteten beiden ersten Namen —
Hüninghausen und van der Beke — ist nur von Stakelberg der Name eines
Livländischen Adelsgeschlechts, und Berent von Holten könnte vielleicht
mit Berent von Haltern identisch sein, der in den Jahren 1434—47 als
Glied des Reval'schen Rathes erscheint.

[14]) Bei dieser Gelegenheit mag auch noch ein anderer Irrthum be-
richtigt werden: dass nämlich Bugislaus Rose oder Rosen, der Stammvater des adeligen Geschlechts „von Rosen aus dem Hause Weinjerven",
im Anfange des siebenzehnten Jahrhunderts Bürgermeister in Reval gewesen, wie J. Paucker (Estlands Landgüter I, 17. Anm.) nach einer
„alten Notiz" anführt. Bugislaus Rosen war zwar Reval'scher Bürger und
wurde vom König von Schweden in den Adelsstand erhoben, hat aber nie
im Rathe zu Reval Sitz gehabt.

nutzung der von ihm bei Durchforschung desselben Archivs, Behufs der Herstellung einer Rathslinie, gesammelten Materialien, aus denen ich die meinigen nicht nur in Bezug auf die Daten vielfach ergänzen, sondern auch aus dem fünfzehnten Jahrhundert vierzehn mir entgangene Namen einschalten konnte. Endlich lieferte A. C. J. Michelsen's Oberhof zu Lübeck (Altona, 1839. 8.) einige Beiträge.

Dennoch ist dieser Zeitraum nicht nur — wie bereits oben bemerkt — als lückenhaft zu bezeichnen, sondern es sind auch — wie sich weiter unten ergeben wird — so manche Namen in die Rathslinien hineingekommen, welche nicht dahin gehören. Wo die Unzuverlässigkeit der Quelle irgend erkannt werden konnte, ist dies durch ein Fragezeichen angedeutet. Im Allgemeinen möchte ich behaupten, dass bei den meisten Namen, welche nur ein einzigesmal auftauchen und dann wieder verschwinden, — wie dies in der ersten Hälfte des sechszehnten Jahrhunderts häufig der Fall ist, — an ihrer Hingehörigkeit ein Zweifel gestattet ist.

IV.
Seit dem Jahre 1550.

1.

Für den Zeitraum vom J. 1550 an bis auf die neueste Zeit kann die Vollständigkeit und Zuverlässigkeit der gelieferten Verzeichnisse vollkommen verbürgt werden. Denn das unter III, 3 angeführte Wahl- und Aemterbuch enthält — wie eine Vergleichung mit den Originalprotocollen ergeben — bei der Aufführung der Wahlen der Bürgermeister, Syndiken und Rathsherrn keine Lücke, und nur hinsichtlich der Secretariate finden sich für die ältere Zeit einige wenige Lücken. Bei mehreren Rathsgliedern aus der älteren, bei den meisten aus der neueren

Zeit, namentlich seit dem neunzehnten Jahrhundert, ist zugleich der Todestag oder das Datum der Emeritur, Entlassung etc. angegeben.

2.

Ausser den Angaben über die Rathswahlen — dem eigentlichen Wahlbuch — enthält die in Rede stehende Quelle auch die jährlichen Aemterbesetzungen — das Aemterbuch, — welche drei Foliobände füllen, übrigens auch nicht ganz vollständig sind. Die älteste darin enthaltene „Verordnung der grossen Aempter" ist vom J. 1539, dann folgt die vom J. 1563, hierauf vom J. 1569, und erst vom J. 1579 an beginnt die ziemlich ununterbrochene Reihe dieser Verzeichnisse, so wie vom J. 1599 an eine ebenso vollständige Reihe der „Verordnung der Amptherren", d. i. der Patrone der Handwerksämter oder Zünfte, später „Verordnung der kleinen Aemter" genannt. Es fehlen in diesen beiden Reihen nur die Verzeichnisse für die Jahre 1680, 1681, 1690, 1700, 1711, 12, 14, 82 — 86, 97, 99 — 1806.

V.
Für die Jahre 1787 — 1797.

Für den Zeitraum vom Jahre 1787 — 1797, während dessen bekanntlich die alte Stadtverfassung aufgehoben und die sog. Statthalterschaftsverfassung und allgemeine Russische Stadtordnung eingeführt war, sind die Reihenfolgen der verschiedenen Rathsämter unterbrochen. Indessen sind zur Vervollständigung des alphabetischen Verzeichnisses auch die Personalnotizen für diese Zeit theils aus den Originalprotocollen des derzeitigen Magistrats, theils aus den beiden „Addressbüchern der Reval'schen Statthalterschaft" geschöpft, welche für die Jahre 1790 und 1796 im Druck erschienen sind.

B.

Geschichte der Verfassung des Reval'schen Rathes.

I.

Aelteste Verfassung des Rathes.

1.

Die erste urkundliche Erwähnung des Revaler Rathes — *consules civitatis* — findet sich in dem vom König Erich IV. Plogpennig von Dänemark der Stadt am 15. Mai 1248 ertheilten ältesten Privilegium. Der König bestätigt darin die von dem König Waldemar II. den Bürgern Reval's verliehenen Freiheiten. gestattet ihnen alle Rechte, welche die Bürger Lübecks geniessen, verbietet, sie mit Zöllen zu belästigen, und verordnet. dass diejenigen, welche innerhalb der Stadtgränzen Jemand verwunden, nach dem Beschlusse des Rathes der Stadt *(secundum consilium consulum civitatis)* und der königlichen Männer büssen sollen[15]). Des Rathes wird hier also als einer schon bestehenden Institution gedacht, woraus unstreitig gefolgert werden darf, dass diese Behörde gleich bei der ersten Verleihung der Stadtfreiheiten an Reval durch König Waldemar II. eingesetzt worden ist. In welchem Jahre dies geschehen, muss, da eine Urkunde Waldemars sich nicht erhalten hat, dahingestellt bleiben; da indess Waldemar im J. 1241 starb, so ist die Einsetzung des Reval'schen Rathes spätestens in dieses, höchst wahrscheinlich aber in ein früheres Jahr zu stellen.

2.

Ueber die Einrichtung des Rathes, dessen Zusammensetzung. die Zahl und Ernennung der Glieder, deren Verhältniss unter

---

15) S. die Urkunde selbst und meine Erörterung über dieselbe in dem Archiv für die Geschichte Livlands Bd. VI. S. 68. 73.

einander u. s. w., finden wir in den speciell Reval'schen Quellen
gar keine Auskunft, können jedoch annehmen, dass die Verfassung des Revaler Rathes der des Rathes der Stadt Lübeck
nachgebildet war. Letztere beruhte aber auf einer Verordnung
Herzog Heinrichs des Löwen, welche in das Jahr 1163 gesetzt
wird, sich jedoch nicht in ihrer authentischen Form erhalten hat[16]).
Nach dieser soll der in den Rath Gewählte verpflichtet sein,
zwei Jahre im Rathe zu sitzen; das dritte Jahr war er „frei von
dem Rathe", es sei denn, dass er sich „durch Bitte" zum Bleiben
bewegen lässt. Es darf übrigens Niemand in den Rath gekoren
werden, der nicht freien Standes, und zwar in rechtmässiger
Ehe von freien Eltern geboren, von unbescholtenem Rufe ist,
und innerhalb der Stadtmauer eine Liegenschaft zu vollem freiem
Eigenthum besitzt; er darf keines Herrn Höriger oder Beamter
sein, auch sein Gut nicht durch offenes Handwerk erworben
haben. Endlich dürfen nicht zwei Brüder gleichzeitig im Rathe
sitzen, nach einer späteren Willkür des Rathes auch nicht Vater
und Sohn[17]). Ueber die Form der Wahl finden sich in den
Deutschen Texten des alten Lübeck'schen Rechts, namentlich
auch in den im Jahre 1282 der Stadt Reval mitgetheilten[18]).

---

[16]) S. darüber besonders: F. Frensdorff, die Stadt- und Gerichtsverfassung Lübecks im XII. und XIII. Jahrhundert (Lübeck 1861. 8.) S. 32
fgg. und 49 fg. Abgedruckt ist die Verordnung bei Hach, das alte
Lübeck'sche Recht S. 170, auch bei Deecke, von der ältesten Lü-
beckischen Rathslinie S. 2 fg.

[17]) Lüb. Recht für Reval v. J. 1282 Art. 128: „De vader und de sone,
unde twe brodere ne mogen nicht ratman wesen. Men stervet en oder vor-
leyt he des rades, so mach men den andern wol in den rat nemen, ofte he
des werdich is."

[18]) Das. Art. 134: So wanne men nomen schal iemene van der loven
to deme rade, de gene, de ene nomet, de schal gan van deme hus, und alle
de gene, de sine mage und sine swagere sint. Art. 135. So wanne de ratman, de van der loven genomet sint, up dat hus komet, so scholen se de
besenden, de en jar beseten hebben. Dar na besenden se, de er der stat
gesworen hebben. So we der iemende nomet, de schal afgan und sine maghe

einige Bestimmungen, welche sich der Wahlordnung Herzog
Heinrichs des Löwen anschliessen, im Einzelnen jedoch dunkel
sind. Im Ganzen ergiebt sich daraus, dass die nach zweijährigem
Dienste ausgetretenen Rathsglieder noch immer als zum Rathe gehörig angesehen, mit dem Namen des „alten Rathes" bezeichnet.
und nach Ablauf eines Jahres wieder in den „sitzenden Rath"
gewählt wurden, so dass also die Function eines Rathsgliedes
eigentlich eine lebenslängliche war, und dasselbe nur je nach zwei
Jahren ein gewissermassen dienstfreies Jahr zu geniessen hatte.
Diese jährliche „Veränderung" des Rathes wurde am Tage Petri
Kettenfeier (den 1. August) vorgenommen, und gleichzeitig geschah die Wiederbesetzung der durch den Tod oder auf andere
Weise erledigten Stellen durch die Wahl ganz neuer Glieder[19].
Allmälig ging diese „Veränderung" des Rathes in eine blosse
„Umsetzung" über, d. i. eine neue Vertheilung der einzelnen
Aemter unter die Rathsglieder, und zwar scheint dies in Lübeck
bereits um die Mitte des vierzehnten Jahrhunderts geschehen zu
sein, seit welcher Zeit des „alten Rathes" nicht mehr Erwähnung
geschieht[20]. An der Spitze des Rathes stehen, mindestens seit
der zweiten Hälfte des dreizehnten Jahrhunderts, zwei Bürgermeister, *magistri civium* oder *proconsules*. Die Zahl sämmtlicher
Glieder war nicht genau bestimmt und scheint zwischen neunzehn
und fünfundzwanzig variirt zu haben[21].

3.

Dass der Revaler Rath im vierzehnten Jahrhundert eine
ähnliche, jedoch in mehrfacher Beziehung abweichende Ein-

und sine swagere, des, de dar genomet is. *To liker wis schal men don, alse*
men iemende nyes in den rat nimt."

[19]) Frensdorff a. a. O. S. 38 fgg. 98 fgg. C. W. Pauli, Lü-
beckische Zustände im 14. Jahrhundert (Lübeck 1847. 8.) S. 85 fgg.

[20]) Frensdorff S. 103. Deecke a. a. O. S. 24.

[21]) Frensdorff S. 101. 109 Pauli S. 95.

richtung hatte, können wir aus der uns aufbehaltenen ältesten
Rathslinie [22]) entnehmen. In dieser sind für die aufeinander
folgenden neunundzwanzig Jahre 1340 bis 1368 die Rathsglieder
(consules) aufgeführt, welche in jedem einzelnen dieser Jahre im
Rathe sitzen (sedere, praesidere) sollen. Von den 12 Namen für
1340 kommt im Jahre 1341 kein einziger wieder vor, vielmehr
sind hier 14 andere consules aufgeführt. Im Jahre 1342 dagegen treten von denen des Jahres 1340 ihrer 9 wieder ein, dazu
einer aus dem Jahre 1341, und zwei neue, zusammen 12. Das
Jahr 1343 nennt 11 Namen aus dem Jahre 1341, 2 aus 1340 und
fügt zwei neue hinzu: in Allem 15. Im Jahre 1344 sitzen 9 consules aus dem Jahre 1342, einer aus dem Jahre 1343 und zwei
neue, im Ganzen 12; im Jahre 1345 10 aus dem Jahre 1343 und
einer vom Jahre 1342. In ähnlicher Weise geht es fort bis zum
Jahre 1368, indem der Regel nach dieselben Rathsglieder ein
Jahr um das andere im Rathe sitzen, mithin nicht, wie in Lübeck,
das dritte, sondern schon das zweite Jahr, d. i. ein Jahr um das
andere, ein dienstfreies ist. Ausnahmen von dieser Regel sind
schon aus Vorstehendem zu ersehen: seltener übrigens ist der
Fall, dass ein Rathsglied zwei Jahre [23]) hintereinander dienstfrei
ist, als der umgekehrte, dass nämlich dasselbe Rathsglied zwei
und mehr aufeinander folgenden Jahre dem „sitzenden" Rathe
angehört. Besonders seit dem Jahre 1355 sehen wir vor Allem
ältere Glieder des Rathes, und namentlich diejenigen, welche
— wie weiter unten gezeigt werden soll — das Bürgermeisteramt

---

[22]) S. oben S. 4 fgg.

[23]) In 29 Jahren kommt nur ein einzigesmal der Fall vor, dass ein
Rathsglied mehr als zwei auf einander folgende Jahre von der Theilnahme
an den Sitzungen befreit gewesen ist: Tidemann Lange, der in den Jahren
1361, 63 und 65 dem sitzenden Rathe angehört, dann aber verschwindet,
und erst im Jahre 1371 wieder auftaucht. Dabei darf übrigens nicht übersehen werden, dass die Verzeichnisse für die Jahre 1370—72 fehlen, das
für 1369 unvollständig ist. S. oben S. 12.

bekleideten, zwei, drei, ja vier Jahre hintereinander im sitzenden
Rathe. So Evert Holloger von 1355—57, Gerh. Stalbiter 1356—59,
Joh. Witte (*Albus*) 1343—46; Heinrich Crowel von 1362—64 und
wieder 1367 und 68; Heinrich von Beke genoss gar im Laufe
der neun Jahre 1358—66 nur zwei Freijahre: 1360 und 1364.
In der überwiegend grossen Mehrzahl jedoch (52 von 69) sassen
die *consules* regelmässig ein Jahr um das andere im Rathe. Auch
hier war also, wie in Lübeck, das Amt eines Rathsgliedes ein
lebenslängliches, auch hier ist zwischen dem alten und dem neuen
oder sitzenden Rathe zu unterscheiden, wenn schon diese Be-
nennungen für Reval sich urkundlich nicht nachweisen lassen.

4.

Dass die Glieder des alten Rathes als fortdauernd zum Bestande des Rathes gehörig angesehen wurden, darüber fehlt es
nicht an directen Beweisen, indem sie in Urkunden des Rathes
wiederholt „*consulatus nostri socii*" genannt werden[24]. Wichtiger
und schlagender sind aber die indirecten Beweise. Denn die Dienst-
freiheit der Glieder des alten Rathes darf keineswegs als eine
totale aufgefasst werden, sie ist offenbar bloss auf die Befreiung
von der Theilnahme an den Rathssitzungen beschränkt gewesen.
In dem kurzen Zeitraum von 34 Jahren, für welchen uns die Glieder
des sitzenden Rathes bekannt sind[25], finden wir:

---

[24] Als *consulatus nostri socii* werden z. B. bezeichnet: Joh. von
Bremen in der Urk. v. 5. April 1343 (UB. No. 812), obschon er in dem
Zeitraum vom October 1342 bis dahin 1343 nicht im Rathe sass (UB. No
923, 6). In dem Pfandbuche (UB. No. 935 und 980) erhalten jene Be-
zeichnung Herm Stumpel (No. 935, 115), R. Crowel, Ev. von Unna, Herm.
Moremann (No. 935, 181), Herm. Moren, Bert. Vickinchusen, Th. Cosfelt,
Joh. Witte (No. 935, 221), Conr. von Rheine (No. 980, 21), ohne dass sie,
oder einzelne von ihnen, gleichzeitig zum sitzenden Rathe gehörten, wie
aus der Vergleichung mit der ältesten Rathslinie (No. 923) zu ersehen ist.
S. die folgende Anmerkung.

[25] Es darf bei der Vergleichung der, wie in der vorhergehenden, so
auch in den nachfolgenden Anmerkungen angeführten Quellen mit der

1) dass bei der Vertretung der Stadt nach Aussen, namentlich bei Abschliessung von Verträgen Namens der Stadt, desgleichen bei der Feststellung gesetzlicher Normen, Glieder nicht nur des sitzenden, sondern auch des alten Rathes, sich betheiligten [26]);

2) dass jene wie diese gemeinschaftlich das Amt von Schiedsrichtern übernahmen, vielleicht vom Rathe dazu delegirt wurden [27]);

3) dass Glieder des alten Rathes wichtige öffentliche Aemter bekleiden, indem sie namentlich als Kämmerer [28]), als Vorsteher

---

ältesten Rathslinie nicht unbeachtet gelassen werden, dass der Wechsel des alten und neuen Rathes — wie im §. 5 des Textes gezeigt wird — im October stattfand, die Sitzungsperiode des neuen Rathes daher vom October des einen bis zum October des folgenden Jahres reichte.

[26]) Im J. 1348, wahrscheinlich um Johannis, erschienen, zum Zweck von Verhandlungen mit der Estländischen Ritterschaft, auf dem Schlosse zu Reval sechs Delegirte des Rathes: R. Crowel, W. Holloger, R. de Lapide, J. Witte, Ev. von Unna und H. von Beke (UB. No. 884), von denen fünf zur Zeit im Rathe sassen, der sechste dagegen, Everh. von Unna, zum alten Rathe gehörte. — Am 18. Januar 1341 treten, Behufs Empfanges einer Verbindungsschrift des königlichen Hauptmanns Conr. Preen, Namens des Rathes auf: die Bürgermeister W. Longus, R. Crowel und W. Holloger (UB. No. 797), von denen nur die beiden letztern d. Z. im Rathe sassen. — In der Urk. vom 27. April 1346 (UB. No. 846), durch welche der königliche Statthalter, die Estländische Ritterschaft und die Stadt Reval eine das Schuldenwesen regelnde Uebereinkunft treffen, werden als Vertreter der Stadt aufgeführt: *„Herm. Moreman, Reinek. Crowel & Wennem. Holloger, proconsules, ceterique consules civitatis Recaliae."* Da nun von den drei namentlich genannten Bürgermeistern nur der erste d. Z. Mitglied des sitzenden Rathes war, die beiden andern dagegen dem alten Rathe angehörten, so werden unter den *„ceteri consules"* ohne Zweifel sämmtliche Glieder des neuen und alten Rathes zu verstehen sein. — Vergl. übrigens noch die Urk. vom 5. September 1343, unten Anm. 34.

[27]) S. z. B. das UB. No. 935, 200. 221. No. 1015. 1262.

[28]) Im J. 1340 erscheinen Th. Cosfelt und G. Lebart als Kämmerer (UB. No. 935, 147), während beide erst im J. 1341 in den sitzenden Rath berufen wurden. Im J. 1343 werden L. Hamer und H. Weldege als Kämmerer aufgeführt, von denen ersterer vom October 1342 bis October 1343, letzterer vom October 1343 bis dahin 1344 im Rathe sass.

des Heiligen-Geist-Spitals[29]), als Vorstand der Münze[30]) erscheinen.

4) Als Sendeboten, namentlich an den Ordensmeister[31]), zu den Hansa- und einheimischen Städtetagen[32]), scheinen vorzugsweise Glieder des sitzenden Rathes, und zwar namentlich jüngere, ausersehen worden zu sein; indessen kommen auch Fälle vor, dass ein Glied des alten Rathes an einem Hansatage Theil nahm[33]). Zum Behuf von Friedensunterhandlungen mit dem König Magnus von Schweden im September 1343 wurde der derzeitige präsidirende Bürgermeister, Wennemar Holloger, delegirt[34]).

5.

Die Ernennung der Glieder für den sitzenden Rath geschah, wie bei den Jahren 1344 und 45 ausdrücklich angegeben wird[35]), am zweiten Sonntage nach St. Michaelis (*Dominica post octavas*

---

[29]) S. z. B. UB. No. 980, 18, wo im November 1356 Gerd. Witte als „*provisor domus s. spiritus*" auftritt, während er im October desselben Jahres aus dem sitzenden Rathe geschieden war.

[30]) Im UB. No. 1025 heisst es: „*Wet, dat de munte vororerde bi her Peter Stokkelstorpen tiden in IV. jaren Dccclxxvv mark Rig.*" Hiernach scheint es, dass P. Stockstorf vier Jahre hinter einander der Münze vorgestanden, er mochte im Rathe sitzen oder nicht.

[31]) Urk. v. 26. Decbr. 1367. UB. No. 1044.

[32]) Urk. v. 24. Juni 1363 und v. 2. Febr. 1369. UB. No. 996 u. 2895.

[33]) So nahm am 24. Juni 1366 Albert von Verden am Hansatage zu Lübeck Theil, ohne derzeit im Rathe zu sitzen (UB. No. 3212), und im Juli und October 1368 Rich. Rike in Lübeck und Stralsund, unter gleichen Verhältnissen (UB No. 1049 und 1055). Letzterer wurde gerade während seiner Abwesenheit im October 1368 in den sitzenden Rath gewählt (UB. No. 923, 32).

[34]) Urk. v. 5. Septbr. 1343. UB. No. 817.

[35]) Bei den Jahren 1351—61 wird nur bemerkt, dass die Ernennung „nach St. Michaelis" vollzogen worden. Dass dieser Termin auch in den übrigen Jahren, bei welchen keine Angabe desselben sich findet, beobachtet worden, ist wohl keinem Zweifel unterworfen.

s. Michaelis), also zwischen dem 7. und 13. October jedes Jahres[36]). Dass jedesmal eine förmliche Wahl vorgenommen wurde, ergiebt sich schon daraus, dass keinesweges der „sitzende" Rath immer einfach durch den „alten" abgelöst wurde. Auch wird in der ältesten Rathslinie ein Paarmal, namentlich bei den Jahren 1333 und 1342, der Ausdruck: *„isti domini sunt electi"*, gewöhnlicher aber: *„sunt nominati"* gebraucht. Wer aber die Wahl oder Ernennung vornahm, welche Formen dabei beobachtet wurden, darüber giebt die Rathslinie keinen Aufschluss. Es ist indess mehr als wahrscheinlich, dass dabei die bereits oben[37]) angezogenen, allerdings sehr dunkeln Artikel des Lübeck'schen Rechts zur Richtschnur dienten. So viel ist daraus deutlich zu ersehen, dass die Wahl vom Rathe selbst — nicht etwa von der Stadtgemeinde — vorgenommen wurde, wofür auch die spätere Ordnung spricht. Ob aber der sitzende Rath seine Nachfolger denominirte, oder die Ernennung von dem vereinten „neuen und alten" Rathe

---

[36]) Unrichtig ist mithin die Angabe W. Arndt's im Archiv Bd. III. S. 57, dass die Rathswahl am St. Thomasabend, nach Verlesung der Bursprake, der Bürgerschaft bekannt gemacht worden sei. Dies dürfte wohl auch nicht für die spätere Zeit gelten: denn schon in der Mitte des sechszehnten Jahrhunderts geschah die Rathswahl und deren Bekanntmachung am zweiten Advent (s. unten), wie noch gegenwärtig. Die Feier des St. Thomasabends fand übrigens allerdings schon vor dem Jahre 1333 statt, denn bei diesem Jahre finden wir derselben in dem alten Denkelbuche UB. No. 926) als einer bereits bestehenden Einrichtung, aber nur insofern erwähnt, als an diesem Tage die Bürgerschaft — wie noch in neuerer Zeit — auf dem Rathhause erschien, und vor dem versammelten Rathe den Schoss erlegte. Verzeichnisse der an diesem Tage steuernden Bürger haben sich für die Jahre 1333, 34, 37 und 41 erhalten. — Beiläufig mag hier bemerkt werden, dass auch in Riga die Rathswahl bereits im dreizehnten Jahrhundert um St. Michaelis, und zwar am Sonntage vor diesem Heiligentage, also vierzehn Tage früher als in Reval, vorgenommen wurde. S. die beiden Wahlordnungen in dem umgearbeiteten, sog. Oelrichs'schen Rigischen Stadtrecht. Vorgl. (Böthführ) der Rath der Stadt Riga. Riga 1855, 8. S. 7—9.

[37]) S. oben S. 21 Anm. 18.

vorgenommen wurde, ob — wie dies später der Fall war, — die Bürgermeister ein Vorschlagsrecht hatten, muss einstweilen unentschieden gelassen werden.

6.

Die Zahl der in jedem Jahre in den sitzenden Rath berufenen Glieder ist keine feststehende. In den 34 Jahren der ältesten Rathslinie wechselt sie zwischen elf und achtzehn. Die am häufigsten — 12 mal — vorkommende Zahl ist zwölf; in 8 Jahren kommen je vierzehn, in 4 Jahren je dreizehn, je 3 mal elf und funfzehn, 2 mal sechszehn, je einmal siebenzehn und achtzehn *consules* vor.

Die beiden letzten, den Jahren 1333 und 1345 angehörigen Fälle stehen jedoch ausser der Regel, indem sie Nachwahlen enthalten. Nach Aufführung der ursprünglich — am zweiten Sonntage nach St. Michaelis — gewählten elf Rathsglieder, heisst es beim Jahre 1345: *„Isti subscripti postea fuerunt electi,"* und zwar sind diese sechs Nachgewählten nicht etwa neue, sondern insgesammt solche Rathsglieder, welche in dem unmittelbar vorangegangenen Jahre dem sitzenden Rathe angehört. Wodurch diese Nachwahl veranlasst worden, ist nicht leicht zu erklären. Zwar kommen von jenen elf ursprünglich ernannten Rathsgliedern zwei — der Bürgermeister Winandus Longus und der Rathsherr Johann von Bremen — später nicht mehr im Rathe vor, sind also wahrscheinlich in jenem Jahre mit Tode abgegangen, die andern neun aber erscheinen in der Folge noch wiederholt als Rathsglieder. Wenn es sich daher bloss um den Ersatz jener zwei Ausgeschiedenen gehandelt hätte, so hätte an Stelle des W. Longus ein Bürgermeister treten müssen; was aber nicht der Fall war, denn alle sechs nachgewählten waren gerade jüngere Glieder des Rathes. Im zweiten Falle einer Nachwahl — im Jahre 1333 — finden wir zu den vierzehn ursprünglich Ernannten vier nachgewählt:

„isti quatuor sequentes fuerunt post hec electi." Ob diese vier
Nachgewählten schon früher im Rathe gesessen, lässt sich nicht
bestimmen, weil für die Zeit vor dem Jahre 1333 keine vollständige Rathslinie existirt. Dagegen ist ihre Nachwahl noch
auffallender, als die vom Jahre 1345. weil die vierzehn ursprünglich
Gewählten insgesammt noch später als Rathsglieder genannt
werden. Zur Erklärung solcher Nachwahlen dürfte daher nur
die Annahme übrig bleiben, dass sie den Ersatz bilden sollten
für Glieder des sitzenden Rathes, welche im Lauf ihres Dienst-
oder richtiger Sitzungsjahres in Stadtangelegenheiten verreisen.
oder auch zu Reisen in ihren Privatangelegenheiten — namentlich
Handelsreisen — beurlaubt werden mussten. Officielle Reisen
kommen in jenen Zeiten nicht selten vor, und die Reisen überhaupt erforderten, bei den damals so höchst mangelhaften Commu-
nicationsmitteln, viel mehr Zeit, als heut zu Tage. Auffallend
bleibt es aber auch dann, dass in den mehrgedachten 34 Jahren
nur zweimal, und beidemal eine verhältnissmässig so bedeutende
Zahl von Nachwahlen verzeichnet sind.

7.

Die Frage nach der Zahl der Glieder des g a n z e n Rathes,
des sitzenden und des alten zusammengenommen, kann nur durch
Combinationen beantwortet werden, welche indess kein durchaus
zuverlässiges Ergebniss liefern. Die einfache Summirung der in
zwei aufeinander folgenden Jahren als zum sitzenden Rathe gehörig verzeichneten Glieder genügt nämlich nicht: denn 1) wiederholen sich darin in der Regel einige Namen, würden also doppelt
gezählt werden; 2) fehlen in den beiden Jahren nicht selten einzelne Glieder, weil sie gerade in diesen beiden Jahren dienst- oder
sitzungsfrei sind, deshalb aber doch noch zum ganzen Rathe gehören. Diese beiden Momente lassen sich nun zwar für die Zeit
von 1340—69, wo uns die vollständigen Listen ohne Unterbrechung

vorliegen, berechnen und genau bestimmen. Dagegen bleibt 3) die Frage nicht nur zweifelhaft, sondern auch unlösbar, ob nicht einzelne von den Gliedern des ersten der combinirten Jahre in diesem durch den Tod oder sonst ausgeschieden, und die in dem zweiten Jahre neu gewählten — wie sehr wahrscheinlich — nur an ihre Stelle getreten sind. In den meisten von den 29 Jahren aber — nämlich in 22 — treten neu gewählte Glieder auf, ein Paarmal ausdrücklich als solche (*novi*) bezeichnet. Es sind ihrer in der Regel zwei, dreimal drei [38]). Nehmen wir nun auf dieses oben bezeichnete dritte, unbestimmbare Moment keine Rücksicht, so können bei der Berechnung leicht zwei bis drei Glieder mehr sich ergeben, als der That nach vorhanden sind. Und dies ist höchst wahrscheinlich auch der Grund davon, dass die bei Beachtung bloss der beiden ersten Momente angestellte Berechnung eine zwischen 23 und 27 schwankende Zahl der Glieder des ganzen Rathes ergiebt. Nach dieser Berechnung kommen nämlich zwölfmal 24 Glieder vor, sechsmal 26, fünfmal 27, einmal 25, einmal nur 23 [39]). Sehen wir vorläufig von diesem letzten Falle ab, so

---

[38]) Im Jahre 1347 werden zwar am Schlusse vier neue Namen genannt, allein bloss die zwei letzten als *novi* bezeichnet. Daraus dürfte man wohl — wenigstens mit der grössten Wahrscheinlichkeit — folgern, dass die beiden ersten schon im vorhergehenden Jahre (1346, welches keine Neuwahlen aufführt) gewählt waren, ohne bei demselben verzeichnet zu sein.

[39]) Eine seltsame Ausnahme bilden die Jahre 1333 und 34, indem in ersterem 18, in letzterem andere 13 Glieder des sitzenden Rathes, zusammen also 31, sich verzeichnet finden. Es lässt sich diese beispiellos grosse Zahl auch nicht daraus erklären, dass ein Theil der 18 vom Jahre 1333 vor dessen Ablauf aus dem Rathe ausgeschieden, denn sie kommen sämmtlich später wieder als Glieder des sitzenden Rathes vor. Die Combinirung des Jahres 1331 mit dem darauf folgenden Jahre 1335 ergiebt zwar nach Abzug der doppelt genannten, eine Gesammtzahl von nur 25 Gliedern; fügt man jedoch die 7 Namen aus dem Jahre 1333 hinzu, die zwar 1335 nicht, wohl aber in späteren Jahren wieder vorkommen, so steigt für diese beiden Jahre (1334 und 35) die Gesammtzahl der Glieder des Rathes auf 32. Leider vereitelt die in der ältesten Rathslinie hierauf folgende Lücke von vier Jahren (1336—39) die Fortsetzung dieser Combinationen. Da in

dürfen wir wohl die zwölfmal vorkommende Zahl von 24 Rathsgliedern als die Normalzahl ansehen, und die in 15 Jahren um
ein, zwei und drei Glieder überschiessende Zahl auf Rechnung des
Irrthums setzen, welcher durch die nicht möglich gewesene Berücksichtigung des dritten Momentes herbeigeführt ist. Dass in
den Jahren 1353 und 54 zusammengenommen nur 23 Glieder erscheinen, mithin ein Sitz im Rathe erledigt war, dürfte darauf
hinweisen, dass — wie noch heut zu Tage — eine einzelne Va-
canz nicht sofort besetzt, eine Wahl neuer Glieder vielmehr erst
dann vorgenommen wurde, wenn mindestens zwei Glieder des
Rathes ausgeschieden waren. Dies wird durch die oben bereits
angezogene Thatsache bestätigt, dass in der alten Rathslinie die
Zahl der Neugewühlten, wo diese vorkommen, ohne Ausnahme
mindestens zwei beträgt.

8.

Unter den für jedes einzelne Jahr in den ältesten Rathslinie
verzeichneten Gliedern des sitzenden Rathes wird hinsichtlich
ihrer Stellung zu einander, ihrer Titel etc. kein Unterschied gemacht. Von allen gleichmässig heisst es in der Regel: *„isti se-
debunt, presidebunt, debent“* oder *„tenentur sedere, isti nominati sunt
sedendo“* oder *„presidendo in consilio“* oder *„consulatu“*; sie werden
alle gewöhnlich *domini*, beim Jahre 1333 *domini consules* genannt,
so dass es scheinen möchte, es habe keinerlei Rangunterschied
unter ihnen stattgehabt. Dennoch findet man, bei genauerer
Einsicht, dass

1) die neu eintretenden immer die lezte Stelle einnehmen,
und bei der nächstfolgenden Wahl neuer Glieder in der Reihen-

der Folge, wie oben gezeigt worden, die Zahl 24 für längere Dauer die
Regel bildet, so muss die so bedeutende Ueberzahl in den Jahren 1333—35
durch besondere, nicht näher zu ermittelnde Verhältnisse herbeigeführt gewesen sein.

folge entsprechend hinaufrücken, dass mithin bei der Aufzählung in den Listen — wahrscheinlich also auch bei der Vertheilung der Sitze im Rathe — das Dienstalter zur Richtschnur diente. Abweichungen von dieser Regel in den Listen, die nicht selten vorkommen, dürften meist auf eine Achtlosigkeit der Secretäre, welche die Listen aufgezeichnet, zurückzuführen sein. Nur eine Abweichung ist

2) principiell. Die in jedem Jahre zuerst genannten beiden Glieder nämlich nehmen, wenn sie in einem der folgenden Jahre wieder vorkommen, abermals eine der beiden ersten Stellen im Verzeichniss ein, und zwar sind dies keinesweges immer die ältesten im Dienste [40]), wohl aber solche, welche bereits eine Reihe von Jahren im Rathe gesessen haben. Daraus folgt unstreitig, dass unter den *consules* jeden Jahres zwei den ersten Rang einnehmen, und diese können keine andern sein, als welche sonst unter dem Namen *proconsules*, Bürgermeister, vorkommen. Dies wird dadurch bestätigt, dass einzelne von ihnen in andern Urkunden ausdrücklich *proconsules* genannt werden [41]). Einigemal

---

[40]) So war z. B. Rembold von Lenepe vom Jahre 1333 bis 56, also 24 Jahre lang, im Rathe, ohne je eine der beiden ersten Stellen einzunehmen, während geraume Zeit nach ihm eingetretene Rathsglieder bei seinen Lebzeiten in jene ersten Stellen einrückten, z. B. B. Vickynchusen, seit 1342 Rathmann, bereits 1353 die erste Stelle einnehmend, und neben ihm in der zweiten Stelle H. Volmesten, der erst im Jahre 1347 Rathsglied geworden. P. Stokestorp, im Jahre 1362 in den Rath gewählt, nimmt schon nach vier Jahren, 1366, die zweite Stelle ein, und H. von der Hove, 1358 Rathmann geworden, behauptet gar schon nach drei Jahren, 1361, den ersten Rang.

[41]) So z. B. heisst es in der Urk. vom 27. April 1346 (UB. 816): „Herm. Moreman, Rein. Krovel & Wennem. Holloger, *proconsules*, ceterique consules civitatis Revaliae," und jene drei nehmen seit den Jahren 1340 und 42 in der ältesten Rathslinie die ersten beiden Stellen ein. So führen ferner den Titel *proconsul* Heinrich von Beke in der Urk. vom 29. Mai 1365 (UB. Nr. 1015), Heinrich Crowel und Hermann von der Hove in der Urk. vom 26. December 1368 (UB. Nr. 1044) u. a. m.

führt die älteste Rathslinie für dasselbe Jahr sogar drei *proconsules* neben einander auf, indem ein Rathsglied, welches in früheren Jahren eine der beiden ersten Stellen eingenommen, mithin als Bürgermeister sich darstellte, hier als drittes Glied verzeichnet ist [42]), ja in den Jahren 1342 und 1343 gab es sogar im Ganzen fünf Bürgermeister: Winand Longus, H. Stympel, H. Moren, R. Crowel und W. Holloger; der Regel nach war aber die Zahl der *proconsules* im ganzen (alten und neuen) Rathe auf vier beschränkt. — Bei dem Eintritte einer Bürgermeistervacanz wurde, wie es scheint, die Wahl des Nachfolgers, wenigstens in der Regel. nicht — wie bei den übrigen Rathsgliedern — bis zur Neubesetzung des sitzenden Rathes nach St. Michaelis aufgeschoben, sondern sofort vorgenommen [43]).

—————————

[42]) So wird H. Stympel in den Jahren 1333 und 41 in der ältesten Rathslinie die zweite, im Jahre 1343 die dritte Stelle angewiesen, so erscheint H. Volmesten zweimal, 1354 und 57, als Dritter, G. Stalbiter 1356, H. Crowel II. 1362, H. von der Beke 1361. Rutger vom Steine (*de Lapide*), seit 1333 im Rathe sitzend, nimmt im Jahre 1360 in der ältesten Rathslinie die zweite Stelle ein; später aber, und zwar bis zum Jahre 1363, theils die dritte, theils sogar erst die vierte Stelle. Sollte er vielleicht im Jahre 1360 nur als ältestes Rathsglied Stellvertreter eines abwesenden Bürgermeisters gewesen sein?

[43]) Hermann Weldege, welcher in der ältesten Rathslinie in den Jahren 1341, 43 und 46 keinen bevorzugten Platz einnimmt, und noch im Jahre 1349 lebend auftritt (UB. Nr. 923, 223) wird in einer, übrigens nur in Hochdeutscher Uebersetzung aufbehaltenen Urkunde des Ordensmeisters Goswin von Hereke vom 12. October 1350 (UB. Nr. 2845) „weiland Bürgermeister zu Reval" genannt. Will man nicht einen Uebersetzungsfehler annehmen, — indem *consul* unrichtig durch Bürgermeister wiedergegeben worden — so bleibt nur nachstehende Erklärung übrig: In der ältesten Rathslinie sind für die Jahre 1348 und 49 vier Bürgermeister verzeichnet: W. Holloger, H. Moremann, R. Crowel und H. Crowel. Der letztgenannte kommt nun später nicht mehr vor und mag daher bald nach seiner Ernennung — wahrscheinlich durch den Tod — ausgeschieden, und H. Weldege (ohne in die Rathslinie nachgetragen zu werden) an seine Stelle gewählt, jedoch auch noch vor der Neubesetzung des Rathes zu St. Michaelis 1350 gestorben sein

9.

Ueber die Frage von der passiven Wahlfähigkeit — der sog. Rathsfähigkeit — lässt sich nichts mit Gewissheit entscheiden. Dass die in Lübeck verlangten Requisite [44]) auch in Reval maassgebend waren, wird man ohne Weiteres annehmen dürfen. W. Arndt [45]) hat aber auch nachzuweisen versucht, dass es in der ältesten Zeit in Reval ein Patriciat gab, und dass nur Glieder der zu demselben gehörigen Familien in den Rath gewählt werden konnten. Dass nicht wenige *cives* oder Bürger Revals Ritterbürtige oder Adelige und mit Gliedern der Harrisch-Wierischen Ritterschaft verwandt und verschwägert waren [46]), ist zwar eben so gewiss, als die Fähigkeit solcher Bürger, Ritterlehen zu erwerben [47]). Dass aber bloss solche ritterbürtige Bürger rathsfähig waren, wird schon dadurch widerlegt, dass nur sehr wenige von den Familien, aus welchen im vierzehnten und fünfzehnten Jahrhundert der Revaler Rath seine Mitglieder entnahm, notorisch ritterbürtigen Geschlechtern, namentlich Harriens und Wierlands, angehören. Auch ist die Zahl der Familien, denen die Revaler Rathsglieder angehören, eine viel zu grosse, um annehmen zu können, dass dieselben insgesammt Patricierfamilien waren, und verhältnissmässig sind es auch nur wenige jener Familien, welche mehr als eines oder zwei ihrer Glieder im Rathe sitzen sahen [48]). Man wird also höchstens annehmen dürfen, dass die Glieder des Rathes vorzugsweise aus solchen durch Herkunft und Wohl-

---

[44]) S. oben S. 21.

[45]) In meinem Archiv Bd. III. S. 61 fgg.

[46]) S. besonders die interessante Urkunde vom 24. Juni 1470 in meiner und v. Toll's Brieflade Nr. 284.

[47]) S. die Urkunden vom 8. October und 19. November 1348 im UB. Nr. 889 und 890, und vergl. die Geschichte des Livländ. etc. Privatrechts (St. Petersburg 1862 8.) §. 26.

[48]) Die 148 Glieder des Revaler Rathes, welche aus dem vierzehnten Jahrhundert bekannt sind, gehören mindestens hundert und zehn verschiedenen Familien an. Ganz anders ist das Verhältniss z. B. in Lübeck.

habenheit angesehenen Geschlechtern gewählt wurden. Zu den Geschlechtern, deren Angehörige mehr als zweimal als Rathsglieder
erscheinen, gehören in diesem Zeitraum: die Beke, Bolemann,
Bretholt, Crowel oder Cruyl, Hamer, Lippe, Molen, Stalbiter,
Unna, Weldege, Witte [49]). — Schliesslich mag hier noch darauf
hingedeutet werden, dass sehr viele Revaler Rathsfamilien gleichzeitig in dem Rathe der Städte Dorpat und Riga, desgleichen
Lübecks, erscheinen [50]).

10.

Fassen wir das Ergebniss der bisherigen Untersuchung kurz
zusammen, so gestaltete sich die älteste Verfassung des Rathes
der Stadt Reval nachstehend: Derselbe bestand aus vier und
zwanzig Gliedern, darunter vier Bürgermeister *(proconsules)* und
zwanzig Rathmannen *(consules)*. Beim Eintritt von mindestens
zwei Vacanzen ergänzte sich der Rath durch eigene Wahl, welche
am zweiten Sonntage nach St. Michaelis vorgenommen wurde.
Nur das Amt eines ausscheidenden Bürgermeisters wurde durch
sofortige Wahl aus der Zahl der Rathmannen wieder besetzt.
Jährlich wurden am zweiten Sonntag nach St. Michaelis eine
Anzahl von Gliedern, gewöhnlich zwei Bürgermeister und zehn

---

[49]) S. überhaupt unten das alphabetische Verzeichniss.

[50]) Von den Revaler Rathsfamilien aus dem vierzehnten und fünfzehnten Jahrhundert kommen in derselben Zeit vor: 1) in Riga, Dorpat
und Lübeck: Brugge und Lange; 2) in Riga und Dorpat: Bever (Bevermann), Heide, Holthusen, Remmelingrode, Sasse, Schriver, Voss; 3) in Riga
und Lübeck: Bremen, Essen, Kahle, Molen, Moren, Osenbrugge, Rode,
Witte; 4) in Dorpat und Lübeck: Ruscemberg, Vette, Volmesten, Vorste;
5) in Riga: Bartmann, Bolemann, Calmar, Coke, Deters (Deterdes), Dunte,
Hove, Ostinchusen, Rike, Scheper, Scroder; 6) in Dorpat: Blomberg, Caporie,
Kegeler, Lippe; 7) in Lübeck: Bocholt, Brunswich, Colner (Tolner?), Cosfeld,
Friso (Vrese), Hagen, Hamer, Lapide (Stene), Medebeke, Pepersack, Rentelen, Schotelmund, Wickede. Dieselben Namen kommen auch in den Räthen
anderer Norddeutscher Seestädte häufig vor, und die meisten derselben gehören ohne Zweifel Patricierfamilien an.

bis zwölf Rathmannen ernannt, welche im Laufe des bevorstehenden Jahres an den Sitzungen des Rathes Theil zu nehmen verpflichtet waren, und den „sitzenden Rath" bildeten. Der grösste Theil derselben trat nach Ablauf des Jahres wieder aus, und machte den Gliedern des „alten Rathes" Platz. Letztere bekleideten übrigens, auch ohne an den Sitzungen sich zu betheiligen, die ihnen vom Rathe übertragenen öffentlichen Aemter.

II.
Veränderungen in der Rathsverfassung bis zum Jahre 1550.

1.

Wie lange die bisher geschilderte älteste Verfassung des Reval'schen Rathes, mit den wechselnden Gliedern, sich erhielt, ist kaum mit einiger Wahrscheinlichkeit zu bestimmen. Ueber den Zeitpunkt der erfolgten Umgestaltung, so wie über die Veranlassung zu einer solchen, fehlt es durchaus an Nachrichten. und die Mangelhaftigkeit der Rathslinie vom Jahre 1375 an [1]) lässt nicht einmal auf die jedesmalige Zahl der Rathsglieder irgend zuverlässige Schlüsse ziehen. Denn bis zum Jahre 1550 lässt die Amtsdauer der einzelnen Glieder sich nicht genau feststellen, indem bei jedem derselben nur die beiden Zeitpunkte Berücksichtigung finden können, wann sein Name zuerst und wann zuletzt in Urkunden aufstösst, während es schon ein oder mehrere Jahre früher und ebenso einige Jahre später noch dem Rathe angehört haben kann. Aus diesem Grunde wird, wenn man nach den gegebenen Nachrichten für jedes Jahr diejenigen Glieder. welche in und vor demselben als zum Rathe gehörig genannt werden, zusammenstellt, die Zahl derselben die Anzahl der wirklichen Rathsglieder nie erreichen, letztere vielmehr immer

[1]) S. oben S. 13 und 18.

— oder doch in der Regel — grösser sein, als die durch jene Zusammenstellung ermittelte. Der mühsame Versuch einer solchen Zusammenstellung für den ganzen Zeitraum vom Jahre 1374, wo die älteste Rathslinie schliesst, bis zum Jahre 1550, mit welchem die neue amtliche Rathslinie beginnt, beweist jedoch zu deutlich, wie unvollständig nicht nur, sondern auch wie unzuverlässig die Ergebnisse aus den bisher benutzten Quellen sind· Denn es ergeben sich daraus solche Schwankungen in der Gliederzahl, welche jede, auch nur annähernd richtige Fixirung einer Regel so gut wie unmöglich machen.

Die Zahl der Bürgermeister beträgt zwar meist vier, fast eben so oft aber nur drei, gar nicht selten zwei, in den Jahren 1540—49 finden wir sogar nur einen einzigen genannt. Dagegen kommen in 22 Jahren [52]) auch fünf, ja in 9 Jahren sechs Bürgermeister vor [53]), was sich übrigens zum Theil durch den Umstand erklären liesse, dass zwei, möglicher Weise drei in demselben Jahre auf einander gefolgte Proconsuln urkundlich auftreten [54]).

Noch weit grösseren Schwankungen ist aber die Zahl der Rathmannen unterworfen. Im letzten Viertel des vierzehnten Jahrhunderts beläuft sie sich auf durchschnittlich 18; im Anfange des fünfzehnten fällt sie auf 13—15, fängt seit 1414 wieder an zu steigen, bis auf 22 im Jahre 1423, beträgt zwischen den Jahren 1424 und 1436 wieder 17—20, sinkt dann noch weiter auf durchschnittlich 15, ja in den Jahren 1440, 41, 51—53 auf nur 12. In den Jahren 1457 und 58 finden wir 15

---

[52]) Es sind dies namentlich die Jahre 1389. 90. 1400. 11—13. 29. 36. 1439. 40. 43. 44. 81—84. 86. 1502. 21. 23. 26. 28.

[53]) In den Jahren 1441. 42. 85. 87. 1522. 24. 25. 27.

[54]) Auch dieser Erklärungsgrund ist freilich dort kaum stichhaltig, wo die Ueberzahl zwei oder mehrere Jahre hinter einander vorkommt.

und 16 Rathmannen verzeichnet[35]), seitdem bis 1504 wechselt
die Zahl meist zwischen 11 und 13, nur selten kommen 14, nur
ein Paarmal je 15 und 16 vor. In den Jahren 1505—1508
steigt aber die Zahl wieder auf 18, in den nächsten beiden
Jahren auf 19 und 20, in den Jahren 1511 und 12 sogar auf
26, und hält sich bis 1519 in der Höhe von 22—25. Dann
sinkt sie allmälig auf 19 und 17, steigt 1524 und 25 wiederum
auf 22 und 21, fällt aber von da an stetig[36]): seit 1533 treffen
wir oft nur auf 10, ja in einigen Jahren sogar nur auf 7 Namen.
— Die niedrigen Zahlen lassen sich zwar aus der Unvollständigkeit der vorliegenden Nachrichten leicht erklären; dagegen ist
die Zahl von 25 und 26 Gliedern in der ersten Hälfte des sechszehnten Jahrhunderts um so auffallender: als 1) bei der Mangelhaftigkeit unserer Verzeichnisse — wie oben ausgeführt worden
— die effective Gliederzahl noch höher angesetzt werden muss.
und 2) in der Mitte des fünfzehnten Jahrhunderts — wie im
folgenden §. 2 dargelegt werden soll — die Zahl der Rathmannen als auf 16 beschränkt angesehen werden muss. Würde
eine so hohe Zahl nur in einem einzeln stehenden Jahre vorkommen, so liesse sie sich aus einer ausnahmsweise starken
Sterblichkeit in diesem Jahre erklären. Da sie jedoch mehrere
Jahre hinter einander fortdauert, so kann der Grund davon nur
darin gefunden werden, dass mehrere der in solchen Jahren als
Rathmänner aufgeführten Personen gar nicht diese Würde bekleideten, mithin aus Irrthum als solche verzeichnet sind[37]).

Die vorstehend erörterte Frage über die Zahl der jeweiligen
Rathsglieder ist übrigens keine müssige; sie ist vielmehr entscheidend für die Frage über die Umgestaltung des wechselnden

---

[35]) S. hierüber den folgenden §. 2.
[36]) Ueber die Ausnahme für das J. 1539 s. den folgenden §. 2.
[37]) S. oben S. 18.

— alten und neuen Rathes — in einen beständigen: für den ersteren war eine grössere Anzahl von Gliedern nothwendig, für den letzteren genügte eine geringere. In die Zeit also, in welcher die Zahl der Rathsglieder vermindert erscheint, ist mit einiger Wahrscheinlichkeit jene wichtige Verfassungsänderung zu verlegen.

2.

Es ist bereits oben[58]) angedeutet worden, dass das Wahl- und Aemterbuch aus dem hier in Rede stehenden Zeitraum ein Paar, wie es scheint, vollständige Verzeichnisse der Rathsglieder enthält. Dahin gehört vor Allem die Liste für das Jahr 1457, welche den Bestand des Rathes gerade so hoch angiebt, wie er authentisch seit dem Jahre 1550 bis auf den heutigen Tag gewesen, nämlich vier Bürgermeister und vierzehn Rathmannen[59]). Eine Urkunde vom 7. Juli 1458[60]) nennt dieselben Namen, in derselben Reihenfolge, nur mit Ausnahme des dort an erster Stelle verzeichneten, ohne Zweifel in der Zwischenzeit verstorbenen Rathmanns Gottschalk Stoltevoet, wogegen am Schluss zwei neue Namen (Johann Super und Hermann Greve) auftreten. mithin in Allem vier Bürgermeister und fünfzehn Rathmannen erscheinen. Hierzu kommt, dass in beiden Verzeichnissen der

---

[58]) S. 15 fg.

[59]) Es heisst im Wahl- und Aemterbuche wörtlich: „*Anno 1457. Consules:* Cost van Borstel, Albert Rumor, Marquart Bretholt, Gert Schale. *Senatores:* Gottsch. Stoltevoet, Joh. Duseborch, Jacob van der Molen, Thomas van Hattorpe, Cort Gripenberg, Evert Pepersack, Joh. Summermann, Hinr. Colner, Joh. Oldendorp, Joh. van Richen, Hinr. Schelwent, Reynolt van Werne, Hinr. Hünninghusen und Hermann Wernung.“

[60]) Hier finden wir verzeichnet: „*Constantinus de Borstell, Albertus Rumor, Marquardus Bretholt & Gerh. Schale, proconsules;* Joh. Duseborch, Jac. de Molendino, Antonius Hattorp, Conr. Gripenberch, Everh. Peperzak, Joh. Summerman, Hinr. Colner, Joh. Oldendorp, Joh. de Richen, Hinr. Schelwent, Reinold de Werne, Hinr. Hüninghusen, Herm. Wernung, Joh. Super, Herm. Greve, consules.“

zwischen den Jahren 1442 und 67 in andern urkundlichen Nachrichten vorkommende Rathmann Johann Velthusen fehlt. Daraus
dürfen ohne Zweifel nachstehende Folgerungen gezogen werden:
1) J. Velthusen war in den beiden Jahren wegen Abwesenheit
oder aus anderem Grunde ausser Function; 2) im Jahre 1457
bestand der Rath aus vier Bürgermeistern und fünfzehn Rathmannen, ein Sitz war erledigt; 3) in demselben Jahre starb
Gottschalk Stoltevoet, und nunmehr wurden, zur Ergänzung der
beiden Vacanzen, zum Jahre 1458 J. Super und H. Greve zu
Rathmannen gewählt. 4) Der also vervollständigte Rath zählte
mithin vier Bürgermeister und sechszehn Rathmannen, und zwar
erscheinen in zwei auf einander folgenden Jahren —
abgesehen von den Vacanzen in dem einen, und deren Ergänzung
durch Neuwahlen in dem andern — dieselben Personen als
Glieder des Rathes.

Das zweite vollständigere Verzeichniss enthält die im Wahl-
und Aemterbuch aufbewahrte Aufzeichnung der ältesten Aemtervertheilung vom J. 1539[41]). In dieser werden freilich nur zwei

---

[41]) Vergl. oben S. 16. Wenn ich auch — weil die Materialien dazu
mir zur Zeit unzugänglich sind — darauf verzichten muss, hier — wie ich
Anfangs beabsichtigte — auch eine geschichtliche Entwickelung der von
den einzelnen Rathsgliedern bekleideten Aemter, der städtischen Untergerichte und Verwaltungen, zu liefern, so kann ich es mir doch nicht ver-
sagen, das interessante Actenstück, welches die älteste Aemtervertheilung
enthält, nachstehend vollständig wiederzugeben:

Verordnung der grossen Aempter *de anno* 1539.

Präsidirender Bürger-Meister:	Herren-Voget:
Herr Bodt Schröder.	Herr Hinrich Dellinghusen.
Sein Mit-Compan:	Voget:
Herr Thomas Vegesack.	Herr Rotger Böisman.
Kämmer-Herren:	Unter-Voget:
Herr Hinrich Dubbersin,	Herr Martin Hersefelt.
Herr Ebert Rohtert,	Schott-Herren:
Herr Hinrich Dellinghusen.	Herr Hinrich Dellinghusen.
	Herr Martin Hersefelt.

Bürgermeister aufgeführt: der präsidirende Bodt Schröder und „sein Mit-Compan" Thomas Vegesack. Die Namen der beiden andern Bürgermeister fehlen wohl nur, weil ihnen kein besonderes Amt übertragen war[42]. Die Zahl der Rathmannen, unter welche die einzelnen Aemter vertheilt sind, beläuft sich auf drei-

Koppel-Herren:
Herr Hinrich Hülsberg,
Herr Johann Hower.

Accise-Herren:
Herr Hinrich Vressel,
Herr Johann Houwer.

Mühlen-Herren:
Herr Hinrich Vressel,
Herr Steffen Menthe.

Wette-, Woldt- und Stall-
Herren:
Herr Jürgen Gellinghusen,
Herr Paul Witte.

Fischer-Herren:
Herr Martin Hersefelt,
Herr Hinrich Vressel.

Baw-Herren:
Herr Pawel Witte,
Herr Johann Houwer.

Wall-Herren:
Herr Steffen Menthe,
Herr Johann Egelingk.

Büssen-Herren,
Zehen-Pfennings-Herren
und Däntzer-Herren:
Herr Johann Egelingk,
Herr Johann von Werden.

[42]) Wir finden in anderen Urkunden, ausser den in dieser Aemtervertheilung aufgeführten Namen, noch zwei Rathsglieder genannt, deren Dienstzeit in dieses Jahr, 1539, fällt: 1) Jacob Hennecke, seit 1525 als Rathsherr genannt, im Jahre 1545 als Bürgermeister. Wahrscheinlich bekleidete er dieses letztere Amt schon im Jahre 1539 und war dann einer der in der Aemtervertheilung nicht genannten Bürgermeister. 2) Cord Munstermann erscheint als Rathsglied zwischen den Jahren 1537 und 42. Da er in unserm Aemterverzeichniss unter den Rathmannen nicht aufgeführt wird, so könnte man wohl annehmen, dass auch er damals bereits Bürgermeister war. — Es darf übrigens nicht unbemerkt bleiben, dass derzeit auch noch Wolmar Brockhusen lebte, welcher mindestens seit dem Jahre 1507 im Rathe sass, noch in den Jahren 1512, 18 und 22 auftritt, und von welchem das Rathsarchiv ein im Jahre 1548 errichtetes Testament aufbewahrt. Wollte man aus letzterem Umstande folgern, dass Brokhusen 1539 noch actives Glied des Rathes war, so würde dies mit der im Texte gegebenen Darstellung, deren Richtigkeit nicht wohl bezweifelt werden kann, unvereinbar sein. Es liegt daher die Annahme nahe, dass er zu jener Zeit, nach mehr als dreissigjährigem Dienste, wegen vorgerückten Alters, emeritirt war. Solche Emerituren kommen, in der späteren Zeit wenigstens, nicht selten vor.

zehn. Da die verfassungsmässige Zahl immer eine gerade war, so muss eine Stelle erledigt gewesen sein, aber auch nur eine: denn, wären mehrere Vacanzen gewesen, so hätte vor der Aemterbesetzung — wie noch gegenwärtig — eine Neuwahl stattfinden müssen. Demnach gehörten zum Bestande des Rathes im Jahre 1539 vier Bürgermeister und vierzehn Rathmannen, gerade die seit dem Jahre 1550 verfassungsmässig erscheinende Anzahl.

3.

Da wir vorstehend (§. 2) gesehen, dass in den zwei aufeinander folgenden Jahren 1457 und 1458 dieselben Personen im Rathe sassen, und der Bestand des letztern — mit Berücksichtigung der Vacanzen — je vier Bürgermeister und sechszehn Rathmannen betrug, so lässt sich wohl mit einiger Wahrscheinlichkeit annehmen, dass damals der Rath ein beständiger, die alte Verfassung mit den wechselnden Gliedern also aufgehoben war. Diese Umwandelung ist wahrscheinlich nicht viel früher vor sich gegangen: denn da wir im Jahre 1423 ausser den Bürgermeistern noch 22 Rathmannen, und noch bis zum Jahre 1448 häufig ihrer 17 und 18 aufgeführt finden, so dürfte die Mitte des fünfzehnten Jahrhunderts als der Zeitpunkt der Verfassungsänderung angenommen werden. Dass die im ersten Viertel des sechszehnten Jahrhunderts — nach allerdings unzuverlässigen Angaben — abermals eingetretene Vermehrung der Gliederzahl aus einer abermaligen Rückkehr zur alten Verfassung zu erklären sei, ist aber um so weniger anzunehmen, als wir im Jahre 1539 die Gesammtzahl der Glieder im Vergleich zu den Jahren 1457 und 58 authentisch noch um zwei vermindert und in der Höhe angegeben finden, wie sie seit dem Jahre 1550 bis auf die neueste Zeit bestanden hat.

Dass seit den ältesten Zeiten beim Rathe ein Secretär oder Stadtschreiber angestellt war, kann nicht wohl bezweifelt

werden. Der erste, den wir mit Namen aufgeführt finden, war
im Jahre 1400 Karstian Tzernekow. Im Jahre 1474 erscheint
Johann tor Hove als Syndicus und Secretär. Sonst finden
wir bis zur Mitte des sechszehnten Jahrhunderts eines Syndicus
nicht erwähnt.

III.
Veränderungen seit dem Jahre 1550.

1.

Die Zahl der Bürgermeister ist seit dem Jahre 1550
unverändert auf vier festgesetzt gewesen. Sie wurden regelmässig aus der Zahl der Rathsherrn gewählt, sehr gewöhnlich
aber auch der Syndicus (§. 2) zum Bürgermeister befördert, und
zwar meist mit gleichzeitiger Beibehaltung des Syndicats. Nur
zweimal kommt der Fall vor, dass einem Bürgermeister später
auch das Syndicat übertragen wurde: im J. 1728 dem Bürgermeister Jobst von Willen und im J. 1820 dem Bürgermeister
C. J. Salemann. — Die eingetretene Bürgermeistervacanz wurde
in der Regel sofort wieder besetzt und nur ausnahmsweise bis
zur nächsten Rathsherrnwahl aufgeschoben. In Fällen letzterer
Art kommt es denn zuweilen vor, dass ein neu gewähltes Rathsglied an demselben oder an dem darauf folgenden Tage zum
Bürgermeister befördert wird: dies geschah namentlich schon im
J. 1627 mit Dr. Georg von Loen und 1710 mit Joh. Christoph
Droummer.

Ob in früherer Zeit, d. i. vor dem siebenzehnten Jahrhundert, wenigstens einer der Bürgermeister ein Rechtsgelehrter sein
musste, lässt sich — wegen Unvollständigkeit der vorhandenen
Nachrichten — nicht bestimmen. Der erste Bürgermeister, von
dem mit Bestimmtheit angegeben werden kann, dass er Rechtsgelehrter war, war der frühere Syndicus Johann Derenthal, in

den Jahren 1608 bis 1630, und zum Theil gleichzeitig mit ihm
Dr. Georg von Loen, 1627 bis 1634. Seit dem Jahre 1653 war,
bis zum Ende der Schwedischen Herrschaft, regelmässig einer
der Bürgermeister rechtsgelehrten Standes, es finden sich aber
auch gleichzeitig zwei, ja in den Jahren 1675 bis 1681 sogar
drei rechtsgelehrte Bürgermeister im Rathe: Chr. Strahlborn,
G. Witte und Heinr. von Rosenkron. Während der Russischen
Herrschaft ward eine Bürgermeisterstelle jedesmal mit einem
Juristen besetzt, im Jahre 1783 kam ein zweiter rechtsgelehrter
Bürgermeister hinzu, und seit dem Jahre 1797 wurde es zur
Regel, zwei Bürgermeisterstellen an Juristen zu verleihen.

Unter den vier Bürgermeistern hatte seit jeher jährlich
abwechselnd einer den Vorsitz im Rathe; jedoch kommt es schon
früh vor, dass derselbe zwei und mehr Jahre hinter einander
präsidirender oder worthabender Bürgermeister gewesen, und
zwar waren dies gewöhnlich die rechtsgelehrten. Derjenige, den
die Reihe trifft, darf nämlich einen Collegen um Uebernahme
des Präsidiums ersuchen, und letzterer dasselbe, jedoch nur mit
Genehmigung des ganzen Rathes, annehmen.

Eine vorübergehende Einrichtung war — in Folge der
Streitigkeiten des damaligen Bürgermeisters Heinrich von Rosenkron mit dem Rathe[41]) — das Amt eines J u s t i z b ü r g e r -
m e i s t e r s, welcher vom Könige aus der Zahl der Rathsglieder
bestellt wurde und das b e s t ä n d i g e Präsidium im Rathe
hatte. Der erste Justizbürgermeister war der obgenannte von
Rosenkron, in den Jahren 1687 — 90, der zweite Joh. Diedr.
von Corbmacher, von 1690 bis 1702, der dritte Paul Struerus,
von 1702 bis 1708, und der vierte Wilhelm Hetling, von 1708
bis 1710. Der erste und dritte waren schon früher Bürger-

---

41) S. darüber unten das alphabetische Verzeichniss beim Artikel:
Rosenkron.

meister, die beiden andern waren Rathsherrn gewesen. Diese
anomale, das freie Wahlrecht des Rathes schmälernde Einrichtung hörte bereits kurz vor der Unterwerfung Revals unter den
Russischen Scepter auf, und wurde in der Folge höhern Orts
ausdrücklich als verfassungswidrig anerkannt[44]).

2.

Ein Syndicus, als selbstständiges Glied des Rathes, kann
erst seit dem Jahre 1550 nachgewiesen werden[45]); seitdem besteht aber dieses Amt, mit geringen Unterbrechungen, bis auf
den heutigen Tag fort. Als Rathsglied nimmt der Syndicus im
Range die nächste Stelle nach den Bürgermeistern ein und
gehört mit zum Bürgermeistercollegium. Die Wahl des Syndicus geschieht, auf Vorschlag des Bürgermeistercollegiums, vom
Rathe, jedoch müssen seit 1681 die vorzuschlagenden Candidaten
zuvor den beiden Gilden bekannt gemacht werden, welchen das
Recht zusteht, gegen dieselben begründete Einwendungen zu
erheben[46]).

Während der Schwedischen Herrschaft kommt wiederholt
der Fall vor, dass — zum Theil noch bei Lebzeiten des früheren
Syndicus — ein Vicesyndicus ernannt, und in der Folge
zum Syndicus befördert wurde. Nicht selten machte der Secretär
des Rathes diese Carriere, indem er dann in der Regel neben
dem Vicesyndicat das Secretariat beibehielt; wurde er jedoch

---

[44]) In dem Jahre 1768 hatte sich ein Commissär Leutner um das
Justizbürgermeisteramt in Reval beworben, wurde aber von dem Dirigi-
renden Senat, unter Anerkennung des freien Wahlrechts des Rathes,
mittelst Ukases vom 3. März 1775 abgewiesen. S. meine Quellen des
Revaler Stadtrechts Bd. II. S. 418 fgg.

[45]) S. oben S. 16.

[46]) Concordaten zwischen dem Rathe und der grossen Gilde v. 27.
Januar 1672 Art. 34, in meinen Revaler Rechtsquellen Bd. II. S. 47.

zum Syndicus befördert, so trat er vom Secretariat zurück,
wovon nur in neuerer Zeit ein Paar Ausnahmen vorkommen.
Von der Verbindung des Syndicats mit dem Bürgermeisteramte
ist bereits früher die Rede gewesen**).

Gleichzeitig mit der Errichtung des Amtes eines Justizbür-
germeisters war die des vom Könige eingesetzten Obersecretariats.
Dieses Amt trat an die Stelle des Syndicats, indem der vom
Könige ernannte O b e r s e c r e t ä r, laut der ihm ertheilten
königlichen Vollmacht, „die *vices ac labores* des *Syndici* vertreten" musste, und Sitz und Stimme im Rathe, desgleichen im
Waisengericht und Consistorium, hatte. Es hat nur zwei solche
Obersecretäre gegeben, nämlich Joh. Wilh. Polchau, von 1688
bis 1692, und Joachim Gernet, von 1692 bis 1710. In letzt-
gedachtem Jahre wurde Gernet, am Tage nach der mit dem
General Bauer abgeschlossenen Capitulation, den 30. September,
vom Rathe zum Syndicus ernannt, starb aber schon in der
ersten Hälfte des Octobers, worauf das Syndicat vacant blieb,
und von dem Bürgermeister Joh. Christoph Droummer stellver-
tretend verwaltet, seinem Nachfolger, dem Bürgermeister Jobst
von Willen, aber im Jahre 1726 förmlich übertragen wurde und
seit jener Zeit regelmässig besetzt blieb.

3.

Die Zahl von vierzehn R a t h m a n n e n oder R a t h s h e r r n,
wie wir sie spätestens seit dem Jahre 1539 festgestellt gefunden**), ist seitdem bis auf die neueste Zeit unverändert geblieben.
Die durch Beförderung, Entlassung, Emeritur oder Tod eintretenden Vacanzen wurden und werden noch durch freie Wahl
des Rathes, und zwar nicht eher besetzt, als bis mindestens

---

*) S. oben S. 43.   **) S. oben S. 40 fgg.

zwei Sitze im Rathsstuhl erledigt sind. Die Wahl wird regelmässig am zweiten Adventsonntage — zwischen dem 4. und 10. December — vollzogen. Die früheste ausdrückliche Erwähnung dieses Termins findet sich im Wahlbuche beim Jahre 1599. Ausnahmen von dieser Regel kommen nur vor: 1) im Jahre 1658. Da an der im Jahre 1657 bis zum Anfange des Jahres 1658 in Reval grassirenden Pest sechs Rathsherrn gestorben waren, so wurden am 17. Januar 1658 sechs neue Rathsglieder gewählt. 2) Im Jahre 1700 wurden am 24. September drei Glieder, 1703 am 19. März ebensoviele, 1704 am 25. November zwei neue Glieder gewählt. 3) Im Jahre 1710, wo die Pest so stark in Reval wüthete, dass an derselben vier Bürgermeister und fünfzehn Rathsherrn nach einander starben, wurden am 8. October acht, am 2. November sieben und am 13. December noch ein Rathsherr erwählt.

Am Wahltage selbst, so wie an den demselben vorausgehenden beiden Sonntagen, wird in sämmtlichen Stadtkirchen von der Kanzel nach der Predigt das Gebet für eine gesegnete Wahl gehalten. Nach Beendigung des Gottesdienstes am zweiten Advent versammelt sich der Rath auf dem Rathhause, dessen Thüren geschlossen werden. Hierauf verkündet der worthabende Bürgermeister die Namen der Tages vorher von dem Bürgermeistercollegium bestimmten Candidaten, — zwei für jeden erledigten Sitz, — über welche von den einzelnen Gliedern, von unten herauf, laut abgestimmt wird, wobei die absolute Majorität entscheidet. Nach vollzogener Wahl werden die Thüren geöffnet, der Rath tritt an das mittelste Fenster des Rathhauses, und der worthabende Bürgermeister verliest die Bauersprache und verkündet der auf dem Markte versammelten Menge die Namen der gewählten Rathsherrn. Die „jungen Herrn" werden Tages darauf in den Rath eingeführt, von dem präsidirenden

Bürgermeister in Eid genommen, und ihnen ihre Sitze ange-
wiesen⁰⁰).

Passiv wählbar oder rathsfähig sind zunächst nur Mitglieder
der grossen Gilde, und zwar solche, welche entweder zur Ael-
testenbank der Gilde gehören oder Wortführer der jüngern
Gildebrüder sind. Seit wann dieser Grundsatz feststeht, ist
ungewiss: vielleicht ist er so alt, wie die Gilde selbst. Dass
letztere im Wesentlichen in derselben Gestalt, wie noch heut zu
Tage, mindestens seit dem Anfange des fünfzehnten Jahrhunderts bestanden hat, ergiebt sich unwiderleglich schon daraus,
dass der noch gegenwärtig geltende Gildeschragen bereits im
Jahre 1429 den ersten Zusatz erhalten hat⁷⁰), mithin um einige
Zeit älter, und jedenfalls jünger ist, als die Gilde selbst. Von
jenem Grundsatz findet sich im Laufe der letzten Jahrhunderte
auch nicht eine einzige Ausnahme, sofern es sich um die Wahl
nicht rechtsgelehrter Rathsglieder handelt⁷¹).

⁰⁰) S. die „Ordnung der Rathswahlen“ in den Revaler Rechtsquellen
Bd. I. S. 248 fgg. Diese „Ordnung“ bildet einen Anhang zu der „Raths-
ordnung“, welche aus dem siebenzehnten Jahrhundert und zwar wahrscheinlich aus dem Anfange desselben stammt. Hier geschieht noch einer
seit nicht gar langer Zeit abgekommenen symbolischen Handlung Erwähnung: „Nach geendigter Wahl wird die Thür eröffnet, und vom Nachrichter
dreimal, zu jedemmal mit dreien Schlägen ans Bret geschlagen und dasselbe herunter vom Rathhause geworfen.“ Das Brett, welches durch die
wiederholten Schläge zerbrochen werden muss, und dessen Stücke also
von dem Rathhause hinabgeworfen werden, soll die Bedeutung haben, dass,
so wenig die Stücke zu einem Ganzen zusammengefügt, so wenig die eben
vollzogenen Wahlen rückgängig gemacht werden können.

⁷⁰) S. die Revaler Rechtsquellen Bd. II. S. 3.

⁷¹) Wie fest dieser Grundsatz in Reval Wurzel geschlagen, kann
man daraus entnehmen, dass selbst während der Statthalterschaftsverfassung, wo die Wahl der Magistratsglieder activ der ganzen Bürgerschaft
zustand, und alle Bürger das passive Wahlrecht hatten, dennoch nur Glieder
der grossen Gilde (welche auch zu jener Zeit als Brauergilde fortbestand)
in den Magistrat gewählt wurden.

Seit welcher Zeit Rechtsgelehrte regelmässig in den Rath gezogen wurden, kann wegen Mangels genauerer Nachrichten nicht angegeben werden. Der erste unzweifelhafte Fall kam im Jahre 1599 vor, wo der Niedergerichts-Secretär Johann Hüner-jäger zum Rathsherrn erwählt wurde, wobei sich im Wahlbuche die Bemerkung findet: „hat es aber gar ungern gethan." Seit dem Jahre 1660 finden wir fast ohne Unterbrechung zwei rechts-gelehrte Rathsherrn im Rathe sitzen [72]; dies blieb auch während der Russischen Herrschaft Regel, bis im Jahre 1783 noch ein dritter Jurist in den Rath kam. Nach Wiederherstellung der alten Verfassung im Jahre 1797 [73] wurden vier rechtsgelehrte und zehn Rathsherrn aus der grossen Gilde gewählt, und dabei ist es denn auch bis auf die neueste Zeit geblieben. Die rechts-gelehrten wurden seit jeher, wie auch noch gegenwärtig, theils aus den Secretären oder andern Beamten der Stadt, theils aus der Zahl der Rathsadvocaten gewählt; seltener hat die Wahl Staats- oder Ritterschaftsbeamte getroffen. Zuweilen haben übrigens die Secretäre nach ihrer Wahl in den Rath ihre Secre-tariate beibehalten.

4.

Der frühere Stadtschreiber [74] führt seit dem sechszehnten Jahrhundert den Titel eines Rathssecretärs, *Secretarius Se-natus*; in neuerer Zeit ward ihm das Prädicat Obergerichts-Secretär beigelegt. — Im Jahre 1550 finden wir zuerst eines Secretären des Niedergerichts, auch Gerichts-Secretär genannt, erwähnt. Der erste namentlich aufgeführte ist Johann

---

[72]) Im Jahre 1687 sassen sogar gleichzeitig drei rechtsgelehrte Raths-herrn im Rathe: Paul Struerus, Joh. Diedr. Corbmacher und Jac. Joh. Calenus.

[73]) S. unten §. 5.

[74]) Namentl. Ukas v. 4. Septbr. 1786 in den Revaler Rechtsquellen Bd. II. S. 430.

Topff. Seit gedachtem Jahre lässt sich die Reihenfolge der Personen, welche diese beiden Secretariate bekleideten, vollständig verfolgen. — Im Jahre 1655 wurde auch ein besonderer Secretär für das Waisengericht und das Consistorium angestellt, während bis dahin bei diesen Behörden in der Regel der Rathssecretär, zuweilen auch der Gerichts-Secretär, fungirte. Der erste Waisengerichts-Secretär war Heinrich Vestring.

Die drei genannten Secretäre rangirten unter einander so, dass der Rathssecretär die erste, der des Niedergerichts die zweite, der des Waisengerichts die dritte Stelle einnahm, daher denn auch, besonders in früherer Zeit, bei eintretenden Vacanzen in den Secretariaten, der Waisengerichts-Secretär in die Stelle des Niedergerichts-Secretärs, dieser in die des Rathssecretärs einrückte. Dem stand jedoch nicht entgegen, dass einer der Secretäre der Untergerichte unmittelbar in den Rath gewählt wurde. Im Jahre 1779 wurde jedoch diese Rangordnung insofern geändert, als dem Waisengerichts- und Consistorial-Secretär vom Rathe die Präcedenz vor dem Niedergerichts-Secretär verliehen wurde.

Während der Schwedischen Regierungszeit wurden den Secretären mehrmals Adjuncten zugeordnet, welche in der Regel später in die Stelle jener einrückten. Dies ist auch in neuerer Zeit geschehen. Ausserdem aber wurde im Jahre 1838 der Niedergerichts-Secretär der Verhandlung der Criminalsachen überhoben und für diese ein besonderer Secretär angestellt.

5.

Im Jahre 1786, am letzten December, wurde der Revaler Rath in seinem damaligen Bestande aufgelöst, indem, auf Allerhöchsten Befehl, alle Gerichtsinstanzen und Verwaltungsbehörden nach Vorschrift der für das ganze Reich erlassenen Statthalterschaftsverordnung vom J. 1775 und der Stadtordnung vom J. 1785 eingerichtet wurden. Die Stadt Reval erhielt demgemäss 1) einen Stadtrath (Duma), als Verwaltungsbehörde, mit einem Stadthaupt an der Spitze, mehreren Stimmhabern aus der Zahl der Stadteinwohner, und einem Secretär, und 2) einem Stadtmagistrat, aus zwei Bürgermeistern und sechs Rathmannen, nebst zwei Secretären, bestehend, als Justizbehörde. Der Stadtmagistrat stand unter dem Gouvernements-Magistrat, welcher aus zwei Departements, für peinliche und bürgerliche Sachen, bestand. In jedem Departement war ein Vorsitzer adeligen Standes, und je drei Beisitzer aus dem Bürgerstande. Die Glieder aller dieser Behörden (mit Ausnahme der Vorsitzer des Gouvernements-Magistrats) wurden alle drei Jahre von der ganzen Stadtgemeinde durch Ballotement gewählt[73]).

Diese Verfassung dauerte indess nur zehn Jahre, denn mittelst Allerhöchsten Befehls vom 28. November 1796[74]) wurde die alte Stadtverfassung vollständig wiederhergestellt. Bereits am 29. December begann die Wiederbesetzung des alten Raths, indem drei von dem damaligen Civilgouverneur, Baron von Wrangell, zur Erleichterung des Geschäfts in Vorschlag gebrachte frühere Glieder des Rathes und das bisherige Stadthaupt von den beiden Gilden als Bürgermeister anerkannt, sodann von diesen, mit Zuziehung der Gilden, am 3. Januar 1797 ein Syndicus erwählt und zwei ehemalige Rathsherren wieder in den Rathsstuhl gezogen wurden, worauf diese sieben Rathsglieder am 5. Januar noch zwölf Rathsherren und drei Secretäre erwählten.

6.

Schliesslich mögen hier noch die Namen derjenigen Familien stehen, aus deren jeder seit dem Anfange des vierzehnten Jahr-

---

[73]) S. übrigens oben Anm. 71.
[74]) Revaler Rechtsquellen Bd. II. S. 433.

hunderts mindestens drei Individuen als Glieder oder Secretäre im Rathe gesessen haben. Dreizehn Glieder und Secretäre des Rathes gehören den Familien *Witte und *Müller (Möller) an[77], zwölf der Familie Hetling, elf der Familie Zur Mühlen, neun der Familie Strahlborn, je acht Koch und Riesenkampff, je sieben Crowel (Kruyl), Luhr (Löre) und Frese; je sechs den Familien Hamer, Hippius, Hueck, *von der Lippe, Nottbeck, Rotert, von Schoten; je fünf den Familien Boismann, Bretholt, Corbmacher, Dellingshausen, Haecks, Höppener, Hüninghausen, Oom, *Schmidt von Wernen (Werden); je vier den Familien Clayhills, Dunte, Fegesack, von der Heyde, *Lange, Lanting, Rodde, Stampehl, Unna, von Wehren; endlich je drei den Familien Bade, Beke, Bolemann, Buchau, Colner, von Drenteln, Dahl, Dehn, Fiandt, Gernet, Girard, Hersefelt, Höge, Hünerjäger, Pepersack, Rumoer, Stalbiter, *Schröder, Schrewe (Schrowe), Schulte, von Thieren (Thier), Tunder, Weldege, Wetterstrand, Wilcken und Wistinghausen.

Von diesen Familien bestehen noch gegenwärtig mehr als die Hälfte. Mehrere davon — namentlich: Dellingshausen, Dehn, Dunte, von Drenteln, Fegesack, Gernet, Hersefelt (Löschern von Herzfeld), Lanting (von Lantingshausen), Mühlen, Riesenkampff (genannt von Rehekampff), Strahlborn, Wilcken — sind theils ganz, theils einzelne Zweige derselben, in die Estländische und Livländische Adelsmatrikel aufgenommen. Solches ist auch noch mit einer Anzahl der andern Geschlechter geschehen, deren Glieder im Revaler Rath gesessen, namentlich von Bremen, von Bunge, Essen, Harpe, Hüene, Schonert, Wangersheim. Zwei Syndiken der Stadt Reval sind die Stammväter der noch gegenwärtig in Estland blühenden Familien von Clodt und von Rosenbach.

---

[77] Von diesen beiden Namen, so wie von den übrigen dieses Verzeichnisses, denen ein * vorgesetzt ist, dürfte wohl angenommen werden, dass sie mehreren von einander verschiedenen Familien angehören.

Rathslinien.

In den nachstehenden Rathslinien bedeutet die vor dem Namen stehende Jahrzahl für die Jahre 1340 — 67 und 1550 bis zum Schluss das Jahr des Eintritts in das betreffende Amt, für die übrigen Jahre das der ersten urkundlichen Erwähnung. Die hinter dem Namen stehende Zahl giebt das Jahr des Austritts aus dem Amte, bezw. des letzten Vorkommens in Urkunden an. Steht vor einer der letztern Zahlen ein †, so ist die Zahl die des Sterbejahrs, steht das † hinter der Zahl, so bedeutet es, dass in diesem Jahre der Betreffende urkundlich als verstorben aufgeführt wird. Ein in der Columne der Jahrzahlen befindliches Fragezeichen (?) zeigt an, dass die Jahrzahl unsicher, nur annähernd richtig ist. Steht das Fragezeichen unmittelbar vor dem Namen, so ist die Richtigkeit der ganzen Angabe zweifelhaft, nicht auf zuverlässiger Quelle beruhend. — Bm. bedeutet Bürgermeister, — Rhr. Rathsherr. — Die Namen, vor denen ein Sternchen (*) gesetzt ist, gehören Rechtsgelehrten an. Nur in den Reihenfolgen der Syndiken und Secretäre sind die Sternchen, als selbstverständlich, weggelassen.

I.
Reihenfolge der Rathsherrn oder Consuln.

1298. Verdene, Henr. de,

1312. ? Faber, Conr.,

Grimme, Joh., 320.

Hanek, Sifrid van,

1313. Renten, Gerlacus de, 316 †.

1314. Blomenberch, Gerw., † 325.

Hamer, Bertold., Bm. 334.

Stumpel, Hermannus, Bm. 333.

1315. Brunswich, Everardus, 336 †.

Brunswich, Heyno, 335.

Hummer, Frider. de, 325.

? Calvus, Gerwinus, 319 †.

1316. Engelbertus,

Ploskowe, Henr., 319 †.

Unekinus, 319 †.

Unna, Godfridus de, 325.

1319. Cracht, Joh., 343.

Crowel, Gerhardus, 324.

Moren, Herm. de, Bm. 340.

1320. Eggardinck, Conr.,

Hovele, Sifridus de, 322. 348 †.

Vredenbeke, Conr. de,

? Sasse, 325 †.

? Schonenberge, Rodolphus de, 324 †.

1321. ? Utrecht, Rotcherus de,
      † 327.
1324. Colner, Volmarus, 325.
      Jeghelechte, Lubbertus de,
      330.
      ? Paldevere, Joh., 341 †.
1325. Massche, Joh. de, 346 †.
      Weldege, Tidemannus, 339.
   ? Longus, Winand., Bm. 333.
1332. Hamer, Conr., 334. 336 †.
      Rugele, Conr. de, Bm. 334.
      Unna, Thidemannus de,
      Bm. 335.

      ——

1333. Niger, Wernerus, 341.
      Colner, Arnoldus, 350.
      Friso, Henr., 350.
      Unna, Detmarus de, 342.
      Wyse, Th., 335.
      Ek, Apollonius de, 335.
      Lenepe, Rembold. de, 356.
      Crowel, Henr., Bm. 347.
      Crowel, Regner., Bm. 340.
      Plate, Arnoldus, 335.
      Stalbiter, Gerhardus, Bm.
      354.
      Wolde, Herm. van dem,
      335.
      Caporie, Gerlac., Bm. 351.
      Kersebom, Herm., Bm. 335.
      Osenbrugge, Joh. de, 341.
      347 †.

1333. Lapide, Rotcherus de, Bm.
      360.
      Bremen, Joh. de, 346.
1334. Ostinchusen, Hunold. de,
      340. 349 †.
      Hollogher, Wennemarus.
      Bm. 342.
      Unna, Everhard. de, 348.
      Witte, Joh., 350.
1335. Cosfelt, Thidem., 347.
1337. Hamer, Lodwicus, 352.
1340. Stocken, Arnoldus de,
      Lebart, Gerlacus, 341.
      347 †.
1341. Constantinus, 342.
      Hamer, Joh., 363.
      Weldege, Herm.. Bm. 349.
1342. Vickynchusen, Bertoldus.
      Bm. 353.
      Medebeke, Henr., 359.
1343. Dunevar, Joh., 368.
      Lippia, Joh. de, 350.
1344. Calmaria, Wernerus de.
      350.
      Beke, Henr. de, Bm. 359.
1347. Volmesten, Henr., Bm.
      353.
      Doverqke, Thid., 357.
      Viende, Joh., 349.
      Reyne, Conr. de, 363.
1349. Stoppekote, Conr., 358.
      Viesen, Hildemar. de, 373.

1385. Wazemulen, Henr., 388.
1386. Paleborn, Conr., 394.
1387. Vasolt, Joh., 403.
1388. Haltern, Bernd van, 389.
    392 †.
1389. Beke, Gerd van der, 410.
    Hervorden, Joh. van, 397.
    400 †.
    Höge, Hinr. van der, 405.
    Lubbeke, Hinr., 401.
1390. ? Bremen, Hinr. van,
    Crowel, Joh., 415. 423?
  ?   Bretholt, Marquard, Bm.
    400.
1392. Dunevar, Ludolphus, 420.
    Holloger, Evert, Bm. 407.
    Knyp, Tidem., 417.
    Plate, Joh., 402.
    Rade, Werner van dem, 421.
1393. Droge, Rotger, 410. 419 †.
1395. Bruke, Curd van dem,
1396. Rumoer, Henning, 431.
1398. Löre, Joh., 423.
1400? Goltsmit, Vatke,
  ?   Vilter, Joh.,
1401. Husman, Herm., 430.
1402. Saffenberg, Arend, 431.
1405. Zanders, Cord, 420.
1406. Bothe, Arend,
1407. Stenhagen, Arend, 437.
    Stolte, Hinr., 415.
1408. Parembeke, Hinr., 410.

1410. Stoppezake, Albert, 439.
    Woltershusen, Joh., Bm.
    411.
  ?   Menking, Meinhard, 414†.
1411. Spangert, Rotger, 412.
1414. Borstel, Cost van, Bm.
    428.
    Lange, Rich., Bm. 430.
    Lippe, Herm., 434.
    Palmedach, Joh., 433.
    Snussel, Cord, 423. 429†.
    Wydinchusen, Hans,
1415. Bocle, Hildebrand van
    dem, Bm. 439.
    Telgete, Hinr., 423.
1416. Hunynckhusen, Bertold.
    Bm. 427.
1418. Holte, Joh. van dem, 436.
1420? Voes, Tidem., Bm. 429.
1421. Berge, Ludike van dem,
    427.
    Oldendorp, Joh., 458.
    Schelwent, Hinr., Bm. 430.
1422. Düke, Joh., 434.
    Löre, Herm.,
1423. ? Engel, Joh.,
    Vorste, Kersten van,
1427. Beke, Wennemar van der,
    442.
    Louwenborst, Stephan,
1428. Kalle, Herm., 450.
    Kost, Herm.,

1428. Stoltevoet, Goschalk, 457.
1430. Halteren, Bernd van, 447.
    Ripen, Hinr. van, 432.
    433 †.
? Knickman, Jürgen, Bm.
    436.
? Sunnenschin, Joh., Bm.
    436.
1432. Heide, Diedr., 436.
    Richerdes, Gise, Bm. 441.
    Wytte, Gerlach, 444.
1433. Grymmen, Gerd, 444.
    Rumoer, Albert, Bm. 450.
1435. Eppinchusen, Hinr., 439.
    Tymmerman, Goschalk,
    443. 451 †.
1436. Duseborch, Joh., 458.
    Hackenstroh, Nicodemus,
1438. Naschert, Diedr., 445.
    450 †.
1442. Wernung, Herm., 474.
    Bretholt, Marqu., Bm. 457.
    Hanenel, Joh., Bm. 450.
    Molen, Jac. van der, 458.
    478 †.
    Velthusen, Joh., 467.
1443. Gripenborch, Cord., 458.
    Groning, Hinr.,
1444. Smet, Joh., 451.
1445. Hattorp, Tönnies van,
    459.
1446. Schale, Gerd, Bm. 457.

1447. Pepersack, Evert, 461.
    † 471.
1452? Heide, Arnd van der,
1453. Colner, Hinr., 472. 476 †.
1454. Vrese, Jac.,
    Leefhard, Martin,
    Summerman, Joh., 458.
1455. Richen, Joh. van, Bm. 470.
    Werne, Reinhold van, 481.
1456. Huninghusen, Hinr., 495.
1457. Schelwent, Hinr., Bm. 481.
1458. Greve, Herm., 471.
    Super, Joh., Bm. 470.
1464. Roper, Tideman, 478.
1465. Merstorp, Jac., 466.
    Schutte, Godeke, Bm. 475.
1466. Berchem, Joh. van, 472.
1469. Smet, Everd, Bm. 476.
1470. Hagenbeke, Diderik, Bm.
    479.
    Lippe, Hans,
    Rumoer, Henning, 480.
    Vorman, Hilger, 482.
1472. Lippe, Everd, 486 †.
1473. Huninghusen, Gerd,
    Schutte, Everd,
    Smedingh, Herm., 491.
1474. Dinckelman, Everd, 477.
    501 †.
1477. Rinckhoff, Willem, 490.
1479. Baren, Joh.,
1480. Grest, Joh., Bm. 490.

1480. Rotert, Jac., Bm. 487.
Rotert, Joh., Bm. 483.
? Gerden, Borchart, Bm. 485.
1481. Gellinghusen, Joh., Bm. 502.
Kloft, Ludw. van der, 487.
1482. Molen, Marquard van der, 513.
Schomaker, Marcus, 483.
? Bretholt, Marquard, Bm. 524.
1483. Becker, Laurenz,
Hamelen, Hans,
1484. Gampp, Peter,
Nasschardt, Diderik, 512.
Strathen, Joh.,
1485. Loess, Hinr.,
Mer, Israel van, 495.
Remmelingrade, Goschalk, 524.
1486. Hagen, Hinr.,
1488. Cullard, Joh., Bm. 504.
1489. Schroven, Thidem., 494.
1490. Boisman, Joh.,
Hagen, Dider., Bm. 499.
Mouwert, Joh., 507.
1491. Lutzenbergh, Hinr., 511.
1493. Boklem, Martin,
Gruther, Joh., Bm. 499.
Heerde, Borchart, Bm. 510.
1494. Hersevelt, Joh., 512.
1495. ? Bart, Bartold,

1495. Huninghusen, Hinr., 1514.
1498. Depholt, Matth., Bm. 522.
1499. Molen, Herm. tor, 517.
1500. Witte, Gerd, 514.
Wideman, Hinr., 521.
1502. Vegesack, Albert, Bm. 512.
Cullen, Joh.,
1503. Hulderman, Sories,
Otting, Lambert, 506.
Rotcher, Joh., 524.
1504. Menth, Jürgen, 512.
1505. Bokelman, Anton,
Gryst, Joh., 517.
Tidinchusen, Hans,
1506. Hennipspinner, Matth., 520.
Wittekop, Hans,
1507. Brockhusen, Wolmar, 522.
Testam. 548.
Hessels, Everd, 524.
1508. Viant, Joh., Bm. 519.
1509. Pattimer, Heise, Bm. 520.
1510. Werne, Anton von,
1511. Dobbersyn, Hinr., 539.
Eckholtz, Joh., 525.
Lowe, Vincentius, 514.
Luhr, Herm., 535.
Smyt, Hinr., Bm. 525.
? Erikesson, Henning,
? Fonneke, Hans,
1512. Hossering, Hans, 521.
Schutte, Cord,

1512. Werden, Simon van, 526.
1513. Deters, Diderik, 518.
    Sunnenschin, Peter,
1514. Passov, Henning,
    Salige, Joh.,
    Taffelmaker, Simon,
1515. Hüdde, Joh., Bm. 521.
    Russenberge, Hans Wilt-
    fanck, 522.
1516. ? Linde, Jürgen,
    Richerdes, Jac., Bm. 519.
1517. Bahde, Jürgen,
    Molen, Herm. tor,
1518. Gendrynck, Hinr., 522.
    Lippe, Victor van der,
    Luhr, Simon,
1519. Frommer, Hans,
    Gruther, Günther,
1520. Bosman, Hinr.,
    Luenschede, Nicol.,
    Selhorst, Joh., 536.
1521. Grothausen, Joh.,
    Kock, Joh., 533.
1522. Brandt, Joh.,
    ? Linckenbach, Fritz, 525.
    ? Franzke, Benedict,
    Stumm, Hinr., 527.
1523. Börger, Joh.,
    Klint. Asmuss,
    Rotert, Evert, 539.
1524. Goltberg, Claus,
    Happe, Jürgen,

1524. Heide, Jürgen van der,
    535.
    Jasse, Joh.,
    Scharenberg, Paul,
    Schilling, Caspar,
    Stede. Paul van,
1525. Dellinghusen, Cord,
    Fegesack, Thomas,
    Hennecke, Jac., Bm. 545.
    Hüdde, Friedr.,
    Hülszberch, Cord, 535.
    Rentelen, Everd van, 532.
    Schröder, Boet, Bm. 538.
    Smidt, Joh.,
    Tyrbach, Marcus,
1526. Balesman, Christoph,
    Bartman, Herm.,
    Bockholt, Hinr., 528.
    Collevel, Simon,
    Feltsteden, Reinh.,
    Köningk, Carsten, Bm.
    527.
1527. Hurlen, Jac. van,
    Ruggersberg, Joh.,
1529. Bomhawer, Berend,
    Hase, Zacharias,
    Vette, Herm.,
1530. Gress, Reinh.,
1531. Restede, Thomas,
1532. Hersefelt, Tileman,
1535. Schriver, Herm.,
1536. Hülszberg, Hinr., 539.

1537. Munsterman, Carl, 542.
1539. Boisman, Rotger, 542.
Dellinghausen, Hinr., 546.
Egeling, Joh., Bm. 550.
Frosell, Hinr., † 544.
Gellinghausen, Jürgen,
Hersefelt, Martin, 540.
Menthe, Stephan, 542.
Werden, Joh. van,
Witte, Pawel, 450. 563 †.
Hower, Joh., Bm. 1550.
1540. Steynwyk, Jac.,
1542. Bretholt, Jasper, 567.
Packebusch, Arend, Bm.
559.
1546. Hüninghusen, Andr.,
Werner, Thomas, Bm. 550.

1550. Pepersack, Joh., Bm. 554.
Bolemann, Herm., 569.
578 †.
Schmedemann, Joh., 563.
569 †.
Becker, Gottschalk, 569.
578 †.
Hoye, Ivo van der, 559.
Kampferbeke, Joh., 559.
Kappenberg, Jaspar, 569.
Rotert, Ebert, Bm. 566.
Telt, Cord zur, † 551.
Engelstede, Joh., † 1551.
1551. Winter, Joh., 567.

1551. Elers, Joachim, † 554.
1554. Köning, Joh., Bm. 562.
Boismann, Hnr., 563.
Fyten, Ludeke von, 557.
1557. Belholt, Joach., 569.
Hünerjäger, Jürgen, 594.
1559. Reyer, Jaspar, † 585.
Möller, Joh., 569.
1562. Heyde, Jürgen von der,
Corbmacher, Diedr., Bm.
571.
1566. Boismann, Joh., 569.
Sandstede, Frdr., 569.
1568. Luttern, Gert von, 569.
Schröder, Joh., 580. 586 †.
Klüting, Mich., 596.
1571. Cloet, Hnr., 578.
Luhr, Herm., Bm. 584.
1572. Wilbers, Hnr., 587.
Schröder, Boet, † 1602.
Möller, Peter, Bm. 586.
1575. Rotert, Bartholom., Bm.
579.
Holtzhausen, Joh., Bm.
578.
Wangersen, Hans von,
583.
Bochdan, Jac., 580.
1578. Andresen, Hnr., 582.
Grambow, Claus, † 605.
1579. Kampferbeck, Ebert,
† 592.

1579. Bretholtz, Moritz, Bm. 591.
1581. Zimmermann, Hrm., 601.
Goltberg, Joach., 601.
1584. Winckelmann, Berend, 591.
Strahlborn, Joh., 600.
1587. Then, Simon von, Bm. 604.
Bolemann, Joh., 601.
1592. Corbmacher, Joh., Bm. 602.
Rabe, Joh., 615.
Drenteln, Carsten von, 601.
Lohn, Hnr. von, Bm. 599.
1599. Hünerjäger, Joh., 614.
Beck, Thomas, 609.
1601. Beckhusen, Bened., 602.
Bevermann, Thomas, 603.
Stampehl, Joh., 622.
Strahlborn, Casp., † 605.
1602. Müller, Joh., † 608.
Spreckelsen, Peter von, 635.
1604. Dahl, Hnr., 632.
Dunte, Jobst, 615.
1608. Müller, Ebert, 617.
Fegesack, Godert, † 625.
Koch, Joh., † 626.
Gerten, Berend von, Bm. 609.
1611. Rotert, Bartholom., † 646.
Rhode, Carsten, † 628.

1611. Wangersen, Georg von, Bm. 626.
1614. Busselberg, Hnr., 620.
Luhr, Thomas, Bm. 630.
Schrewe, Thomas, Bm. 634.
1620. Wibbeking, Joh., 642.
Thier, Joh. von, Bm. 640.
Müller, Joh., 639.
1623. Lanting, Hnr., 642.
Stampehl, Andr., Bm. 643.
1627. *Lohn, Georg von, Bm. 627.
Schoten, Thomas von, 632.
Drenteln, Thomas von, Bm. 646.
1630. Römer, Herm., † 659.
Pforte, Matthias, 641.
Fonn, Joh., † 1653.
1632. Derenthal, Christoph, † 654.
Greffer, Franz, † 657.
1635. Corbmacher, Diedr., † 656.
Luhr, Andr., 640.
1640. Fiant, Albr., 653.
Hettling, Berend, Bm. 654.
Dellinghausen, Joh., † 648.
1642. Haecks, Joh., † 663.
Müller, Jürgen, † 657.
1643. Hilner, Elias, Bm. 658.
Paulsen, Mich., Bm. 658.
1647. Finhagen, Phil., † 657.

1647. Fegesack, Bened., 661.
1652. Koch, Christoph, 667.
Meusler, Cort, Bm. 678.
1654. Recke, Gert, 657.
Wistinghausen, Daniel,
† 669.
1658. *Strahlborn, Christian,
Bm. 661.
Baade, Hnr., 677.
Schoten, Bened. von, †669.
Buchow, Christian, Bm.
672.
Dahl, Diedr., † 661.
Lanting, Simon, † 661.
1660. *Witte, Georg, Bm. 675.
Corbmacher, Constans,
Bm. 673.
1661. *Krehmer, Gottschalk,
† 682.
Schlüter, Hnr., 667.
Stampehl, Hnr., Bm. 683.
Hettling, Diedr., 679.
1667. Hahn, Ernst, Bm. 680.
Mühlen, Herm. zur, †690.
Strahlborn, Casp., 669.
Dunte, Casp., Bm. 684.
1670. Geldern, Hnr. von, 692.
Dunte, Jobst, Bm. 688.
Ecke, Thomas, 678.
1673. Wiler, Nicol. von, 691.
Schoten, Hans von, 693.
1675. *Struerus, Paul, Bm. 696.

1675. Thieren, Berend von, 693.
1678. *Alberti, Andr.,
Haecks, Andr., † 686.
1681. Müller, Jac., † 684.
Witte, Diedr., 698.
Stampehl, Andr., 686.
1684. *Corbmacher, Joh. Diedr.,
Justiz-Bm. 690.
Lohmann, Ebert, 691.
Kahl, Thomas, † 710.
Hueck, Wendel, † 687.
1686. *Calenus, Jac. Joh., †687.
Baade, Hnr., Bm. 696.
1687. Reimers, Diedr., Bm. 701.
Rodde, Diedr., 696.
1690. *Derling, Magnus, † 1693.
Stippel, Arend, 696.
Hueck, Joh., 700.
1691. Müller, Jürgen, 697.
Michael, Christoph, Bm.
703.
1693. Paulsen, Mich., † 710.
Eckholtz, Peter, 696.
Mühlen, Thomas zur, Bm.
703.
Londicer, Rabe Rudolph,
698.
1696. Schoten, Diedr. von, 697.
Riesenkampff, Jürgen,
† 703.
Minden, Arend von, †710.
Drenteln, Herm. von, 697.

1727. Mühlen, Hnr. zur, Bm. 745.

1729. Haecks, Hnr., † 741.
Besser, Christian, † 743.
Witte, Jürgen, † 755.
Clayhills, Thomas, Bm. 750.

1734. Grünewald, Jac., 1752.
Lindemann, Andr., † 739.

1737. *Becke, Jac. Frdr., Bm. 744.
Riesenkampff, Carl Phil., Bm. 757.

1739. Wehren, Bernh. Joh. von, 762.
Strahlborn, Barth., † 755.

1742. Hetling, Reinh. Joh., † 761.
Seebeck, Thomas, † 748.
Wistinghausen, Christian, Bm. 762.

1743. *Schonert, Carl Joh., † 766.
Lado, Balthasar Hnr., † 748.
Haecks, Joh. Herm., Bm. 753.

1745. *Witte, Bened., † 762.
Gernet, Wilh. Hnr., Bm. 767.

1748. Witte, Diedr., † 762.
Hetling, Carl Nicol., Bm. 767.

1752. Eggers, Hans Jac., † 755.
Strahlborn, Casp., † 760.

1755. Hoeppener, Casp., Bm. 772.
Lüder, Carl Christian, † 761.

1757. Buchau, Christian, † 768.
Oom, Hnr., † 760.

1760. Graff, Woldemar, † 780.
Dehn, Arnold, 779.

1762. *Nottbeck, Nicol. Joh., † 772.
Hippius, Joh. Frdr., † 766.
Hetling, Joh. Reinh., Bm. 781.
Mühlen, Hrm. Joh. zur. Bm. 783.
Clayhills, Herm. Joh., 770.

1763. Huene, Carl Joh. von, † 777.
Schreve, Franz Christoph. 781.

1766. *Hueck, Wilh. Christian. Bm. 779.
Brockhausen, Adam Hnr.. 780.

1769. Nottbeck, Peter Joh., 780.
Koch, Berend Hnr., 780.
Duborgh, Peter, 780.

1772. Nottbeck, Thomas Bernh.. 780.
*Pfützner, Gottlieb, 783.
Lindfors, Axel Hnr., 780.

1779. *Sendenhorst, Gerh. Hnr.,
bis 786.

Wistinghausen, Joh. Christian, 780.

Frese, Bened., 786.

1781. Glehn, Peter von, 786.

Wilcken, Joach. Nicol., 786.

Hetling, Herm. Joh., 786.

1783. *Rodde, Diedr., 786. —
Bm. 796.

*Meyer, Bernh. Joh., 786.

Gernet, Joh. Christian, 786.

Müller, Gottfr., 786.

- - - -

1797. (*Sendenhorst, G. H.),
Bm. 800.

(*Meyer, B. J.), † 1805.

*Dehn, Thom. Joh. von, 800.

Mundt, Peter Frdr., Bm. 797.

Girard, Joh. Carl, Bm. 798.

Oom, Adolph, Bm. 799.

Helding, Gotth. Joh., Bm. 800.

Stegemann, Gust. Wilh., † 813.

*Strahlborn, Jobst·Hnr., † 823.

1797. Hippius, Christ. Frdr., Bm. 811.

Rydenius, Nicol. Herm., 803.

Husen, Reinh. Wilh. von, † 803.

Jürgens, Joh. Frdr.. 802.

Scholvin, Joh. Hnr., † 804.

1798. Strohm, Bengt Fromh., 805.

Felicius, Joh. Georg Wilh., 805.

1800. *Nottbeck, Adam Joh. von, † 810.

Riesenkampff, Bernh. Hnr., † 801.

Hoeppener, Fabian Barward, Bm. 811.

Tunder, Carl Samuel, † 811.

1802. Schultz, Gottlieb Eman., † 813.

Wehren, Thomas Joh. von, 804.

1803. Hoffmann, Joh. Georg, 813.

Frese, Thomas Bened., Bm. 816.

1805. Riesenkampff, Joh. Phil., 811.

Koch, Carl Nicol., † 831.

1805. Landesen, Joh. Gottlieb,
† 825.

1806. *Duborgh, Hrm., † 811.
Salemann, Thomas, † 807.

1810. Reichart, Jac. Joh., 815.
Rodde, Diedr., 815.

1811. (*Dehn, Thom. Joh. v.),
Bm. 814.
Riesenkampff, Carl Eberh.,
Bm. 823.
Wetterstrand, Joh. Andr.,
† 831.
Waswo, Nicol. Dan., † 836.

1813. Falck, Joh. Nicol., 815.
*Salemann, Carl Joh.,
Bm. 817.

1814. Hunnius, Carl Constantin,
817.
Müller, Gottfr., † 821.

1815. *Stillmark, Petr., 817.
Witt, Peter Hinr., Bm.
825.
Intelmann, Carl Gottlieb,
† 818.

1817. *Mühlen, Herm. von zur,
† 827.
*Jordan, Aug. Chr., Bm.
843.
Alstadius, Hnr. Joach.,
Bm. 855.

1818. Luther, Christian Wilh.,
† 841.

1818. Husen, Reinh. Wilh. von.
† 859.

1821. Oom, Wilh. Adolph, 824.
Berg, Hnr. Joh., 848.

1824. Hippius, Hrm. Gottlieb,
† 844.
*Hörschelmann, Hnr.,
827.
Linde, Andr., 831.

1826. Riesemann, Christoph
Bernh., † 831.
Girard, Joh. Carl, Bm.
837.

1828. *Haecks, Joh. Herm., Bm.
829.
*Gonsior, Jac. Joh., † 865.

1831. *Wetterstrand, Reinh.
Joh., 834.
Wehren, Wilh. Hnr. von,
836.
Mayer, Carl Aug., Bm.
860.
Brinck, Franz Wilh.,
† 843.

1836. Riesenkampff, Diedr.
Ferd., † 854.
Heindorff, Joh. Frdr.,
† 856.

1837. Krafft, Joh. Chr. Frdr.,
† 853.
*Gloy, Hnr. Joh., Bm.
858.

1842. * Koch, Alexander Gustav, 858.

Hippius, Joh. Hnr., † 847.

1844. Müller, Joh. Hnr., 849.

*Köhler, Joh. Gottfr., † 868.

Koch, Aug. Heinr., † 873.

1848. Intelmann, Carl Gottlieb, 851.

Luther, Alexander Martin, Bm. 1864.

1852. Hoeppener, Eduard Fabian, † 856.

Ackermann, Constantin, † 858.

(Intelmann, C. G.), † 854.

1855. Baetge, Ernst Carl Frdr., Bm. 864.

Graebner, Aug. Hnr., 867.

1856. Landesen, Carl v.,

Höppener, Alexand., †873.

1858. * Weisse, Robert,

*Krich, Aug. Leop.,

1859. Meyer, Constantin,

Rotermann, Christian Abraham, † 870.

1860. Gleiss, Hrm. Garlieb, 869.

Eggers, Alexander, 864.

1864. Girard von Soucanton, Arthur Baron,

Mayer, Woldemar,

1867. * Gloy, Georg von,

Elfenbein, Carl,

Pfaff, Joh. Georg,

1869. *Husen, August von,

Berting, L. J.,

Elfenbein, A. J.

II.

Reihenfolge der Syndiken und Vicesyndiken.

1474. Hove, Joh. tor, Synd. und Secretär.

1550. Cloet, Jobst, 560.

1567. Dellinghausen, Conr., † 598?

1580. Herbers, Bernh., Vicesyndicus, 598? Syndicus, † 603.

1606. Derenthal, Joh., (608 auch Bm.), † 630.

1631. Willebrand, Friedr., Dr., (635 auch Bm.), 640.

1642. Bech, Bernh. zur, geadelt v. Rosenbach, 653 Bm.

1646. Vestring, Joh., Dr., Vicesyndicus, 653-58 Synd.

1658. Tunder. Heinr., geadelt von Tunderfelt, (661 auch Bm.) bis 673.

1667. Fonn, Heinr., geadelt von Rosenkron, Vicesyndicus, 673 Syndicus (675 auch Bm.) bis 1681.

1681. Popping, Joh. Frdr., Dr., † 684.

1685. Müller, Phil. Frdr., bis 686.

1688. Polchau, Joh. Wilhelm, königl. Obersecretär, loco syndici, bis 1692.

1692. Gernet, Joachim, königl. Obersecretär, loco syndici, 710 Syndic., † 710.

1728. Willen, Jobst Heinr. von, (auch Bm.), † 742.

1743. Sendenhorst, Carl Heinr., Bm. 763.

1763. Frese, Adrian Heinr., (770 auch Bm.), † 779.

1779. Dehn, Joach., Bm. 1783.

1783. Harpe, Carl Gottschalk, bis 1786.

1797. Wetterstrand, Andreas, Bm. 803.

1803. Strahlborn, Heinr. Joh. von, (806 auch Bm.) † 814.

1814. Tideböhl, Joh. Heinr., bis 820.

1820. Salemann, Carl Johann, (auch Bm.), † 1843.

1843. Bunge, Friedr. Georg von, Dr., (844 auch Bm.), bis 1858.

1858. Schütz, Alexander, † 864.

1864. Riesemann, Oscar.

III.

Reihenfolge der Bürgermeister oder Proconsuln.

1333. Longus, Win., 345.
Stympel. Hrm., 343.

1334. Hamer, Bert., 335.
Rugele, Conr.,

1335. Kersebom, Hrm.,
? Unna. Thider., 343.

1340. Moren, Hrm., 351.

1340. Crowel, Regn., 358.

1342. Hollogher, Wennem., 357.

1347. Crowel, Hnr., 349.

1349. Weldege, Hrm.,

1351. Caporie, Gerl.,

1353. Vickinchusen, Bert.,
Volmesten, Hnr., 357?

1354. Stalbiter, Gerh., 359.
1359. Beke, Hnr. de, 387.
1360. Steno, Rotch. de, 368?
    Crowel, Hnr., 369.
1361. Lenepe, Gerw. de, 362.
    Hove, Herm. de, 377.
1366. Stokestorp, Petr., 369.
1374. Kegeler, Conr., 413.
1381. Schotelmund, Gosch., 396.
1387. Stoltevoet, Joh., 419.
1388. Crowel, Hnr., 389. 92 †.
1389. Molendino, Joh. de, 391.
1397. Witte, Gerd, 423. 28 †.
1400. Hamer, Joh., 405?
    Bretholt, Marqu.,
1407. Hollogher, Evert, 423?
    440 †.
1411. Woltershusen, Joh., 415.
1427. Hunynckhusen, Bert.,
    430.
1428. Borstel, Cost van, 458.
    Lange, Rich., 446. 50 †.
1429. Voes, Tidem.,
1430. Schelwent, Hnr., 442.
1436. Knickmann, Jürgen,
    Sunnenschin, Joh., 445.
1439. Boele, Hildebr. van dem,
    443. 45 †.
1441. Richerdes, Gise, 444.
1450. Hanenel, Joh., 454. 56 †.
    Rumoer, Alb., 459.

1457. Schale, Gert, 477.
    Bretholt, Marqu., 473.
    82 ?
1470. Richen, Joh., 472.
    Super, Joh., 494.
1475. Schutte, Godeke,
1476. Smet, Evert, 511.
1479. Hagenbeke, Diedr., 486 †.
1481. Schelwent, Hnr., 489.
1483. Rotert, Joh., 500. 505 †.
1485. Gerden, Borch.,
1487. Rotert, Jac.,
1490. Grest, Joh., 493.
1499. Hagen, Diedr., 504.
    Gruter, Joh., 517.
1502. Gellinghusen, Joh.,
1504. Cullard, Joh., 525.
1510. Heerde, Borch.,
1512. Fegesack, Alb., 519.
1519. Viant, Joh., † 529.
    Richerdes, Jac., 536.
1520. Pattimer, Heise, 536.
1521. Hüdde, Joh., 522.
1522. Depholt, Matth., 525.
1524. Bretholt, Marqu.,
1525. Smyt, Hnr., 530.
1526. Fegesack, Thom., 539.
1527. Köningk, Carsten,
1538. Schröder, Boet, 539.
1545. Henneke, Jacob, s. weiter
    unten S. 71.

Von 1550 bis 1786.

1550.	Hower, Joh., † 566.	Egeling, Joh., † 562.
1554.	—	—
1559.	—	—
1562.	—	Köning, Joh., † 578.
1566.	Rotert, Ebert, † 579.	—
1571.	—	—
1578.	—	Holtzhausen, Joh., † 608.
1579.	Rotert, Barthol., † 584.	—
1584.	Luhr, Hrm., † 599.	—
1586.	—	—
1591.	—	—
1599.	Lohn, Hnr. v., † 626.	—
1602.	—	—
1604.	—	—
1608.	—	*Derenthal, Joh., † 630.
1609.	—	—
1626.	Wangersen, Georg v., † 654.	—
1627.	—	—
1630.	—	Luhr, Thom., † 646.
1634.	—	—
1635.	—	—
1640.	. —	—
1643.	—	—
1646.	—	Drenteln, Thom. v., † 658.
1653.	— .	—
1654.	Hetling, Bernh., † 661.	—
1658.	—	Hilner, Elias, † 672.
1661.	Strahlborn, Christ., 687.	—
1672.	—	Buchow, Chrstn., † 672.
1673.	—	Corbmacher, Constans, † 680.
1675.	—	—

Von 1550 bis 1786.

1550. Wernen, Thom. v., † 554.	Henneke, Jac., seit 545, † 559.
1554. Pepersack, Joh., † 586.	—
1559. —	Packebusch, Arend, † 571.
—	—
—	—
1571. —	Corbmacher, Ddr., † 591.
—	—
—	—
—	—
1586. Müller, Peter, † 602.	—
1591. —	Bretholz, Maur., † 1604.
—	—
1602. Corbmacher, Joh., † 635.	—
1604. —	Then, Sim. v., † 609.
—	—
1609. —	Gerten, Berent v., † 626.
—	—
1627. —	*Lohn, Georg v., † 634.
—	—
1634. —	Schrowe, Thom., † 643.
1635. * Willebrant, Frdr., 640.	—
1640. Thieren, Joh. v., † 657.	—
1643. —	Stampehl, Andr., † 653.
—	—
1653. —	*Rosenbach, Bernh. v., † 661.
—	—
1658. Paulsen, Mich., † 675.	—
1661. —	*Tunderfelt, Hnr. v., † 675.
—	—
—	—
1675. *Witte, Georg, † 678.	*Rosenkron, Hnr. v., 681.

1678.	—	—
1680.	—	Hahn, Ernst, 701.
1683.	—	—
1684.	—	—
1687.	*Rosenkron, Hnr. v., Justiz-Bürgermeister, † 690.	—
1688.	—	—
1690.	*Corbmacher, Joh. Ddr., Justiz-Bm., † 702.	—
1696.	—	—
1701.	—	Reimers, Ddr., † 710.
1703.	*Struerus, Paul, Justiz-Bm., † 708.	—
1708.	*Hetling, Wilh., Justiz-Bm., † 710.	—
1710.	*Gernet, Joach., † 710.	Lanting, Joh., † 720.
	*Droummer, J. Chr., † 727.	—
1719.	—	—
1721.	—	Witte, Joh., † 729.
1727.	*Willen, Jobst II. v., † 742.	—.
1729.	—	Thieren, Christian, 739.
1739.	—	Krechter, Christoph, † 745.
1742.	*Wilcken, J. Andr., † 744.	—
1744.	*Becke, Jac. Frdr., † 763.	—
1745.	—	Mühlen, Hnr. zur, † 750.
1750.	—	Clayhills, Thom., † 757.
1753.	—	—
1757.	—	Riesenkampff, C. Phil., 767.
1762.	—	—
1763.	*Sendenhorst, C. Hnr., † 770.	—
1767.	—	Gernet, Wilh. Hnr., † 772.

1678. Meusler, Conr., † 684.　　　　　　　—

　　　　　　　—　　　　　　　　　　　—

1683.　　　　　—　　　　　　Stampehl, Hnr., 696.

1684. Dunt, Casp., † 688.　　　　　　　—

　　　　　　　—　　　　　　　　　　　—

1688. Dunt, Jobst, 696.　　　　　　　　—

　　　　　　　—　　　　　　　　　　　—

1696. Baade, Hnr., † 703.　　　　*Struerus, Paul, Justiz-Bm. 703.

　　　　　　　—　　　　　　　　　　　—

1703. Mühlen, Thom. zur, † 710.　Michael, Christoph, † 719.

　　　　　　　—　　　　　　　　　　　—

1710. Buchau, Chrstn., † 721.　　　　　—

　　　　　　　—　　　　　　　　　　　—

1719.　　　　　—　　　　　　Hueck, Joh., † 727.

1721. Frese, Hnr., † 742.　　　　　　　—

1727.　　　　　—　　　　　　Oom, Adolph, † 753.

　　　　　　　—　　　　　　　　　　　—

　　　　　　　—　　　　　　　　　　　—

1742. Vermeer, Ddr., † 761.　　　　　　—

　　　　　　　—　　　　　　　　　　　—

　　　　　　　—　　　　　　　　　　　—

　　　　　　　—　　　　　　　　　　　—

1753.　　　　　—　　　　　　Haecks, J. Herm., † 783.

　　　　　　　—　　　　　　　　　　　—

1762. Wistinghausen, Chr., † 766.　　　—

　　　　　　　—　　　　　　　　　　　—

1767. Hetling, Carl Nic., † 781.　　　　—

1770. *Frese, Adr. Hnr., † 779.   —

1772.   —   Hoeppener, Casp., 783.

1779. *Hueck, Wilh. Chr., 786.   —

1781.   —   —

1783.   —   *Dehn, Joach., 786.

Seit 1797.

1797. Hetling, Wilh., † 798.   *Harpe, C. Gottsch.. 1803.

1798. Girard, Joh. Carl, † 799.   —

1799. Oom, Adolph, † 811.   —

1800.   —   —

1803.   —   *Wetterstrandt, Andr., † 811.

1806.   —   —

1811. Hoeppener, Fab. Barw.,   *Hueck, Adam Joh., † 829.
        † 816.

1814.   —   —

1816. Frese, Thom. Ben., † 837.   —

1817.   —   —

1823.   —   —

1825.   —   —

1829.   —   *Haecks, Joh. Hrm. v., † 868.

1837. Girard, Joh. Carl, 864.   —

1843.   —   —

1844.   —   —

1855.   —   —

1858.   —   —

1860.   —   —

1864. Baetge, Ernst Carl Frdr.   —

—   —
—   —
—   —
1781. Hetling, Joh. Rnh., 786.   —
        —   Mühlen, Hrm. zur, 786.

Seit 1797.

1797. *Rodde, Ddr., † 1800.   Frese, Bened., † 1797.
                                 Mundt, Petr. Frdr., † 1800.

        —   —

        —   —

1800. *Sendenhorst, Gerh. Hnr.,   Helding, Gthrd. Joh., † 811.
        † 806.

        —   —

1806. *Strahlborn, Hnr. J., †814.   —
1811.   —   Hippius, Chr. Frdr., 823.

1814. *Dehn, Thom. Joh. v., †817.   —
        —   —
1817. *Salemann, Carl Joh., †843.   —
1823.   —   Riesenkampff, C. Eberh., 1825.
1825.   —   Witt, Peter Hnr. v., † 855.

        —   —

        —   —

1843. *Jordan, Aug. Chr., †844.   —
1844. *Bunge, Frdr. Georg v.,   —
        858.
1855.   —   Alstadius, Hnr. Joach., †. 860.
1858. Gloy, J. Georg Hnr., †865.   —
1860.   —   Mayer, Carl Aug., 864.
1864.   —   Luther, Alex. Martin.

IV. Reihenfolge der Secretäre des

Rathssecretäre.	Niedergerichts-Secretäre.
1400. Tzernekow, Karstian,	—
1474. Hove, J. tor, Synd. u. Secr.,	—
1518. Manow, Otto,	—
1536. Czulstorpe, Joh.,	—
1550. Schmidt, Laurent.,	Topff, Joh.,
1580. Herbers, Bernh., † 603.	—
1590. —	Hünerjäger, Joh., Rhr. 599.
1603. Dellinghausen, Casp.,	Dellinghausen, Casp.,
1606. —	Holtzhausen, Wolm.,
1620. —	—
1624. —	—
1625? Bech, Brnh. zur, Synd. 642.	—
1629. —	Brüning, Joh., † 645.
1641. —	—
1642. Dahl, Hnr., † 654.	—
1645. —	Hünerjäger, Joh., RS. 655.
1655. Hünerjäger, Joh., † 658.	Strahlborn, Chr., Rhr. 658.
1658. Tunder, Hnr., Synd. 658.	Michaelis, Frdr.,
Fonn, Joh., 672.	—
1661. —	—
1670? —	Struerus, Paul, Rhr. 675.
1672. Neuhusius, Joh., 672.	—
1673. Alberti, Andr., Rhr. 678.	—
1675. —	Fortschius, G. Chr., RS. 686.
1678. Corbmacher, J. Ddr., 681.	—
1681. Alberti, Andr., † 686.	—
1686. Fortschius, G. C., † 686.	Höge, Joh. zur, RS. 1704?
1687. Gottschildt, E. S.,	—
1704? Höge, J. zur, † 710.	Witte, Chr., † 710.
1710. Heyden, W. B., † 710.	Willen, J. H. v., Rhr. 724.
Nottbeck, C. J., † 728.	—
1724. —	Schmaltzius, G., † 725.

Rathes und der Untergerichte.

Walsengerichts- u. Consistor.-Secret.	Adjuncten.
—	—
—	—
—	—
—	—
—	—
—	—
1590. —	Dellinghausen, Casp., RS. 1603.
—	—
—	—
1620. —	Telt, Conr. zur, † 1629.
1624. —	Bech, Bernh. zur, RS. 625?
—	—
—	—
1641. —	Dahl, Hnr., RS. 642.
—	—
—	—
1655. Vestring, Hnr., 658.	—
1658. Krehmer, Gtsch., Rhr. 661.	—
—	—
1661. Fortschius, G. C., NgS. 675.	—
—	—
—	—
—	—
1675. Calenus, Jac. J., Rhr. 686.	—
—	—
—	—
1686. Hetling, Wilh., Rhr. 1704.	Gottschildt, E. S., RS. 687.
—	—
1704. Krechter, Thom., † 710.	—
1710. Schmaltzius, G., NgS. 724.	—
—	—
1724. Hetling, B. R., NgS. 725.	—

Rathssecretäre.	Niedergerichts-Secretäre.
1725. —	Hetling, B. R., RS. 728.
1728. Hetling, B. R., † 742.	Becke, J. F., Rhr. 737.
1737. —	Sondenhorst, C. H., RS. 742.
1742. Sendenhorst, C. H., Synd. 743.	Witte, Bened., RS. 743.
1743. Witte, Bened., Rhr. 745.	Hetling, N., † 752.
1745. Hetling, B., 755.	—
1752. —	Frese, Adr., RS. 755.
1755. Frese, Adr., Synd. 763.	Nottbeck, N. J., Rhr. 762.
1762. —	Hippius, J. G., † 767.
1763. Dehn, Joach., Synd. 779.	—
1767. —	Rodde, Ddr., WgS. 779.
1779. Harpe, C. G., Synd. 783.	Lütkens, A. P., RS. 783.
1783. Rodde, Ddr., Rhr. 783.	Wetterstrand, Andr., 786.
Lütkens, A. P., 784.	--
1784. Dehn, Th. J., 786.	—
1797. Strahlborn, H. J., Synd. 803.	Riesemann, P. A., 804.
1803. Hueck, Ad. J., Bm. 811.	—
1804. --	Salemann, C. J., 808.
1808. —	Riesenkampff, G. H., 809.
1809. —	Tideböhl, J. H., RS. 811.
1811. Wetterstrand, R., 811.	Rinne, C. A., 812.
Tideböhl, J. H., 820.	—
1812. —	Jordan, A. H., RS. 820.
1815. —	—
1820. Jordan, A. C., Bm. 843.	Haecks, H. J. v., Bm. 829.
1829. —	Koch, Al. G.,
1843. Schütz, Alex., † 864.	—
1858. —	Koch, Alex. II., † 866.
1864. Lampe, Ferd., † 866.	—
1866. Greiffenhagen, T. W.	Weisse, Rob.

Waisengerichts- u. Consistor.-Secret.	Adjuncten.
1725. Becke, J. F., NgS. 728.	—
1728. Sendenhorst, C. H., NgS. 737.	—
1737. Witte. Bened., NgS. 742.	—
1742. Hetling, N., NgS. 743.	—
1743. Hetling, B., RS. 745.	—
1745. Frese, Adr., NgS. 752.	—
1752. Nottbeck, N. J., NgS. 755.	—
1755. Hippius, J. G., NgS. 762.	—
1762. Dehn, Joach., RS. 763.	—
1763. Harpe, C. G., RS. 779.	—
—	—
1779. Rodde, Ddr., RS. 783.	—
1783. Dehn, Thom. J., RS. 784.	—
—	—
1784. Strahlborn, Jobst II., 786.	—
1797. Hueck, Ad. J., RS. 803.	—
1803. Wetterstrand, R., RS. 811.	—
—	—
—	—
—	—
1811. Stillmark, P., Rhr. 815.	—
—	—
—	—
1815. Gloy, H. J. G.,	—
—	—
—	—
—	—
1858. Gloy, Georg,	—
—	—

Alphabetisches Verzeichniss
der Glieder und Secretäre des Revaler Rathes,
nebst biographischen Notizen.

A.

Ackermann, Constantin, aus Reval, Wortführer der gr.
G., Rhr. $18\frac{7}{12}52$, starb 858.

*Alberti, Andr. I., aus Pommern, bereits früher Secretär
(vermuthlich bei einem der Untergerichte), zum RScr. ernannt
$16\frac{1}{1}073$. Zum Rathsherrn gewählt $16\frac{8}{12}78$, schlug er dieses Amt
aus, trat vielmehr — auf Grundlage eines königlichen Rescripts —
$16\frac{4}{1}81$ das RSecretariat wieder an, wurde in Angelegenheiten
der Stadt nach Stockholm gesandt, kehrte $16\frac{1}{1}86$ von da zurück, und starb wenige Tage darauf, am 29. Mai.

*Alberti, Andr. II., aus Reval (vermuthlich ein Sohn des
Vorhergehenden), öffentlicher Notar, Rhr. $17\frac{2}{11}10-1715$.

Albus, Joh., s. Witte.

Alphodus, auch Allef, Alyph, Rhr. in den J. 1361. 63.
65. 67. 73. 74. UB. No. 923, 25. 27. 29. 31. 34. 35.

Alstadius, Heinr. Joach., geb. zu Reval $17\frac{2}{3}80$, Bürger
1809, Aelt. d. gr. G., Rhr. $18\frac{8}{12}17$, Kämmerer $1832-55$, HV.
$1844-55$, Bm. 1855, starb $18\frac{2}{1}060$.

Andresen, Heinr., Rhr. $1578-82$.

Arning, Heinr., aus Reval, Aelt. d. gr. G., Rhr. $17\frac{3}{8}00$,
Kämm. $1703-10$. Starb 1710 an der Pest.

B.

Baade (Bahde), Heinr. I., aus Reval, Rhr. 16$\frac{1}{1}$58. Kämm. 1659—77. Hatte Landbesitz in Harrien. S. Paucker, Estlands Landgüter I, 59 fg.

Baade, Heinr. II. (vermuthlich ein Sohn des Vorigen), Rhr. 16$\frac{5}{1}$86. GV. 1696. Bm. 16$\frac{6}{1}$96, starb 17$\frac{2}{2}$03. Sein Sohn Hermann B. war Official, und machte dem Rathe durch eine Reihe von Processen, Delationen etc. viele Ungelegenheiten. Harpe's Repertorium II, 1—67.

Bahde (auch Bode), Jürgen, Rhr. im J. 1517.

Balesmann (Bolesmann), Christoph, Rhr. im J. 1526.

Baren, Joh., Rhr. 1479.

?Bart, Bartold, Rhr. 1495.

Bartmann, Herm., Rhr. 1526.

Baetge, Ernst Carl Friedr., Aelt. d. gr. G., Rhr. 18$\frac{4}{1}$55. Bm. 1864.

Bech, Bernh. zur, s. von Rosenbach.

*****Beck** (Becke), Jac. Frdr., geb. zu Reval 1689, Secretär der Restitutions-Commission, WgS. 17$\frac{3}{1}$25, NgS. 17$\frac{7}{1}$28, Rhr. 17$\frac{1}{1}$37, Bm. 17$\frac{9}{1}$44. Pr. 1745. 46. 48. 50. 52. 54. 56. 57. 59. 61. Starb 17$\frac{1}{1}$63, 73 J. 5 Mon. alt.

Beck, Thom., Rhr. 15$\frac{8}{2}$99. GV. 1606. HV. 1609.

Becker, Gottschalk, Rhr. 1550. GV. 1563. HV. 1567 bis 69. War 1578 todt.

Becker, Laurenz, Rhr. 1483.

Beckhusen, Benedict, Rhr. 16$\frac{6}{1}$01—1602. War in Harrien besitzlich. (Paucker l. c. S. 22. 23).

Beke, Gert van der, Rhr. 1389—98. 405. 7. 8. 10. Scheint ein unruhiger Kopf gewesen zu sein, musste 1407 wegen Verdachts der Theilnahme an einem Todschlag flüchten, hat sich jedoch wahrscheinlich gerechtfertigt, da er später wieder

im Rathe sass. UB. No. 1262. 64. 82. 1360 — 62. 566. 656.
720. 25. 27. 31. 826. 47. 2406. R. 2079, a. Ad. R. 1869.

Beke (Beek), Heinr. van der, Rhr. 1344. 46. 48—52.
1354. 56. 58. Bm. 1359. 61—63. 65. 66. 69. 73. 74. 83. 87. UB.
No. 884. 923, 8. 10. 12. 14. 16. 18. 20. 22. 23. 25. 27. 29. 928.
1015. 76. 83.

Beke, Wennemar van der, Rhr. 1427—36. 42.

Belholt (Beelholt), Joach., Rhr. 1557. GV. 1569. Er
war einer der Gesandten, welche, nach der Unterwerfung Reval
an Schweden, im J. 1561 nach Stockholm abgefertigt wurden,
um die königliche Bestätigung der Stadtprivilegien zu erwirken.
Russow's Chronik in den Scr. rer. Liv. II, 65.

Berchem (Bergem), Joh. von, Rhr. 1466. 71. 72.

Berg, Heinr. Joh., geb. zu Reval 1784, Bürger 1809.
Wortf. der gr. G., Rhr. $18\frac{4}{12}21$. Emeritirt 1848, starb $18\frac{5}{12}53$.

Berge, Ludike van dem, Rhr. 1421. 27.

Bertling, L. J., Rhr. $18\frac{7}{12}69$.

Besser, Christian, aus Hamburg, Bürger 1713, Aelt.
der gr. G., Rhr. $17\frac{4}{12}29$, GV. 1743, starb $17\frac{1}{4}43$, 62
Jahr alt.

Bevermann, Thomas, Rhr. $16\frac{9}{12}01$—1603.

Blomenberch, Gervinus, Rhr. 1314. 19. Starb 1325.

Bochdan, Jac., Rhr. 1575—80.

Bockholt, Hnr., Rhr. 1526. 28.

Bocle, Hildebrand van dem, Rhr. 1415—34. Bm.
1439. 43. War 1445 todt.

Bode, Jürgen, s. Bahde.

Boismann (Bosmann), Hnr. I., Rhr. 1520.

Boismann, Hnr. II., Rhr. 1554—63. Sein Sohn war ohne
Zweifel der Rittmeister Heinrich Bousmann oder Boismann, der
im Russisch-Livländischen Kriege in den Jahren 1570 fgg. sich

bekannt machte und zuletzt das Schloss Wenden in die Luft sprengte. Russow a. a. O. S. 86. 90—93. 110. 125.

Boismann, Joh. I., Rhr. 1490.

Boismann, Joh. II., Rhr. 1566—69.

Boismann, Rotger, Rhr. 1539. GV. 1542.

Bokelmann, Antonius, Rhr. 1505.

Boklem, Martin, Rhr. 1493.

Bolemann, Hrm., Rhr. 1550. HV. 1563. 1569. War 1578 todt.

Bolemann (Bulemann, Boilman, Builman), Joh. I., Rhr. 1359. 61. 63. 65. 67. 74. 84. 85. Sein Testament vom J. 1389 im Rathsarchiv. UB. No. 923, 23. 25. 27. 29. 31. 35. 1217. 63. 64. Reg. 1464.

Bolemann, Joh. II., Rhr. 1587. GV. 1601.

Bomhawer, Berent, Rhr. 1529.

Börger, Joh., Rhr. 1523.

Borstel, Coste (Constantin) van, Rhr. 1414. 23. Bm. 1428. 38. 42. 46. 47. 49. 58. UB. No. 2444. 703.

Bothe, Arend, Rhr. 1406.

Brandt, Joh., Rhr. 1522.

?Bremen, Hinse van, Rhr. 1390. Von W. Arndt (Archiv III. 60) als solcher aufgeführt, erscheint er urkundlich (UB. No. 1583) nach seinem Tode ohne das den Rathsgliedern selten fehlende Prädicat „*dominus*" oder „Herr".

Bremen, Joh. von, Bürger und Kaufmann 1325. Rhr. 1333. 41. 43—46. Starb in diesem Jahre. UB. No. 716. 812. 843. 82. 914. 923, 1. 5. 7. 9. 926. 927. 935, 140. 149. 160. 174. 189. 197. 200. 213. 1027.

Bretholt (Breitholz), Jasper, Rhr. 1542. Kämmerer 1563—67. Wurde 1558 in Angelegenheiten der Stadt an den König von Dänemark gesandt. Russow's Chronik S. 56.

Bretholt, Marquard I., Rhr. 1390? Bm. 1400.

Bretholt, Marqu. II., Rhr. 1442. 57. Bm. 1458. 64—73. 1482? Michelsen, Oberhof zu Lübeck No. 61.

Bretholt, Marqu. III., Rhr. 1482? 499. Bm. 1512. 24.

Bretholt, Mauritius, aus Reval, Rhr. 1579. Bm. 1591. Pr. 1593. 97. 99. 1601. Starb 1604. Ueber seinen Landbesitz in Harrien s. Paucker a. a. O. S. 30. 33. 37. 38.

Brink, Franz Wilh., aus Reval, Bürger 1814. Wortf. d. gr. G. Rhr. 18$\frac{8}{12}$31. Starb im April 1843 und vermachte sein grosses steinernes Wohnhaus, an der Ecke der Lang- und Breitstrasse, der Stadt.

Brockhausen, Adam Hnr., aus Reval, Bürger 1744, Aelt. der gr. G. Rhr. 17$\frac{12}{11}$66. GV. 1780.

Brockhusen, Wolmar, Rhr. 1507. 12. 18. 22. Sein Testament vom J. 1548 im Rathsarchiv.

Brugge, Goschalk van der, Rhr. 1383. 85. GV. 1387. 89.

Bruke, Curd van dem, Rhr. 1395.

*Brüning, Joh., Dr., aus Westphalen. NgS. 16$\frac{2}{3}$29. Starb 1645.

Brunswich, Everardus, Rhr. 1315. UB. No. 935, 21. Nach seinem Tode, im J. 1336, ohne das Prädicat *dominus* aufgeführt: 935, 122.

Brunswich, Heyno, Rhr. 1315. 24. 33. 34. 35. UB. No. 923, 1. 3. 935, 21. 72.

Buchow, Christian I., aus Pommern, Rhr. 16$\frac{1}{1}$58. Bm. 16$\frac{1}{3}$72. Starb 16$\frac{3}{1}$72.

Buchau, Christian II., aus Reval, Aelt. d. gr. G. Rhr. 16$\frac{6}{12}$97. Kämm. seit 1699. Bm. 17$\frac{1}{1}$10. Pr. 1716. 20. Starb 1721.

Buchau, Christian III., aus Reval, Bürger 1737. Aelt. d. gr. G. Rhr. 17$\frac{7}{12}$57. Kämm. 1763. Starb im Janr. 1768.

*Bunge, Friedr. Georg von, Dr., geb. zu Kiew 18$\frac{1}{3}$02, studirte die Rechte zu Dorpat 1819—22, wurde daselbst 18$\frac{1}{5}$22 Lector der Russischen Sprache, 1823 Privatdocent, 18$\frac{1}{3}$25 zugleich

Rathsherr in Dorpat, 1827 Syndicus daselbst. Zum Justizbürgermeister gewählt, nahm er 18¹¹/₃1 seine Entlassung vom Dörpt-
schen Rathe, nachdem er kurz vorher zum ausserordentlichen
Professor der Provincialrechte an der Universität berufen worden.
Im Septbr. 1831 wurde er ordentlicher Professor. An die Universität zu Kasan versetzt 18¹⁸/₂42, erhielt er, bevor er dahin ab-
ging, seine Entlassung aus dem Staatsdienst im Januar 1843
und siedelte nach Reval über. Hier wurde er 18¹⁰/₄43 zum Syndicus, 18¹¹/₄44 zugleich zum Bürgermeister gewählt, und als
solcher 18²⁷/₃44 Präsident des Stadtconsistoriums. Das Präsidium
im Rathe führte er 1847—54, und wurde wiederholt in Angelegenheiten der Stadt nach Riga und nach St. Petersburg deputirt.
Im September 1856 in die zweite Abtheilung (für Codification)
der Eignen Canzlei Sr. Majestät des Kaisers berufen*), redigirte
er das Privatrecht der Ostseeprovinzen, welches 18⁷⁹/₇64 die Aller-
höchste Sanction erhielt, schied 18²⁰/₃65 aus dem Staatsdienste
und privatisirt seitdem in Gotha. Ueber seine schriftstellerische
Thätigkeit s. Recke's u. Napiersky's Schriftsteller-Lexicon I,
306 fg. und die Fortsetzung von Beise I, 110 fgg.

Busselberg, Hnr., Rhr. 16¹²/₂15 bis 1620.

C.

Cahl, s. Kahl.

Caemmerer, Salomo, aus Reval, GV. zu Wesenberg, Rhr.
17¹²/₁10 bis 1726.

*Caesar, Michael, Advocat, Bürger 1694, Rhr. 17¹³/₉03,
starb 1710 an der Pest.

*Calenus, Jac. Joh., WgS., Rhr. 16¹⁵/₁₂86, starb 16¹⁸/₈87.

---

*) Seine Entlassung als Bürgermeister erhielt er erst im J. 1858.

Calmaria, Wernerus de, Bürger 1341, Rhr. 1344—50. UB. No. 845. 846, a. 904. 23. 931, 4. 5. 935, 159. 178. 183. 215. 216. 227.

Calvus, Gerwinus, Rhr. vor 1319.

Caporie, Gerlacus, Rhr. 1333. 40. 42. 44—46. 48. Bm. 1351. UB. No. 904. 923, 1. 4. 6. 8. 10. 12. 924, 85. 926. 1. 2. 4.

Christian, Hans Jürgen, Aelt. d. gr. G., Rhr. 17$\frac{2}{11}$04. Starb 1710 an der Pest.

Clayhills, Hrm., aus Riga, Bürger 1697. Rhr. 17$\frac{2}{11}$10 bis 1720.

Clayhills, Herm., aus Reval, Bürger 1757, Wortf. der gr. G., Rhr. 17$\frac{8}{12}$62. Kämmerer 1768—70.

Clayhills, Joh., aus Riga, Aelt. der gr. G., Rhr. 17$\frac{2}{10}$00. starb 1710 an der Pest.

Clayhills, Thomas, geb. zu Reval 16$\frac{9}{12}$90, Bürger 1720. Wortf. der gr. G., Rhr. 17$\frac{7}{12}$29, GV. 1744. 45. HV. 1746—48. Bm. 17$\frac{5}{12}$50, Pr. 1753, starb 17$\frac{1}{2}$57.

Cloet, Hnr., Bruder des Nachfolgenden, Rhr. 1571—78: unterhandelte im J. 1574 mit den Russen wegen eines Waffenstillstands. Russow's Chronik S. 104. J. G. Arndt's Chronik II, 262 Anm. k.

*Cloet (Claudius), Jobst (Jodocus, Justus), Sohn des Rolef Cloet, eines Westphälischen Edelmanns, welcher im J. 1515 nach Reval kam, daselbst sich verehelichte und frühzeitig starb. Er ist der Ahnherr der in Liv- und Estland, so wie in Schweden, noch blühenden Familie Clodt, auch Clodt von Jürgensburg genannt. Im J. 1550 — wo nicht schon früher - war er Syndicus der Stadt Reval, nahm 1558 an einer Deputation an den König von Dänemark Theil (Russow S. 56), und wurde auch, während er noch im Dienste der Stadt stand, von dem Ordensmeister in Angelegenheiten des Ordens verwendet.

Der Ordensmeister Heinrich von Galen verlieh ihm 15|52 das Gut Wallküll; Gotthard Kettler bestätigte dies im J. 1560, fügte neue Schenkungen hinzu und ertheilte ihm daran Alodialrecht. In diesem Jahre wird Cloet bereits **gewesener** Syndicus [1]) und derzeitiger Rath des Ordensmeisters genannt, und von Letzterem mit einer Gesandtschaft nach Reval abgefertigt, um Stadt und Land zu bewegen, sich nicht Schweden, sondern Polen zu unterwerfen (Russow S. 65). Nachdem Gotthard Kettler Herzog von Curland geworden, ernannte er Cloet zu seinem Kanzler. Darauf nahm ihn König Sigismund August von Polen als Secretär in den auswärtigen Angelegenheiten in seine Dienste, sicherte ihm 15\|62 ein lebenslängliches Jahrgeld zu und verlieh ihm 15|66 den Polnischen Indigenatsadel. Im J. 1568 ging Cloet als Gesandter nach Schweden, dem König Johann III. zu dessen Thronbesteigung Glück zu wünschen (Salomon Henning's Chronik, in den Scriptores II, 255) und blieb bis 1570 dort. Zuletzt ging er als dritter Polnischer bevollmächtigter Minister nach Stettin, wo er mit anderen Gesandten 15|\|70 den Frieden zwischen Schweden und Dänemark zu Stande brachte. Er starb 1572 und ward zu Riga im Dom begraben. Im Revaler Rathsarchiv haben sich sehr zahlreiche Concepte und eigenhändige Berichte von Cloet erhalten. S. überhaupt J. G. Arndt's Chronik a. a. O., darnach auch Hupel's nord. Miscellan. 15, 413 fgg. Paucker, Estlands Landgüter 1, 18. 19. 52.

Collevel, Simon, Rhr. 1526.

Colner (Tolner?), Arn., Bürger 1315. 23. 33. Rhr. 1333. 1334. 40. 43. 45—47. 49. 50. UB. No. 841,a. 923, 2. 4. 6. 7. 9. 11. 13. 924, 4. 6. 935, 18. 37. 93. 122—24. 202. 231.

---

[1]) Es beruht mithin auf einem Irrthum, wenn im Revaler Wahl- und Aemterbuch angegeben wird, J. Cloet sei als Syndicus der Stadt Reval im J. 1567 gestorben.

Colner, Henr., Rhr. 1453. 55. 57. 58. 72. War 1376 todt. Michelsen No. 48. 83.

Colner, Volmarus, Rhr. 1324. 25. UB. No. 934. 935, 42.

Constantinus, Bürger 1337. Rhr. 1341. 42. UB. No. 923, 5. 6. 925.

Corbmacher (Korbmacher), Constans, Sohn von Diedrich II. und Vater von Joh. Diedrich, Rhr. $16\frac{9}{12}60$, Kämmerer 1662—73, Bm. $16\frac{8}{12}73$, Pr. 1674 und 79, starb $16\frac{1}{9}80$.

Corbmacher (Korffmaker), Diedr. I., Vater von Johann, Rhr. 1562. Bm. 1571. Pr. 1579. 82. 86. Starb 1591. Vergl. über ihn auch Russow S. 114. 119.

Corbmacher, Diedr. II., Sohn von Johann und Vater von Constans, Rhr. $16\frac{6}{12}35$. GV. 1647—49. HV. 1650—52 und 55. Starb 1656.

Corbmacher, Johann, Sohn von Diedr. I. und Vater von Diedr. II., Rhr. 1592. GV. 1602. Bm. $16\frac{8}{12}02$. Pr. 1604. 7. 10. 1614. 21. 25. Starb 1635.

*Corbmacher, Joh. Diedr., Sohn von Constans, wurde, nachdem Andreas Alberti (s. oben S. 80) zum Rathsherrn erwählt worden war, zu dessen Nachfolger als Rathssecretär ernannt, musste jedoch dieses Amt, nach Alberti's Wiedereinsetzung, im Juni 1681 aufgeben, und wurde $16\frac{7}{12}84$ zum Rhrn. gewählt. Vom Könige $16\frac{2}{12}90$ zum Justizbürgermeister ernannt, wurde er $16\frac{3}{12}90$ als solcher introducirt und starb $17\frac{2}{7}02$. Er war Besitzer des Gutes Terrefer in Wierland. S. Paucker a. a. O. II, 33.

Cosfelt (Cosvelt), Tidemann, Rhr. 1335. 40. 41. 44 bis 47. 49. Kämmerer 1340. UB. No. 825. 923, 3. 5. 7. 9. 11. 931, 3. 935, 147. 202. 221.

Cracht (Cragt, Krach), Joh., Rhr. 1319. 25. 34. 41. 1343. 50? UB. No. 716. 923, 2. 5. 7. 924, 65. 935, 160. 231.

Crowel (Crouwel, Cruel, Kruyl[1]), Gerh., Bürger 1312. Rhr. 1319. 24. UB. 935, 2.

Crowel, Hnr. I., Rhr. 1333. 35. 38. 41. 43. 45. Bm. 1347. 1349. UB. No. 923, 1. 3. 5. 7. 9. 11. 13. 927. 935, 140. 203.

Crowel, Hnr. II., Rhr. 1356. 58. Bm. 1360. 62—64. 67 bis 69. UB. No. 923, 20. 22. 24. 26—28. 31. 32. 980. 24. 1025. 1027. 44. 49. 2895. Unter dem im Schreiben des Hamburger Rathes vom J. 1381 (UB. No. 1174) erscheinenden Revaler Bürgermeister Heinrich Crowel ist höchst wahrscheinlich nicht dieser, sondern der nachfolgende zu verstehen.

Crowel, Hnr. III., Rhr. 1381. 84. 85. Bm. 1388. 89. War 1392 todt. UB. No. 1174. 77. 230. 62. 63. 93.

Crowel, Joh., Rhr. 1390. 92. 93. 94. 409. 410. 415. 423? UB. No. 1791. 2387. 88. 674.

Crowel, Reineke I. (Regnerus Reinardus), Bürger 1328, Rhr. 1333. 35. 37. Bm. 1340—42. 44—46. 48—52. 54. 56. 58. UB. No. 797. 825. 46. 46, a. 84. 97. 923, 1. 4. 6. 8. 10. 12. 14. 16. 18. 20. 22. 924, 37. 60. 926, 1. 2. 928. 935, 60. 111. 132. 162. 181. 183. 200. 224. 2820. In No. 1088 vom J. 1373 wird seiner Söhne gedacht.

Crowel, Reineke II., Rhr. 1385. 86.

Cullarde (Kullerde, Kellarde), Joh., Rhr. 1488. 94. Bm. 1504. 524. Testament vom J. 1525.

Curow (Courouwe), Joh., Rhr. 1374. 78. Testament vom J. 1388. UB. No. 923, 35.

Czulstorpe, Joh. (Johansen), Rathssecr. 1537—39. Der Rath liess durch ihn eine Sammlung der von dem Oberhof zu Lübeck in Revaler Rechtssachen erlassenen Ordele anfertigen, welche im Rathsarchiv aufbewahrt wird.

---

[1] Auch bei den übrigen Rathsgliedern aus dieser Familie wechseln diese verschiedenen Formen des Namens ab.

D.

Dahl, Diedr., aus Reval, Rhr. 16¹⁴/₇58 bis 1661.

Dahl, Hnr. I., Rhr. 16¹⁰/₂04. GV. 1612—14. HV. 615—20 Kommt noch vor 1632.

*__Dahl,__ Hnr. II., Substitut des Rathssecr. 16⅜41, Rathssecretär 16⁵/₂42, starb zu Ende des J. 1654.

Dehn, Arnold, geb. zu Reval 1712, Bürger 1740, Aelt. der gr. G., Rhr. 17½60, erhielt den Titel eines Justizraths 1762, Kämmerer 1769—79, in welchem letzteren Jahre er emeritirt wurde. Starb 172⁸/₆98, im 87. Lebensjahre.

*__Dehn,__ Joachim, geb. zu Reval 17³¹/₀22, Official, WgS. 17⁸/₂62, Rathssecr. 17⅜63, Syndicus 172⁶/₇79, Bm. 172³/₈83, bis zur Aufhebung der alten Verfassung am Schluss des J. 1786. Starb 17½²96.

*__Dehn,__ Thomas Joh. von, Official, WgS. 172⁵/₅83, Rathssecretär 17¹³/₂84, bis zur Aufhebung der alten Verfassung im December 1786. Secretär des Stadtmagistrats für Civilsachen 1787—96. — Rhr. 17⅞97, als solcher auf sein Gesuch entlassen 18⁸/₀00, wurde er — mit Beibehaltung seiner Rathsherrn-Dignität — zum Canzleidirector ernannt. Abermals zum Rhrn. gewählt 18⅛11, Bm. 18½14, Pr. 1815. 16. Starb 18¹/₀17.

*__Dellinghausen,__ Caspar, Adjunct des Rathssecr. 1590. Raths- und NgS. 16⁴/₂03.

*__Dellinghausen,__ Conrad, Syndicus 1567, unterhandelte im J. 1569 als Gesandter des Rathes mit den bekannten Livländischen Edelleuten Johann Taube und Elert Kruse, welche der Stadt Reval die Unterwerfung an Russland empfahlen, zu Wesenberg (Russow's Chronik S. 78—82). Er starb 1598 oder 1603. S. darüber unten den Artikel Bernhard Herbers.

Dellinghausen, Cort, Rhr. 1525.

Dellinghausen, Hnr., Rhr. War 1539 bereits HV. und Kämmerer, und lebte noch 1546.

Dellinghausen, Joh., Rhr. 16$\frac{4}{12}$40; starb 1648.

Depholt, Matthias, Rhr. 1493. Bm. 1522—25. Vgl. UB. No. 1738.

Derenthal, Christoph, Sohn(?) des Nachfolgenden, Rhr. 16$\frac{9}{12}$32, starb 1654.

***Derenthal**, Joh., Vater(?) des Vorhergehenden, geboren zu Minden in Westphalen 15$\frac{1}{0}$75, studirte 1594 zu Rostock, ging 1596 nach Leipzig, hielt daselbst, später auch auf anderen Universitäten, juristische Privatvorlesungen; machte als Cavallerist den Feldzug gegen die Türken unter dem Grafen von Schwarzburg mit, besuchte dann wieder mehrere Universitäten, kam zuletzt 1604 nach Rostock, von wo er durch den Revaler Rath 16$\frac{4}{6}$06 zum Syndicus berufen, und 16$\frac{4}{12}$08 zugleich zum Bm. gewählt wurde. Pr. 1609. 13. 17. 20. 24. 28. In Angelegenheiten der Stadt verrichtete er neun Gesandtschaften nach Schweden und zwei nach Deutschland. König Gustav Adolph bediente sich seiner zweimal als Commissarius bei Friedensunterhandlungen mit Polen, und ernannte ihn kurz vor seinem Tode zum Assessor des Dörpt'schen Hofgerichts. Er starb 16$\frac{2}{6}$30. Ueber seine Schriften s. Recke und Napiersky I, 420.

***Derling**, Magnus, Rhr. 16$\frac{4}{12}$90, starb 16$\frac{4}{12}$93.

Deters, Diedr., Rhr. 1513. 18.

Dinckelmann, Evert, Rhr. 1474—77. War 1501 todt.

Dobbersyn, Hnr., Rhr. 1511. Kämmerer bis 1539.

Doverake, Thid., Rhr. 1347. 49. 51. 53. 55. 57. UB. No. 923, 11. 13. 15. 17. 19. 21.

Drenteln, Carsten von, Rhr. 1592—601.

Drenteln, Hrm. von, aus Reval, Rhr. 16$\frac{8}{12}$96 bis 1697.

Drenteln, Thomas von, Rhr. 16$\frac{8}{12}$27, Kämm. 1633. Bm. 16$\frac{7}{12}$46. Pr. 1647. 50. 53 bis Febr., und 1656. Starb 1658.

Droge, Rotger, Rhr. 1393. 97. 99. 1400. 402. 408. 409. 1410? UB. No. 1448. 90. 503. 610. 814. 36. 2324. 90.

*Droummer, Joh. Christoph, *Comissarius fisci*, Rhr. 17|⅜10 und an demselben Tage Bm. Er verwaltete zugleich die Syndicatsgeschäfte, führte das Präsidium im Rathe 1718, 21 und 25, und starb 17$\frac{2}{n}$27.

*Duborgh, Hrm., geb. zu Reval 17|69, studirte Anfangs 1786 Medicin zu Erlangen, seit dem folgenden Jahre aber die Rechte zu Göttingen, wo er sich die juristische Doctorwürde erwarb. Wurde Commercien-Official 18$\frac{2}{1}$03, zugleich Justiz-Official 18$\frac{2}{1}$05, Rhr. 18$\frac{0}{1}$06 und starb 18$\frac{2}{3}$11. Ueber seine schriftstellerische Thätigkeit s. v. Recke u. Napiersky I, 457.

Duborgh, Peter, aus Reval, Bürger 1755, Aelt. der gr. G., Rhr. 17$\frac{6}{12}$69, Kämmerer 1780.

Duderstadt, Joh., Rhr. 1358. 60. 62. 64. 66. 68. 73. 76; war 1384 todt. UB. No. 923, 22. 24. 26. 28. 30. 32. 34. 1115.

Düke, Joh. vamme, Rhr. 1422—32. 34.

Dunevar (Dynevar), Joh., Bürger 1320, Rhr. 1343. 45. 1347. 48. 50. 52. 54. 56. 58. 60. 62. 64. 66. 68. UB. No. 923, 7. 9. 12. 14. 16. 18. 20. 22. 24. 26. 28. 30. 32. 935, 33. 205.

Dunevar, Ludolph (Ludeke), Rhr. 1392. 94. 96. 97. 1402. 13. 15. 17—20. Wurde häufig in Angelegenheiten der Stadt an den Ordensmeister gesandt, auch von letzterem mit Geschäften betraut. UB. No. 1451. 532. 602. 14. 942. 93. 2039. 233. 99. 337. 2463. 64. 72. 998.

Dunte (Dunt), Caspar, aus Reval, Rhr. 16$\frac{1}{12}$67, GV. 1682—84, Bm. 16$\frac{2}{1}$84, Pr. 1686, starb 16$\frac{1}{1}$88.

Dunte, Jobst I., Rhr. 16$\frac{0}{1}$04. GV. 1615.

Dunte, Jobst II., aus Reval, Rhr. 16$\frac{4}{12}$70, Kämm. 1677, Bm. 16|$\frac{2}{1}$88, emeritirt 1696, starb 16$\frac{2}{9}$97, im 62. Lebensjahre.

Dunte, Jobst III. Casparson, aus Reval, Bürger 1697. Rhr. 17$\frac{8}{10}$10, starb kurze Zeit darauf, noch vor dem 2. Novbr. an der Pest.

Duseborch, Joh., Rhr. 1436—58. Michelsen No. 4.

E.

Ecke, Thomas, aus Reval, Rhr. 16,½,70 bis 1678.

Eckholt, Joh., Rhr. 1511. 24. Testament v. J. 1525.

Eckholtz, Peter, aus Reval, Aelt. d. gr. G., Rhr. 16|⅔93 bis 1696.

Egeling, Joh.. Rhr. 1539, Kämmerer 1544, Bm. 1550, starb 1562.

Eggardinck, Conr., Rhr. 1320. UB. No. 673.

Eggers, Alexander, aus Reval, Rhr. 18,½,60, entlassen 1864.

Eggers, Hans Jacob, aus Lübeck, Bürger 1725, Aeltermann der gr. G., Rhr. 17,⁴,52, starb 17⅝55.

Ek, Appollonius de, Rhr. 1333. 35. UB. No. 923, 1. 3. In einer Urkunde vom 28. März 1355 werden als Zeugen aufgeführt: „*Dar was her Wenemar Holloger over und Hermen van der Eke und Applonies.*" Unter letzterem dürfte wohl nicht unser Rhr., vielleicht ein Sohn desselben, zu verstehen sein.

Elers, Joach., Rhr. 1551, starb 1554.

Elfenbein, A. J., Rhr. 18,½,69.

Elfenbein, C., Rhr. 18|⅔67.

Elster, Christian David, aus Reval, Bürger 1777, Rathmann im Stadtmagistrat 1796.

Elten, Detmarus de, Rhr. 1378. 85. 90. 92. 93. 95. 407. 1310. 12. 15. UB. No. 1269. 1337. 39. 728.

?Engel, Joh., Rhr. 1423. UB. No. 2703.

Engelbertus, Rhr. 1316.

Engelstede, Joh., Rhr. 1550, starb 1551.

Eppingh (Eppinc), Thid., Rhr. 1359. 61. 63. 65. 67. 74. UB. No. 923, 23. 25. 27. 29. 31. 35.

Eppinchusen, Hinr., Rhr. 1435—39.

?Erikesson, Henning, Rhr. 1511.

Essen (Essende), Hnr. de, Rhr. 1360. 62. 64. 66. 6⸱ UB. No. 923, 24. 26. 28. 30. 32.

Eyten, Ludeke von, Rhr. 1554—57.

F.

Faber, Conr., Rhr. 1312.

Faber, Laur., s. Schmidt.

Falck, Joh. Nicol., aus Weissenstein, Bürger 1798, Aelter-mann der gr. G., Rhr. 18$\frac{7}{12}$13, des Amts entlassen 18$\frac{2}{3}$15.

Fegesack (Vegesack), Albert, Rhr. 1502. 6. 9. Bm. 1512 - 19. Michelsen No. 241.

Fegesack, Benedict (Bendix), Rhr. 16$\frac{5}{12}$47. GV. 165⸱. HV. 1661.

Fegesack, Gotthardt (Gödert), Rhr. 16$\frac{4}{12}$08, GV. 1618. HV. 1621 und 22, starb im J. 1625.

Fegesack, Thomas, Rhr. 1525. Bm. 1526—39. Er besass die Güter Pewel, Moras u. a. zu Lehn (Paucker I, 30. 32. 35. 37. 53), und hat sich in der Geschichte Revals bei Gelegenheit der Streitigkeiten der Stadt mit dem Estländischen Adel im J. 1536 als Vermittler und Friedensstifter einen Namen gemacht (Russow S. 35 fgg.).

Felicius, Joh. Georg Wilh., aus Flensburg, Bürger 1779, Beisitzer des Departements des Gouvernements-Magistrats für bürgerliche Sachen 1790, Aelt. der gr. G., Rhr. 17$\frac{4}{12}$98, entlassen 18$\frac{2}{3}$05.

Feltsteden, Reinh., Rhr. 1526.

Flant, Albrecht, Rhr. 16$\frac{9}{12}$40 bis 1653.

Flant (Viende), Joh. I., Rhr. 1347. 49. UB. No. 923. 11. 13.

Flant (Fyent, Viant), Joh. II., Bürger 1502, Rhr. 1508. 1510, Bm. 1519, starb 1529. Michelsen No. 246.

Finhagen, Philipp, Rhr. 16$\frac{5}{12}$47, starb 1657.

*Fonn, Heinr., s. Heinr. von Rosenkron.

Fonn, Joh., Vater des Vorigen, aus Lübeck, Rhr. 16 $\frac{5}{12}$30, GV. 1641—43, HV. 1644—46, Kämmerer 1647, starb 1653.

?Fonneke, Hans, Rhr. 1511.

*Fortschius, Georg Christoph, aus Thüringen, WgS· 16 $\frac{8}{12}$61, NgS. 1675. Während er in Stadtangelegenheiten sich in Stockholm befand, ward er zum Rathssecretär gewählt 16 $\frac{2}{8}$86; er starb jedoch gleich nach seiner Heimkehr, 16 $\frac{2}{10}$86.

?Franzke, Bened., Rhr. 1522.

*Frese, Adrian Heinr., aus Reval, Official, WgS. 17 $\frac{1}{12}$45, NgS. 17 $\frac{2}{2}$52, Rathssecr. 17 $\frac{2}{8}$55, Syndicus 17 $\frac{2}{3}$63, Bm. 17 $\frac{1}{12}$70, Pr. 1774. 77. 78, starb 17 $\frac{1}{12}$79 im 64. Lebensjahre.

Frese, Bened., aus Reval, Bürger 1769, Aelt. d. gr. G., Rhr. 17 $\frac{8}{12}$79 bis zur Aufhebung der alten Verfassung, Ende 1786. Beisitzer des Departements des Gouvernements-Magistrats für bürgerl. Sachen 1790—93 und 96. Nach wiederhergestellter Verfassung Bm. 17 $\frac{7}{12}$96, starb im August 1797.

Frese, Heinr., aus Reval, Bürger 1698, Rhr. 17 $\frac{8}{10}$10, GV. 1718—20, HV. 1721, Bm. 17 $\frac{1}{12}$21, Pr. 1724. 28. 32. 36. 40; starb 17 $\frac{7}{11}$42, 80 Jahr alt.

Frese, Herm. Joh., aus Reval, Rathmann des Stadtmagistrats 1790—93.

Frese, Thomas Bened., aus Reval, Wortf. der gr. G., Rhr. 18 $\frac{7}{12}$03, Bm. 18 $\frac{2}{2}$16, Pr. 1818. Starb 1837.

Frese (Vrese), Jac., Rhr. 1454.

Friso (Vrese), Hnr., Rhr. 1333. 34. 40. 42. 44. 46. 48 bis 50. UB. No. 904. 923, 2. 4. 6. 8. 10. 12. 14. 924, 33. 931, 9. 935, 224.

Frommer, Hans, Rhr. 1519.

Frosell (Vressel), Hnr., Rhr. 1539, starb 1554.

*Fürst, Jac. Joh., aus Riga, Official, Rhr. 17,$\frac{4}{12}$24, GV. 1732—34, HV. 1735. Folgte einem Rufe nach Pernau als Justiz-bürgermeister 1737.

Fürst, Joh. und Kersten, s. Vorste.

G.

Gampp, Peter, Rhr. 1484. Gesandter an den Römischen Kaiser.

Gebauer, Joh. Christian, Beisitzer des Departements des Gouvernements-Magistrats für peinliche Sachen 1790—96.

Geldern, Hnr. von, aus Reval, Rhr. 16,$\frac{4}{12}$70, Kämmerer 1674—92.

. Gellinghusen, Joh., Rhr. 1481. Bm. 1502. Michelsen No. 138. 233. 35. 36.

Gellinghusen, Jürgen, Rhr. 1539.

Gendrynck, Hnr., Rhr. 1518. 22.

Gerden, Borchart, Rhr. 1480? Bm. 1485.

*Gernet, Joachim, Königl. Obersecretär 1692, Syndicus 17$\frac{3}{9}$10, zugleich Bm. 17,$\frac{8}{10}$10; starb wenige Tage darauf an der Pest.

Gernet, Joh. Christian, aus Reval, Bürger 1766, Aelt. der gr. G., Rhr. 17,$\frac{3}{12}$83 bis 1786. Er bewarb sich noch im J. 1800 um die Emeritur, ward jedoch damit abgewiesen.

Gernet, Wilh. Hnr., aus Reval, Bürger 1729, Aelt. der gr. G., Rhr. 17,$\frac{8}{12}$45, GV. 1761—63. HV. 1764—66, Bm. 17$\frac{7}{12}$67. Pr. 1769. 72. Starb 17$\frac{7}{12}$72.

*Gerstäcker, Julius. Advocat. NgS. für die Criminalsachen 18$\frac{2}{3}$38; entlassen 18$\frac{2}{3}$39.

Gerten (Garton), Berent von, Rhr. 1608[1]), Bm. 16¼‚09.
Pr. 1611. 15. 18. 22. 26. Starb 1626.

Gerwinus, s. Lenepe und Rode.

Girard de Soucanton, Arthur, Baron, Sohn von Carl
Joh. II., aus Reval, Rhr. 18,⁶⁄₂64.

Girard, Joh. Carl I., Vater des Nachfolgenden und Gross-
vater des Vorhergehenden, Bürger 1774, Beisitzer des Departements des Gouvernements-Magistrats für peinliche Sachen 1790
bis 96, Aeltester der gr. G., Rhr. 17⅟97, Kämmerer 1798, Bm.
17¹⁄₁ʼ98, starb 17½ʼ99.

Girard de Soucanton, Carl Joh. VI., Baron, Sohn des
Vorigen, geb. zu Reval 1785, Bürger 1808, Wortf. der gr. G.,
Rhr. 18₁⅝₂26, Kämmerer 1837, Bm. 18⅟37, Commercienrath,
Besitzer des Gutes Kunda in Estland. Auf sein Gesuch entlassen
im J. 1864, starb 18⅞68.

Glehn, Peter I. von, aus Reval, Bürger 1703, Aelt. d.
gr. G., Rhr. 17⅟21, Kämmerer 1730—42. Starb 17⅞42.

Glehn, Peter II. von, aus Reval, Bürger 1757, Aelt. der
gr. G., Rhr. 17₁⅝₂81 bis 1786.

Gleiss, Herm. Garlieb, Rhr. 18₁⁴₂60, entl. 1869.

*****Gloy**, Georg, Sohn des Nachfolgenden, Secr. des Waisen-
gerichts, Rhr. 18⅟67.

*****Gloy**, Hnr. Joh. Georg, Vater des Vorigen, geb. zu
Reval 1794, studirte zu Dorpat, Notair des mündlichen Gerichts
18₆⅞13, Justizoffizial 18⅟13, WgS. 18₁⅞15, zugleich Rhr. 18₁⅝37,
Bm. 1858, starb 18½ʼ65.

Goltberg, Claus, Rhr. 1524.

---

[1]) Seiner Wahl zum Rathsherrn wird zwar im Wahlbuche nicht
gedacht; er muss aber im J. 1608 — gleichzeitig mit Ebert Müller, Gödert
Fegesack und Joh. Koch — gewählt sein, da ihm, als Rathsherrn, in dem
Aemterbuche für das J. 1609 mehrere Aemter zugewiesen sind.

Goltberg, Joach., Rhr. 1581, GV. 1592—94, HV. 159.
bis 97. Lebte noch 1601.

?**Goltsmit,** Vatke, Rhr. um 1400.

*****Gonsior,** Jac. Joh., geb. zu Reval 17¾94, studirte in
Dorpat, wurde Advocat 1816, Rhr. 18¹⁹₂28, Deputirter der Stadt
zur Gesetzgebungs-Commission in der zweiten Abtheilung der
Eigenen Kaiserlichen Canzlei 1836. Starb 18²³₅65.

*****Gottschildt,** Erasmus Samuel, aus Saalfeld in Thü-
ringen, Secretär des Estl. Provincial-Consistoriums 16⁴₀82, Rathssecretär und — während der Abwesenheit des derz. Syndicus —
dessen Stellvertreter 16¹⁴₆86 bis .... Vgl. H. R. Paucker,
Estlands Geistlichkeit (Reval, 1849. 8.) S. 33.

Graebner, Aug. Heinr., Aeltester der gr. G., Rhr. 18¹⁴₂55.
entlassen 1867.

Greiffenhagen, Thomas Wilh., aus Archangel, Archivar.
Rathssecretär 1866.

Graff, Woldemar, aus Reval, Bürger 1740, Aelt. der gr.
G., Rhr. 17¹²₂60, GV. 1767—69, HV. 1770--74. Starb 1780.

Grambow, Claus, Rhr. 1578, GV. 1588—90, HV. 1591
bis 94, starb 16⁷05. Er hatte mehrere Dörfer. in Wierland im
Pfandbesitz. Paucker, Estlands Landgüter II, 16. 33.

Greffer, Franz, Rhr. 16¹⁹₂32, GV. 1644—46, starb 1657.

Grest, Joh., Rhr. 1480. Bm. 1490. 93.

Grest, Reinh., Rhr. 1530.

Greve, Herm., Rhr. 1458. 67. Er trat 1470 in den Orden
der Observanten (ein Zweig des Franciscaner-Ordens) und wurde
1471 aus dem Rathe ausgeschlossen. Michelsen No. 28. 49. 63.

Grimme (Grimmen), Joh., Rhr. 1312. 20.

Grimmen, Gert, Rhr. 1433. 37. 44.

Gripenborch, (Gripenberge), Cort, Rhr. 1443. 45. 58.

Groning, Hinr., Rhr. 1443.

Grothausen, Joh., Rhr. 1521.

Grünewald, Jac., aus Reval, Bürger 1717, Aeltermann der gr. G., Rhr. $17\frac{8}{12}34$, emeritirt 1752. Kommt in den Aemtertafeln seit 1746 nicht mehr vor.

Grust, s. Kloft.

Gruter, Günther, Rhr. 1519.

Gruter (Gruther), Joh., Rhr. 1490? Bm. 1499. 1512. 1515. 17. 18. Bei Michelsen No. 236 erscheint er 1499 als verstorben.

Gryst, Joh., Rhr. 1505. 10. 17.

H.

Hackenstroh, Nicodemus, Rhr. 1436.

Haecks (Hackes, Hakes), Andreas, aus Reval, Rhr. $16\frac{8}{12}78$, gestorben $16\frac{2}{7}86$.

Haecks, Heinr., aus Reval, Bürger 1710, Aeltermann der gr. G., Rhr. $17\frac{7}{12}29$, starb $17\frac{9}{12}41$.

Haecks (Hackes), Joh., aus Lübeck, Rhr. $16\frac{4}{12}42$, HV. 1658. 59. 62. 63. Starb 1663.

Haecks, Joh. Herm. I., aus Reval, Bürger 1732, Wortf. der gr. G., Rhr. $17\frac{4}{12}43$, Bm. $17\frac{2}{12}53$, Präs. 1758. 62. 63. 66. 1768. 71. 75. 79. 83. Starb $17\frac{2}{12}83$.

*Haecks, Joh. Herm. II., geb. zu Reval 1796, studirte in Dorpat, Notar des mündl. Gerichts, Justizofficial $18\frac{1}{12}17$, NgS. $18\frac{4}{12}20$, zugleich Rhr. $18\frac{9}{12}28$, Bm. $18\frac{1}{12}29$, Pr. 1840—46. 53—68, starb $18\frac{1}{12}68$.

Hagen, Hinr., Rhr. 1486.

Hagen, Diedr., Rhr. 1490. 91. 98. Bm. 1499. 1504. Michelsen No. 217. 244.

Hagenbeke, Diedr., Rhr. 1470. Bm. 79. War 1486 todt. Michelsen No. 50. 62. 70. 182.

Hahn (Haen), Ernst, aus Mecklenburg, Rhr. $16\frac{8}{12}67$. Bm. $16\frac{1}{6}80$. Pr. 1684. 87 bis August. Emeritirt 1701.

Hahn (Haen), Joh., aus Reval, Aelt. d. gr. G., Rhr. 17⅟₀03, starb 1710 an der Pest.

Halteren, Bernd I. van, Rhr. 1388. 89. Scheint 1392 bereits todt gewesen zu sein. UB. No. 1254. 63.

Halteren, Bernd II. van, Rhr. 1430. 34. 35. 47.

Hamelen, Hans, Rhr. 1483.

Hamer, Bertold, Rhr. 1314. 15. 19. 24. 33. Bm. 1334. 1335. UB. No. 757. 58. 923, 2. 924, 32. 935, 17. 21. 116.

Hamer, Conr., Rhr. 1332. 34. War 1336 todt. UB. No. 923, 2. 935, 108. 119.

Hamer, Joh. I., Rhr. 1341. 43. 45. 47. 49. 51. 53. 55. 57. 1359. 61. 63. UB. No. 923, 5. 7. 9. 11. 13. 15. 17. 19. 21. 23. 25. 27.

Hamer, Joh. II., Rhr. 1365. 67. 73. UB. No. 923, 29. 31. 34.

Hamer, Joh. III., Rhr. 1384. 88. 89. 90. 91. 93. 96. 97. Bm. 1400. 403. 5? UB. No. 1262. 63. 664.

Hamer, Lodewicus, Bürger 1334. 36. Rhr. 1337. 40 bis 1348. 50. 52. War 1343 Kämmerer. UB. No. 843. 82. 83. 923. 4. 6. 8 — 10. 12. 14. 16. 924, 70. 931, 6. 935, 105. 119. 133. 144. 180. 193. 200. 207. 212. 213.

Hanek, Sifrid van, Rhr. 1312. UB. No. 640.

Hanenel (Haneboll), Joh., Rhr. 1442. Bm. 1450. 53. 54. Starb vor 1456.

Happe, Jürgen, Rhr. 1524.

Harken, Nicol., Rhr. 1384.

*Harpe, Carl Gottschalk, aus Estland, Official, WgS. 17⅖63, Rathssecr. 17⅘79, Syndicus 17⅔83 bis zur Aufhebung der alten Verfassung, Ende 1786. Bei deren Wiederherstellung Bm. 17⅞96. Pr. 1798. Emeritirt 18⅟₀03, starb 1806? Im Auftrage des Rathes arbeitete er aus den Rathsprotocollen und anderen Archivstücken ein sehr ausführliches alphabetisches

Repertorium bis zum J. 1800, in 14 Quartbänden, aus, welches im Rathsarchiv aufbewahrt wird, und spätere Nachträge bis zum J. 1806 enthält. Schon früher hatte er ein kürzeres Werk der Art, welches vorzugsweise reich an geschichtlichen Notizen ist, in zwei Quartbänden, zusammengetragen, welches gleichfalls im Archiv asservirt wird.

*Hartmann, Joh. Caspar, aus Hapsal, Notar und Advocat, Rhr. 17$\frac{8}{16}$10, starb bald darauf an der Pest.

Hase, Zacharias, Rhr. 1529.

Hattorp (Hattrup), Antonius (Tönnies) de, Rhr. 1445. 56. 58. 59.

Hedeman (Heydman), Gert, Rhr. 1373. 74. War 1384 todt. UB. No. 923, 34. 35.

Heerde, Borchard, Rhr. 1493. 98, starb als Bm. 1510.

Heide, Arndt van der, Rhr. 1452.

Heide, Diedr. opper, Rhr. 1432—36.

Heide (Heyde), Jürgen I. van der, Rhr. 1524—35.

Heide (Heyde), Jürgen II. van der, **Rhr.** 1562. Kommt 1563 nicht mehr vor.

*Heiden (Heyden), Wilh. Balduin, Actuar, Rathssecr. 17$\frac{8}{16}$10, starb bald darauf an der Pest.

Heindorff, Joh. Frdr., geb. zu Reval 1784, Bürger 1812, Vorsitzer der Quartier-Commission 1816—36. Wortführer der gr. G., Rhr. 18$\frac{8}{12}$36, starb 1856.

Helding, Gotthard Joh., Rathmann 1790, Beisitzer des Gewissensgerichts 1796, Aelt. der gr. G., Rhr. 17$\frac{5}{1}$97, Kämmerer 1798, Bm. 18$\frac{8}{3}$00, Pr. 1807. 11. Starb 18$\frac{29}{4}$11.

Hennecke (Hencken, Hanke), Jac., Rhr. 1525. 34, Bm. 1545. 50, starb 1559.

Hennipspinner, Matth., Rhr. 1506. Testament vom J. 1520.

Herbers, Bernh., Vicesyndicus und Rathssecr. 1580, dann Syndicus, mit Beibehaltung des Secretariats[1]), starb 1603 „in der Contagion."

Hersefelt, Joh., Rhr. 1494. 97. 512.

Hersefelt, Marten, Rhr. 1539. 40.

Hersefelt, Tilemann, Rhr. 1532.

Hervorden, Joh. van, Rhr. 1389. 90. 94. 97. War 1400 todt. UB. No. 1263.

Hessels (Hesselson), Evert, Rhr. 1507. 10. 11. 14. 18. 1519. 22. 24.

Hetling, Bernhard (Berent) I., Rhr. 16,$\frac{8}{2}$40, GV. 1650 bis 52, HV. 1653. 54, Bm. 16$\frac{10}{2}$54, Pr. 1655, starb 1661.

*Hetling, Bernh. II., Bruder von Nicolaus, Gildesecretär. WgS. 17,$\frac{7}{2}$43, Rathssecr. 17$\frac{10}{2}$45, wegen einer Augenkrankheit entlassen im Mai 1755, starb 17$\frac{10}{3}$55.

*Hetling, Bernh. Rudolph, aus Reval, Protonotar beim Livländischen Hofgericht, WgS. 17$\frac{12}{2}$24, NgS. 17$\frac{12}{2}$25, Rathssecr. 17$\frac{7}{2}$28, starb 17$\frac{43}{3}$42, nachdem er ein ganzes Jahr bettlägerig gewesen.

Hetling, Carl Nicol., aus Reval, Aelt. d. gr. G., Rhr. 17,$\frac{1}{2}$48, Kämmerer 1763—67, Bm. 17$\frac{7}{3}$67, Pr. 1770. 73. 76. 80. Starb 17$\frac{1}{10}$81.

Hetling, Diedr., aus Reval, Rhr. 16,$\frac{8}{2}$61, GV. 1676—78, HV. 1679.

---

[1]) In dem Wahlbuch heisst es: „Anno 1598 ist der Vicesyndicus und Secretarius Hr. Bernhard Herbers in schl. Hrn. Syndici Conradi Dellinghausens Stelle zum Syndicus dieser Stadt angenommen worden, hat aber noch dabei den Secretariat, und Casparus Dellinghausen die Adjunctur, verwaltet." Daneben ist jedoch von derselben Hand (des Syndicus Fonn von Rosenkron) am Rande bemerkt: „Dieser Herbers ist nimmermehr Syndicus geworden, sondern vor Vicesyndicus gestorben. Hr. Syndicus Conrat Dellinghausen hat noch Anno 1603 gelebet."

Hetling, Herm. Joh., aus Reval, Aelt. d. gr. G., Rhr. $17\frac{5}{12}81$ bis zur Aufhebung der alten Verfassung, Ende 1786; Beisitzer des Gewissensgerichts 1790.

Hetling, Joh. Reinhold, geb. zu Reval $17\frac{13}{8}18$, Aelt. d. gr. G., Rhr. $17\frac{6}{12}62$, GV. 1773. 74, IIV. 1775—77., Bm. $17\frac{3}{8}81$, bis zur Aufhebung der alten Verfassung im Jahre 1786. Starb $17\frac{2}{11}99$.

***Hetling,** Nicol., Bruder von Bernh. II., Official, WgS. $17\frac{3}{4}42$, NgS. $17\frac{5}{12}43$, starb 1752, im Februar.

Hetling, Reinhold Joh., geb. zu Reval $16\frac{2}{8}84$, Aeltermann der gr. G., Rhr. $17\frac{5}{12}42$, starb $17\frac{7}{2}61$.

***Hetling,** Wilh. I., Adjunct beim Secretariat $16\frac{3}{8}86$, WgS. $16\frac{2}{8}87$, Rhr. $17\frac{7}{1}04$, Justiz-Bm. $17\frac{1}{3}08$, starb $17\frac{9}{6}10$.

Hetling, Wilh. II., Stadthaupt 1790—96, Bm. $17\frac{7}{2}96$, starb $17\frac{8}{6}98$.

Hetling, Wilh. III., Adjunct des Rathssecr. 1850?

Hildemarus, s. Vicsen.

Hilner, Elias, aus Reval, Rhr. $16\frac{9}{12}43$, Bm. $16\frac{1}{1}50$, Pr. 1658. 61. 64. 68. 69. 72. Starb $16\frac{3}{2}72$.

Hippius, Christian Frdr., Aelt. d. gr. G., Rhr. $17\frac{5}{1}97$, Kämmerer 1806—11, Bm. $18\frac{5}{6}11$, Pr. 1813. 17. Entlassen $18\frac{1}{6}23$, starb $18\frac{2}{5}24$.

Hippius, Herm. Gottlieb, Aeltester und vormaliger Aeltermann der gr. G., Rhr. $18\frac{7}{12}24$, starb $18\frac{2}{5}44$.

Hippius, Jac. Gottfried I., aus Reval, Aelt. d. gr. G., Rhr. $17\frac{6}{12}24$, starb $17\frac{1}{3}31$.

***Hippius,** Jac. Gottfr. II., Sohn des Vorhergehenden, Official, WgS. $17\frac{8}{6}55$, NgS. $17\frac{9}{12}62$, starb $17\frac{7}{1}67$.

Hippius, Joh. Frdr., Bruder des Vorhergehenden, aus Reval, Aelt. der gr. G., Rhr. $17\frac{6}{12}62$, starb $17\frac{5}{6}66$.

Hippius, Joh. Heinr., geb. zu Reval 17 7/10 97, studirte Theologie in Dorpat, Aelt. d. gr. G., Rhr. 18 4/7 42, Kämmerer 1845—47, starb 18 2/12 47.

Hoffmann, Joh. Georg, Aelt. d. gr. G., Rhr. 18 5/12 03, GV. 1810, entlassen 18 4/11 13.

Höge (Hoye), Hnr. van der, Rhr. 1389. 90. 92—97. 1401. 5. UB. No. 1291. 323. 97.

Höge (Hoye), Ivo (Iwan) van der, Rhr. 1550—59. Er wurde 1558 mit dem Syndicus Cloet und dem Rhrn. Jasper Bretholt in Angelegenheiten der Stadt an den König von Dänemark gesandt. Russow's Chronik S. 56.

***Höge,** Joh. zur, Assessor beim Reval'schen Burggericht. Adjunct beim Rathssecretariat 16 3/8 86, NgS. 16 2/3 87, später (1704?) Rathsseer., starb 1710 an der Pest.

Hollogher, Evert, Rhr. 1392—94. 97. 98. 1401. 2. Bm. 1407. 8. 16. 23? War 1440 todt. UB. No. 1448. 728. 47. 76. 2059. 674.

Hollogher, Wennemar, Rhr. 1334. 40. 41. Bm. 1442 bis 1444. 46. 48. 50. 52. 53. 55—57. UB. No. 797. 817. 25. 46. 84. 923, 2. 4. 6. 8. 10. 12. 14. 16. 19—21. 924, 47. 927, 28. 935. 196. 200. 956. 980, 4.

Holte, Joh. van deme, Rhr. 1418. 22. 31. 36. GV. UB. No. 2406. 17. 611.

Holtzhausen, Joh., Rhr. 1575. Bm. 1578. Präs. 1580. 1583. 87. 90. 94. 98. 1602. Starb 1608.

***Holtzhausen,** Wolmar, NgS. 16 4/10 06.

Hoeppener, Alexander, Rhr. 18 9/12 56. Starb 1873.

***Hoeppener,** Carl Christian, Secretär beim Departement des Gouvernements-Magistrats für peinliche Sachen 1790—96.

Hoeppener, Caspar I., aus Reval, Aeltermann der gr. G. Rhr. 17 2/12 55, GV. 1764, HV. 1767—69, Bm. 17 5/12 72, Pr. 1781. emeritirt 17 2/3 83, starb 1785 im 85. Lebensjahre.

Hoeppener, Caspar II., Rathmann 1790. Bm. 1796.

Hoeppener, Eduard Fabian, Wortf. d. gr. G., Rhr. $18\frac{7}{12}52$. Starb $18\frac{9}{5}56$.

Hoeppener, Fabian Barward, Rathmann 1796, Aelter-mann der gr. G., Rhr. $18\frac{9}{12}00$, Kämmerer 1806—11, Bm. $18\frac{8}{5}11$, Pr. 1814, starb $18\frac{11}{12}16$.

*Hörschelmann, Christoph Heinr., geb. zu Reval $17\frac{1}{8}786$, studirte in Dorpat die Rechte, war 1812—22 Secretär beim Reichsjustizcollegium in St. Petersburg, Rhr. $18\frac{7}{12}24$. Ent-lassen $18\frac{2}{8}27$, nachdem er am 7. Juli zum Secretär des Estländ. Provincialconsistoriums ernannt worden war. Starb 1858?

Hossering, Hans, Rhr. 1512. Testament v. J. 1521.

Hove, Hermannus de (Hermann van der Hoven), Rhr. 1358. 60. Bm. 1361. 64. 65. 67. 68. 69. 73. 74. 77. Unter-nahm wiederholt Reisen in Angelegenheiten der Stadt und war 1388 todt. UB. No. 923, 22. 24. 25. 28. 29. 32. 33. 34. 1001. 1004. 44. 46. 49. 96. 128. 254. 2895. Die Recesse der Hansatage II, 154 No. 145.

Hove, Joh. tor, Syndicus und Secretär 1474.

Hovele, Sifridus, Rhr. 1320. 22.

Hower, Joh., Rhr. 1539, Bm. 1550, starb 1566.

Hüdde, Frdr., Rhr. 1525.

Hüdde, Joh., Rhr. 1515? Bm. 1521. 22.

*Hueck, Adam Joh., Official bis 1786, dann Stadtanwalt bis 1796, WgS. $17\frac{5}{8}97$, Rathssecr. $18\frac{2}{5}03$, Bm. $18\frac{9}{5}11$, starb 1829. War Besitzer des Gutes Munnalas.

Hueck, Joh. I., Rhr. $16\frac{7}{12}90$, Kämmerer 1693—700.

Hueck, Joh. II. Jobstsohn, aus Reval, Bürger 1692, Aelt. der gr. G., Rhr. $17\frac{5}{12}09$, Kämmerer $17\frac{4}{1}10$ bis 719, Bm. $17\frac{2}{8}19$, Präs. 1722. 26. Starb $17\frac{8}{5}27$.

Hueck, Joh. III. Johannsohn, Bürger 1699, Aelt. d. gr. G.. Rhr. $17\frac{4}{12}15$, Kämmerer 1722 –24.

Hueck, Wendel, Aeltester der gr. G., Rhr. 16⁷/₁₂84, starb 16⁷/₁₁87.

***Hueck,** Wilh. Christian, Protonotär und Secr. des Amtsgerichts 17¾63, Rhr. 17¹²/₁₀66, GV. 1778 und 79, Bm. 17²⁴/₄79. bis zur Aufhebung der alten Verfassung Ende 1786; starb 1796.

Huldesmann, Soryes, Rhr. 1503.

Hülszberch, Cort, Rhr. 1525. 26. 29. 35.

Hülsberch, Hnr., Rhr. 1536—39.

Hüene, Carl Joh. von, aus Reval, Aeltester der gr. G., Rhr. 17₁⁷/₁₂63, starb 17²⁵/₃77. Im Aemterbuch kommt sein Name zuletzt im J. 1772 vor.

Hummer, Frider. de, Rhr. 1315. 25.

Hummer (Humer), Hnr. de, Bürger 1348, Rhr. 1354. 56. 1358. 60. UB. No. 923, 18. 20. 22. 24. 935, 218. 980, 16.

Hunen, Hrm. von, Rhr. 1379, starb vor 1385.

***Hünerjäger,** Joh. I. Jürgenssohn, NgS. 1590. Rhr. 15₁⁹/₁₂99. GV. 1603—5. HV. 1606—8. 10. 11. Starb 1614.

***Hünerjäger,** Joh. II., aus Reval. NgS. 16²⁴/₂45, Rathssecr. 16¹⁵/₅55, starb 1658.

Hünerjäger, Jürgen, Rhr. 1557—94. Er war einer der Gesandten der Stadt an den Ordensmeister Gotthard Kettler im J. 1560, um mit ihm wegen der bedrängten Lage der Stadt zu verhandeln. Russow S. 63.

Hüninghausen, Andr., Rhr. 1546.

Hüninghausen (Hunninckhusen), Berthold, Rhr. 1416. 1418. 19. 21—23. 26. Bm. 1427. 30. UB. No. 2061. 216. 86. 571. 611. 59. 74.

?**Hüninghausen,** Gert, Rhr. 1473.

Hüninghausen, Heinr. I., Rhr. 1456. 58. GV. 1475. Kommt noch 1480 vor. Michelsen No. 29. 31. 38. 69.

Hüninghausen, Heinr. II., Rhr. 1495. GV. 1514. Michelsen No. 231.

Hunnius, Carl Constantin, Aelt. d. gr. G., Rhr. $18_{\frac{6}{12}}14$, entlassen $18_{\frac{2}{9}}^{1}17$.

Hunoldus, s. Ostinchusen.

Hurlen, Jac. von, Rhr. 1527.

*Husen, August von, Advocat, Rhr. $18_{\frac{7}{12}}69$.

Husen, Reinhold Wilh. I. von, Vater des Nachfolgenden, Rathmann 1790 — 96, Aelt. der gr. G., Rhr. $17\frac{1}{1}97$, starb $18_{\frac{2}{8}}^{8}03$.

Husen, Reinh. Wilh. II. von, des Vorigen Sohn, geb. zu Reval 1781, Aelt. der gr. G., Rhr. $18_{\frac{6}{12}}18$, Kämmerer 1838 bis 44. Starb 1859.

Husmann, Herm., Rhr. 1401. 2. 10. 13. 14—19. 20. 23. 1428. 30. UB. No. 1610. 77. 843. 1929. 65. 2030. 115. 216. 82. 2303. 674. 98. 3104. 6—10. *Ad Reg.* 1409 (Bd. VI.).

J.

Jasse, Joh., Rhr. 1524.

?Jeghelechte, Lubbertus de, Rhr. 1324. 29. 30.

Ilne (Ylne), Goscalcus uter, Rhr. 1354. 56. 58. UB. No. 923, 18. 20. 22.

Intelmann, Carl Gottlieb I., Aelt. d. gr. G., Rhr. $18_{\frac{5}{12}}15$, starb $18\frac{7}{1}18$.

Intelmann, Carl Gottlieb II., des Vorigen Sohn, Aeltermann der gr. G., Rhr. $18_{\frac{4}{12}}48$. Entlassen 1851, wiedergewählt 1852, starb 1854.

*Jordan, Aug. Christian, Dr., geb. zu Göttingen $17\frac{4}{1}79$, NgS. $18\frac{1}{1}12$, zugleich Rhr. $18_{\frac{9}{12}}17$. Vom NgS. zum Rathssecr. befördert $18\frac{7}{1}20$. IIV. 1837 — 43. Bm. $18\frac{2}{4}43$, starb im Febr. 1844. S. v. Recke und Napiersky's Schriftsteller-Lexicon II, 401.

Isurede (Ysureter), Gotfr. (Godeke), Bürger 1362, Rhr. 1364. 66. 68. 74. 78. UB. No. 923, 28. 30. 32. 35. 994.

Jürgens, Joh. Frdr., Aelt. d. gr. G., Rhr. 17†97, entlassen im März 1802.

K.

Kahl, Ebert, aus Reval, Aelt. d. gr. G., Rhr. 17⅗03, starb 1710 an der Pest.

Kahl, Thomas, Aelt. d. gr. G., Rhr. 16⅞84, GV. 1692 bis 95, HV. 1696. 97. Starb im October 1710, kommt übrigens in der Aemterbesetzung für 1710 nicht mehr vor.

Kalle (Calle, Kalland), Everardus, Rhr. 1365. 67. 74. 1378. War 1691 todt. UB. No. 923, 29. 31. 35.

Kalle, Herm., Rhr. 1428. 29. 32. 38. 46. 50.

Kampferbeck, Ebert, Rhr. 1579. GV. 1591. Starb zu Anfang 1592.

Kampferbeke, Joh., Rhr. 1550—59.

Kappenberg, Jasper, Rhr. 1550. Kämmerer 1569.

Kegeler, Cord, Rhr. 1367—69. 73. Bm. 1374. 78. 85. 86. 1388—91. 93. 97. 405. 7. 13. Er war Sendebote auf dem Hansatage v. 1. Mai 1373 und machte auch sonst Reisen in Angelegenheiten der Stadt. In Harrien hatte er Landbesitz. UB. No. 923, 31. 32. 35. 1044. 95. 244. 54. 62. 69. 534. 664. 952. 2895. Reg. 1749.

Kersebom, Herm., Rhr. 1333. Bm. 1335. UB. No. 923, 1. 3.

Klint, Asmuss, Rhr. 1523.

Kloft (Klufft, Krufft, Grust), Ludw. van der, Rhr. 1481. 87.

Klüting, Mich., Rhr. 1568. GV. 1579. 80. HV. 1581 bis 1583. Kämmerer 1587—96. Er war in Harrien besitzlich. Paucker, Estlands Landgüter I, 42.

Knickmann, Jürgen, Bm. 1436.

?**Knyp**, Joh., Rhr. vor 1393, in welchem Jahre seiner Wittwe Erwähnung geschieht.

Knyp, Tidemann, Rhr. 1392. 96. 97. 1414—17. UB. No. 1956. 2091. 149. 3004. Reg. 2339. 2444,d.

Kniper, Caspar, aus Reval, Rhr. $16\frac{8}{12}96$—97.

*****Koch**, Alexander Gustav, geb. zu Jewe in Estland $17\frac{1}{4}96$, studirte die Rechte zu Dorpat, Notär des mündlichen Gerichts, Official $18\frac{7}{3}20$, NgS. $18\frac{20}{9}29$, Rhr. $18\frac{6}{12}42$, Consistorial-Assessor 1844, auf sein Gesuch entlassen 1858, starb 1867.

Koch, Aug. Heinr., Sohn von Carl Nicolaus, geb. zu Reval 1805, Aelt. d. gr. G., Rhr. $18\frac{1}{12}44$, Kämmerer seit 1848. Starb 1873.

Koch, Berend Heinr., aus Reval, Aelt. d. gr. G., Rhr. $17\frac{8}{12}69$—80.

Koch, Carl Nicol., Vater von Aug. Heinrich, Aelt. d. gr. G., Rhr. $18\frac{1}{12}05$, Kämmerer 1812—31. Starb im Febr. 1831.

Koch, Christoph, Sohn des Nachfolgenden, Rhr. $16\frac{5}{12}52$, kommt in der Aemterbesetzung auf 1663 zuletzt vor und wurde 1667 wegen Krankheit entlassen.

Koch, Joh., Vater des Vorigen, Rhr. $16\frac{4}{12}08$, Kämmerer 1616—25. Starb 1626.

Kock, Joh., Rhr. 1521. 25. 26. 33. Testament v. J. 1525.

*****Köhler**, Joh. Gottfr., geb. zu Reval $18\frac{1}{17}01$, studirte die Rechte in Dorpat, Notär des mündlichen Gerichts $18\frac{7}{3}22$, Official $18\frac{20}{9}29$, *Commissarius fisci* 1838. Rhr. $18\frac{1}{12}44$, starb $18\frac{9}{4}68$. Vgl. Recke und Napiersky II, 475.

Köningk, Carsten, Rhr. 1526. Bm. 1527.

Köning, Joh., Rhr. 1554. Bm. 1562. Im J. 1560 wurde er, in Gemeinschaft mit Jürgen Hünerjäger (s. oben S. 106) in Angelegenheiten der Stadt an den Ordensmeister Gotthard Kettler gesendet. Russow S. 63.

Korbmacher, s. Corbmacher.

Kost, Herm., Rhr. 1428.

Kosfelt, s. Cosfelt.

Krach, s. Cracht.

Krafft, Joh. Christian Friedrich, geb. 17⅓85 zu Seegeberg in Holstein, Aeltermann der gr. G., Rhr. 18₁⁵₂37, starb 18₁⁶₅53.

Krechter, Christoph, aus Reval, Bürger 1700, Aelt. d. gr. G., Rhr. 17₁⁰₂19, Kämmerer 1725—39, Bm. 17₁⁰₂39, Präs. 1743, starb 17²⁵45. Er war Besitzer der Güter Newe in Harrien und Terrefer in Wierland. Paucker, Landgüter I, 99. II, 34.

*Krechter, Thomas, WgS. 1704?, starb 1710.

Krehmer, Gottschalk, WgS. 16³₄58, Rhr. 16₁⁸₂61, GV. 1669—72, HV. 1673—75, starb 16₁¹82. Vergl. Paucker's Landgüter II, 41. 91.

*Krich, Aug. Leopold, Rathsarchivar, Rhr. 18₁⁷₂58.

Kruyl, s. Crowel.

Kullen, Joh., Rhr. 1502. Michelsen No. 241. Vielleicht identisch mit Joh. Cullerde.

Kullerde, s. Cullerde.

L.

Lado, Balthasar Heinr., aus Nienschantz, Aelt. der gr. G., Rhr. 17₁⁴₂43, starb 17⁵48.

*Lampe, Ferdin., Rathssecretär 1864. † 866.

Landesen, Joh. Gottlieb, Aelt. d. gr. G., Rhr. 18₁⁹₂05, Kämmerer 1814—25, starb im Februar 1825.

Landesen, Carl von, Aelt. d. gr. G., Rhr. 18₁⁸₂56.

Lange, Joh. und Winand, s. Longus.

Lange, Richard, Rhr. 1414. 17. 18. 19. 22—24. Bm. 1428. 30. 36. 46. Starb vor 1450. War öfters Sendebote des Rathes, namentlich am Hansatage in Lübeck 1418, in Dänemark und Preussen. UB. No. 1965. 2243. 49. 51. 54. 55. 57. 82. 358. 2611. 74. *Ad Reg.* 1650 und 79 (Bd. VI.).

Lange, Thilo (Thidemann), Rhr. 1361. 63. 65. 74. UB. No. 923, 25. 27. 29. 35.

Lanting, Hnr. I., Rhr. $16\frac{7}{10}23$—1642.

Lanting, Hnr. II., Bruder des Nachfolgenden, aus Reval, Aelt. d. gr. G., Rhr. $16\frac{6}{12}97$, HV. $17\frac{4}{11}10$, starb 1715.

Lanting, Joh., Bruder des Vorigen, aus Reval, Aeltermann der gr. G., Rhr. $17\frac{8}{10}10$, Bm. $17\frac{4}{11}10$, Präs. 1713. 17. Starb $17\frac{1}{11}20$.

Lanting, Simon, Rhr. $16\frac{7}{1}58$, Kämmerer 1659, starb 1661.

Lapide, Rotcherus de, s. Stene.

Lare, Bernh., Rhr. 1383.

Lebart, Gerlacus, Rhr. 1340. 41. War 1347 todt. UB. No. 804,a. 923, 5. 925. 27. 931, 8. 935, 147. 201.

Leefhardes, Martin, Rhr. 1454.

Lenepe, Gerwinus de, ohne Zweifel identisch mit Gerwinus de Rode. Denn im UB. No. 923, 14 werden unter den Rathsgliedern für das Jahr 1350 als die drei letzten aufgeführt: J. Dynevar, J. Longus und Gerwinus de Lenepe, letzterer war also damals der jüngste Rathsherr. Allmälig rückt er immer hinauf, immer neben Dynevar, in den Jahren 1352, 54. 56 (UB. No. 923, 16. 18. 20). Im Jahre 1358 (P. 22) wird dort, wo man seinen Namen wieder erwarten sollte, unmittelbar nach Dynevar, Gerwinus de Rode, im J. 1360 (P. 24) bloss Gerwinus genannt; im J. 1361 (P. 25) nimmt Gerwinus die zweite, endlich im J. 1362 (No. 26) die erste Stelle im Verzeichniss der Rathsglieder, mithin in diesen beiden Jahren schon als Bürgermeister, ein*).

---

*) Solche Beispiele von doppelten Zu- oder Familiennamen kommen übrigens in jener Zeit auch sonst noch vor, z. B. Lambert von Werne und Lambert Vocke (UB. No. 935, 81 und 89), Gottschalk

Lenepe, Rembolbus (Ricbodo) de, Rhr. 1333. 35. 40—42. 1344—46. 48. 50. 52. 54. 56. UB. No. 923, 1. 3. 4. 6. 8—10. 12. 14. 16. 18. 20. 924, 64. 935, 109. 152. 194. 212. 232.

Lere, s. Löre.

?Linckenbach, Fritz, Rhr. 1522. Testament vom J. 1525.

Linde, Joh. Andreas, Aelt. d. gr. G., Rhr. $18\frac{7}{12}24$, entlassen $18\frac{1}{9}31$.

?Linde, Jürgen, Rhr. 1516.

Lindemann, Andr., aus Reval, Aelt. der gr. G., Rhr. $17\frac{8}{12}34$, starb $17\frac{7}{4}39$, 49 Jahr alt.

Lindfors, Axel Heinr., aus Estland, Aelt. der gr. G. Rhr. $17\frac{9}{12}72$—80.

Lippe, Evert, Rhr. 1472. 77. GV. 1480. War 1486 todt. Michelsen No. 182.

Lippe (de Lippia), Herm. I., Bürger 1346, Rhr. 1351. 1353. 55. 57. 59. 61. 63. 65. 67. 69. 73. UB. No. 923, 15. 17. 19. 21. 23. 25. 27. 29. 31. 34. 935, 199. 1023. 24. 2895.

Lippe, Herm. II., Bürger um 1410, Rhr. 1414. 20. 22. 27. 1434. UB. No. 2387—89. 436. 611.

Lippe (de Lippia), Joh. I., Bürger 1341. Rhr. 1343. 1345—47. 49. 50. UB. No. 923, 7. 9. 11. 13. 931, 4. 935, 154. 196.

Lippe, Joh. (Hans) II., Rhr. 1470.

Lippe, Victor von der, Rhr. 1518.

Lohmann, Ebert I., Aeltermann der gr. G., Rhr. $16\frac{7}{13}84$ bis 1691.

Lohmann, Ebert II., aus Reval, Bürger 1693, Aelt. d. gr. G., Rhr. $17\frac{5}{12}09$, starb 1710 an der Pest.

Rellinchwerde und Gottschalk Lintschede (UB. No. 1959, 2400. 2950) u. a. Vergl. das UB. Bd. II. Vorrede S. VII.

*Lohn (Loen), Georg von (vom), Dr. i. u., Sohn des Nachfolgenden, Rhr. 16$\frac{9}{12}$27, Bm. 16$\frac{0}{12}$27, Präs. 1629. 34. Starb 1634.

Lohn (Loen), Heinr. von, aus Dorpat, Rhr. 1592, Bm. 15$\frac{0}{12}$99, Präs. 1600. 603. 6. 8. 12. 16. 19. 23. Starb 1626. Er war in Harrien besitzlich. Paucker's Landgüter I, 4. 22. 94.

Londicer, Rabe Rudolph, aus Lübeck, Rhr. 16$\frac{2}{12}$9:: bis 1698.

Longus, Joh., Rhr. 1350. 52. 54. UB. No. 923, 15. 16. 18. 935, 187?

Longus, Winandus, Bürger 1315, Rhr.? Bm. 1333. 37. 1341. 43. 45. UB. No. 797. 923, 1. 5. 7. 9. 924, 1. 61. 935, 18. 133.

Löre, Herm., Rhr. 1422.

Löre (Lore, Lere), Joh., Rhr. 1398. 400—2. 14. 18. 19. 1423. 50 †. UB. No. 1610. 965. 2216. 440. 674.

Lowe, Vincentius, Rhr. 1511. Testament v. J. 1514.

Lowenschede, Winand, Rhr. 1373. UB. No. 923, 31.

Luenschede, Nicol., Rhr. 1520.

Louwenborst, Steph., Rhr. 1427.

Loess, Henr., Rhr. 1485.

Lubbeke (Lübbeke), Hnr., Rhr. 1389. 92—1401.

Lubbertus, s. Jeghelechte.

Lüder, Carl Christian, aus Reval, Aeltermann der gr. G., Rhr. 17$\frac{1}{12}$55, starb 17$\frac{1}{2}$61.

Luhr, Andr., 16$\frac{6}{12}$35 bis 1640.

Luhr (Lure, Luwer), Hrm. I., Rhr. 1511. 12. 22. 25. 1532. 34. Testament v. 1535.

Luhr, Hrm. II., Rhr. 1571. GV. 1581—83. HV. 1584. Bm. 1584. Präs. 1585. 89. 92. 96. Mehrfach Sendebote in Angelegenheiten der Stadt. Russow S. 104. 105. 109.

Luhr, Simon, Rhr. 1518.

Luhr, Thomas, Rhr. 16½15. GV. 1627—29. HV. 1630. Bm. 16₁⁶₂30. Präs. 1631. 34. 38. 42. 46. Starb 16¾46.

Luther, Alexander Martin, Sohn des Nachfolgenden, aus Reval, Aelt. d. gr. G., Rhr. 18₁⁵₂48, Kämmerer 1855—64, Bm. 1864.

Luther, Christian Wilhelm, Vater des Vorigen, aus Reval, Aeltermann der gr. G., Rhr. 18₁⁸₂18, starb 18⅓41.

Lütkens, Arnold Paul, aus Holstein, Protonotär, NgS. 172₇⁶79, Rathssecr. 17₁⁴₂83, dankte ab 17₁²₂84.

Luttern, Gert von, Rhr. 1568. 69.

Lutzenbergh, Hnr., Rhr. 1491. 95. 511.

M.

***Malms,** Christian Ludwig, Collega am Reval'schen Gymnasium, Rhr. 17₁²₁10, starb wenige Tage darauf an der Pest.

***Manow,** Otto, Rathssecretär 1518.

Massche, Joh., Rhr. 1325. Kommt in der Rathslinie im UB. No. 923, also seit 1333, nicht mehr vor; war 1346 todt. UB. No. 716. 843. 960.

Mayer, Carl August, Sohn des Nachfolgenden, geb. zu Reval 17⅔89, Wortf. der gr. G., Rhr. 18₁⁸₂31, Bm. 1860, entl. 1864, † 18½71.

Mayer, Ernst August, Vater des Vorigen, Rathmann 1790, Beisitzer des Gewissensgerichts 1796.

Mayer, Woldemar, Carl Augusts Sohn, Rhr. 18₁⁸₂64.

Medebeke, Hinr., Rhr. 1342. 45. 47. 49. 51. 53. 55—57. 1359. UB. No. 883. 923, 6. 9. 11. 13. 15. 17. 19. 21. 23. 980, 13. 16.

Menking, Meinhard, Rhr. 1410. War 1414 todt. UB. No. 1968.

Menth, Jürgen, Rhr. 1504. 7. 9. 11. 12. Testament vom J. 1512.

Menthe (Mente), Stephan, Rhr. 1539. 42.

Mer (Meeren), Israel van, Bürger 1472, Rhr. 1485. 95. Michelsen No. 53.

Merstorp, Jac., Rhr. 1465. 66.

Meusler, Conrad (Cord), geb. zu Reval 1608, Rhr. 16$\frac{5}{1}$52, GV. 1661—63, HV. 1664—66, Bm. 16$\frac{9}{1}$78, starb 16$\frac{24}{1}$84.

*__Meyer,__ Bernh. Joh., aus Reval, Advocat, Rhr. 17$\frac{3}{1}$83 bis zur Aufhebung der alten Verfassung, Ende 1786. Dann Polizeivorsteher (Pristaw) für Civilsachen bis 1796. Nach wiederhergestellter Verfassung Rhr. 17$\frac{4}{1}$97; starb 1805.

Meyer, Constantin, Aeltester der gr. G., Rhr. 18$\frac{6}{1}$59.

Michael, Christoph, Rhr. 16$\frac{6}{1}$91. GV. 1698—1700. HV. 1701—3. Bm. 17$\frac{1}{3}$03. Präs. 17$\frac{4}{1}$10 bis 1711. 15. 19. Starb 1719.

Michaelis, Friedr., aus Pommern gebürtig, wurde aus Oesel zum NgS. berufen 16$\frac{9}{1}$58.

Minden, Arend von, aus Lübeck, Aelt. der gr. G., Rhr. 16$\frac{6}{1}$96, GV. 1703—5, HV. 1706—8. Starb 1710 an der Pest.

Molen, de Molendino, s. Mühlen.

Möller, s. Müller.

More (Moren, Moremann, Morum), Herm., Bürger 1314. 16. Rhr. 1319. 32. 33. Bm. 1340. 43. 45. 47. 49. 51. UB. 846. 82. 923, 2. 4. 7. 9. 11. 13. 15. 926, 1. 2. 935, 17. 22. 90. 133. 169. 181. 200. 207. 221.

Mouwert (Mouwer), Joh., Rhr. 1490. 97. 500. 507. Michelsen No. 238.

Mühlen, Cornelius zur, Rathmann 1790.

Mühlen, Heinrich zur, Aelt. d. gr. G., Rhr. 17$\frac{1}{1}$27, Kämmerer 1743—45, Bm. 17$\frac{2}{1}$45, starb 17$\frac{6}{1}$50, 65 Jahre alt.

Mühlen (Molen), Herm. I. zur, Rhr. 1499. 507. 17.

Mühlen, Herm. II. zur, aus Reval, Rhr. 16$\frac{8}{1}$67, GV. 1679—81, HV. 1682—86, starb 16$\frac{4}{1}$90.

Mühlen, Herm. III. zur, Rathmann 1796.

*****Mühlen,** Herm. IV. von zur, Rhr. 18,$\frac{9}{2}$17, starb 1827.

Mühlen, Herm. Joh. zur, aus Reval, Aelt. d. gr. G.. Rhr. 17,$\frac{x}{2}$62, Kämmerer 1771—83, Bm. 17$\frac{1}{2}$83 bis zur Aufhebung der alten Verfassung, 1786. Starb 1789 im 70. Lebensjahre.

Mühlen (de Molen, de Molendino), Jacob van der. Rhr. 1442. 44. 50. 57. 58. Starb vor 1478. Michelsen No. 7.

Mühlen (de Molen, de Molendino), Joh. van der. kommt bereits 1347, 48 und 50 als Bürger vor. Rhr. 1367 bis 1369. 71. 73. 74. 85. 88. Bm. 1389—91. Fungirte oft als Rathssendebote, so namentlich auch auf dem Hansatage v. 27. Oct. 1371 zu Stralsund. UB. No. 882. 83. 923. 31. 32. 34. 35. 935, 213. 236. 1263. 2895. Die Recesse der Hansatage II. 2. No. 18.

Mühlen (de Molen), Marquard van der, Bürger 1472. Rhr. 1482. 84. 86. 90. 513. Michelsen No. 53.

Mühlen, Thomas zur, Aelt. der gr. G., Rhr. 16$\frac{199}{2}$. Kämmerer 1701—3, Bm. 17$\frac{1}{2}$703, starb 1710. Ihm gehörte das Gut Morras in Harrien. Paucker, Landgüter I, 38.

?Mülbergch, Joh., wird im Wahlbuch beim J. 1567 als Senator aufgeführt, was jedoch auf einem Irrthum beruhen muss. da seiner weder bei Gelegenheit der ordentlichen Rathswahlen, noch auch sonst, namentlich, nicht im Aemterbuch, Erwähnung geschieht.

Müller, Bengt Heinr., aus Reval, Bürger 1698, Aeltermann der gr. G.. Rhr. 17,$\frac{6}{2}$19, GV. 1729—31, HV. 1732—34. Starb 17$\frac{1}{2}$34.

Müller, Ebert, aus Reval, Rhr. 16,$\frac{4}{2}$08. GV. 1616, starb 16,$\frac{3}{1}$17.

Müller, Gottfr. I., Vater des Nachfolgenden, aus Reval, Aelt. d. gr. G., Rhr. 17₁³/₂83 bis zur Aufhebung der alten Verfassung im J. 1786.

Müller, Gottfr. II., des Vorigen Sohn, und Vater von Joh. Heinrich, Aelt. der gr. G., Rhr. 18₁⁶/₂14, gestorben 1821.

Müller, Jacob, Rhr. 16₁⁴/₂81, starb 16₁⁵/₂84.

Müller, (Möller), Joh. I., Rhr. 1559. Kämmerer 1569.

Müller, Joh. II., Rhr. 16₁⁵/₂02, starb 16⁷/₂08.

Müller, Joh. III., Rhr. 16¹⁶/₁₂20, Kämmerer 1627 — 32. Dann verschwindet er aus den Aemterverzeichnissen, und kommt erst 1636—39 wieder vor, und zwar als *Consistorialis*. Er war Besitzer des Gutes Kunda und baute den Thurm auf dem Rathhause zu Reval auf eigene Kosten. Rathsprotocoll vom 21. Febr. 1665.

Müller, Joh. Heinr., Sohn von Gottfried II., geb. zu Reval 18₁⁵/₂03, Aeltermann der gr. G. 1838, Rhr. 18₁¹₂/₂44, auf sein Gesuch entlassen 1849.

Müller, Jürgen (Georg) I., aus Reval, Rhr. 16₁⁴/₂42, GV. 1653—55, HV. 1656, starb 1657.

Müller, Jürgen II., Rhr. 16₁⁶/₂91 bis 97.

Müller (Möller), Peter, Rhr. 1572. Als solcher war er Rathssendebote bei den Unterhandlungen zwischen Schweden und Dänemark zu Padis 1574 und 75. Kämmerer 1579. Bm. 1586. Pr. 1588. 91. 95. Starb 1602. Russow S. 109.

*** Müller,** Phil. Frdr., Ritterschafts-Secretär, wurde Syndicus 16⁸/₂85, reiste im J. 1686 „*in patriam*" (nach Deutschland), kommt aber noch 1687 in dem Aemterverzeichnisse als Gymnasiarch vor; 1688 nicht mehr.

Mundt, Peter Frdr., Beisitzer des Departements des Gouvernements-Magistrats für peinliche Sachen 1790—96, Aelt. d. gr. G., Rhr. 17⁷/₁97, Bm. 17¹¹/₁97, starb 18⁸/₂00.

Munstermann, Cort, Rhr. 1537. 42.

N.

Naschert, Diedr. I., Rhr. 1438. 42. 45. War 1450 verstorben.

Nasschart (Naschert), Diedr. II., Rhr. 1484. 93. 512. Michelsen No. 225.

Neuhusius (Neuhausen), Joh., aus Hamburg, studirte um 1642 in Dorpat, wurde Professor der Griechischen Sprache am Revaler Gymnasium 1664, dann Rathssecretär 1672, von diesem Amt aber — wie es scheint, noch in demselben Jahre — „wegen seiner begangenen Fauten" entlassen und ging nach Deutschland. S. über ihn und seine Schriften: v. Recke und Napiersky III, 314, vergl. auch Willigerod, Geschichte des Gymnasiums zu Reval (Reval 1836) S. 8.

Neue (Neve), Joh., Rhr. 1353, starb 1354. UB. No. 923, 17.

Niger, Wernerus, Bürger 1329, Rhr. 1333. 34. 37. 41. UB. No. 923, 2. 5. 924, 1. 935, 64. 65. 99. 100. 133.

*__*Nottbeck,__ Adam Joh. von, Sohn von Nicol. Joh. II., geb. zu Reval $17^{30}_{4}46$, studirte 1765—69 in Jena, ward hierauf Advocat in Reval; Zollsecretär und Auctionator um 1782; Rhr. $18^{9}_{1}00$, GV. 1806—9, HV. 1810, starb $18^{1}_{4}810$. S. auch v. Recke und Napiersky III, 328.

*__*Nottbeck,__ Caspar Joh., Auditeur, Rathssecr. $17^{7}_{11}10$, starb $17^{2}_{1}28$.

Nottbeck, Nicolaus (Claus) Joh. I., Aelt. der gr. G., Rhr. $17^{4}_{12}26$, starb $17^{4}_{11}35$.

*__*Nottbeck,__ Nicolaus Johann II., Vater von Adam Joh., geb. zu Reval um 1720, studirte die Rechte zu Halle, ward dann Advocat und Official, WgS. $17^{2}_{2}452$, NgS. $17^{5}_{8}55$, Rhr. $17^{4}_{12}62$. GV. 1770—72, starb $17^{2}_{2}72$. Als Gymnasiarch schrieb er 1768 ein Lehrbuch des Römischen Rechts „in usum gymnasii Revaliensis." S. v. Recke und Napiersky III, 329.

Nottbeck, Peter Joh., aus Reval, Aeltester der gr. G., Rhr. 17$\frac{9}{12}$69 bis 1780.

Nottbeck, Thomas Bernhard, aus Reval, Aeltermann der gr. G., Rhr. 17$\frac{9}{12}$72 bis 1780.

O.

Oldendorp, Joh., Rhr. 1421—58. UB. No. 2659.

Oom, Adolph I., geb. zu Reval, d. 4. October 1670, Rhr. 17$\frac{8}{10}$10, GV. 1721—23, HV. 1724. 25, Bm. 17$\frac{1}{1}$27, Präs. 1720. 33. 37. Starb 17$\frac{2}{1}$^{4}53.

Oom, Adolph II., Vater von Wilhelm Adolph, Beisitzer des Departements des Gouvernements-Magistrats für bürgerliche Sachen 1796, Aelt. d. gr. G., Rhr. 17$\frac{3}{1}$97, Bm. 17$\frac{3}{1}$99, Pr. 1810, starb 18$\frac{3}{1}$11.

Oom, Hinr., aus Reval, Wortf. der gr. G., Rhr. 17$\frac{5}{12}$57, starb 17$\frac{3}{2}$60.

Oom, Wilh., Beisitzer des Departements des Gouvernements-Magistrats für peinl. Sachen 1790—96.

Oom, Wilhelm Adolph, Adolphs II. Sohn, geb. zu Reval 17$\frac{3}{9}$91, Aelt. d. gr. G., Rhr. 18$\frac{4}{12}$21; entlassen 18$\frac{4}{1}$24, starb zu St. Petersburg 18$\frac{6}{0}$27.

Osenbryghe, Joh. de, Bürger 1312. 18. 20. 22. 24. 29. 31. Rhr. 1333. 37. 38. 41. Starb vor 1347, wahrscheinlich schon 1341. UB. No. 923, 1. 924, 31. 925. 935, 4. 28. 62. 82. 136. 140. 158. 203.

Ostinchusen, Hunoldus de, Rhr. 1334. 37. 40. War 1349 und wohl schon früher todt. UB. No. 923, 2. 925. 935. 137. 222.

Ostinchusen, Joh. de, Bürger 1338. 40. 49. Rhr. 1351. 1353. 55. 57. 59. UB. No. 923, 15. 17. 19. 21. 23. 925. 935. 141. 222.

Otting (Oettingk), Lambert, Rhr. 1503. 4. Test. v. J. 1506.

P.

Packebusch, Arent, Rhr. 1542, Bm. 1559, starb 1571.

Palborn (Paleborn, Paelporn, Padelborn), Conr.. Schwiegersohn von Joh. Bolemann. Rhr. 1386. 87. 89. 90. 94. UB. No. 1263. 64. 340. 567. *Ad Reg.* 1884 (Bd. VI.).

? **Paldevere**, Joh.. Rhr. 1324. Ein Joh. Paldevere kommt im UB. No. 935, 60 und 80, bei den Jahren 1328 und 31 vor. jedoch ohne das Prädicat *dominus*; er war 1341 todt. UB. No. 935. 159.

Palmedach, Joh.. Bürger 1407. Rhr. 1414. 17. 18. 21. 1422. 23. 28. 30. 33. UB. No. 1722. 954. 2039. 2280. 406. 592. 2611. 54. *Ad Reg.* 1884 (Bd. VI.).

Parembeke, Hinr., Rhr. 1408. 10. UB. No. 1282. 575. 1836. *Ad Reg.* 1529—31. 1879. Reg. 2079, a.

Passov (Passou), Henning, Rhr. 1514.

Pattimer, Heysse, Bürger 1502. Rhr. 1509. 10. 12. Bm. 1520. 26. Testament v. J. 1536. Michelsen No. 246. 47.

Paulsen, Mich. I., aus Reval. Rhr. 16$\frac{1}{2}$43. Kämmerer 1654—58. Bm. 16$\frac{1}{2}$58. Pr. 1659. 60. 65. 73. Starb 16$\frac{3}{2}$75.

Paulsen, Mich. II., aus Reval, Rhr. 16$\frac{1}{2}$93. GV. 1701. IIV. 1702. 4. 5. Starb 1710 an der Pest.

Pauly, Joh. Frdr., Bm. 1790.

Pepersack, Evert, Rhr. 1447. 49. 57. 58. 59. 61. Starb 1471. Michelsen No. 57. 164.

Pepersack, Hinr., Rhr. 1383.

Pepersack, Joh., Rhr. 1550, Bm. 1554, Präs. 1569, starb 1586. Im J. 1561 ward er mit den Rathsherren J. Schmedemann und J. Belholt, Behufs der königlichen Bestätigung der Privilegien. nach Stockholm gesandt. Russow S. 65.

Pfaff, J. G., Aelt. d. gr. G., Rhr. 18$\frac{1}{2}$67.

Pforte (Porte), Matthias, aus Lübeck, Rhr. 16$\frac{1}{2}$30 bis 1641.

*Pfützner, Gottlieb, aus Reval, Oberlandgerichts-Archivar, dann Rhr. 17,$\frac{9}{12}$72 bis 1783.

Plate, Arnold, Rhr. 1333. 35. UB. No. 923, 1. 3. Der in No. 980, 11 beim J. 1354 genannte Arn. Plate ist wohl ein Sohn des Rhrn.

Plate, Joh., Rhr. 1392. 93. 402. UB. No. 1340.

?Ploskowe, Hnr., Rhr. 1316? War 1319 todt. Vgl. UB. No. 935, 219.

*Polchau, Joh. Wilh., königlicher Obersecretär, *loco Syndici*, 1688 im Decbr., wurde 1691 nach Stockholm deputirt, von wo er nicht wieder zurückkehrte.

*Popping, Joh. Frdr., Dr., geb. zu Lübeck 1638, studirte die Rechte zu Heidelberg, Syndicus 16]81, starb 16,$\frac{4}{12}$84. S. v. Recke und Napiersky III, 429.

R.

Rabe (Rave), Joh., Rhr. 1592. Kämmerer 1597—1615. Im J. 1605 auch HV.

Rade (Rode), Albert van dem, Rhr. 1378. 88. 89. War 1390 todt. UB. No. 1251.

Rade (Rode), Werner van dem (van me, upme, upn), Rhr. 1392. 93. 94. 97. 99. 1408. 10—13. 21. UB. No. 1490. 1536. 37. 39. 684. 85. 87. 952. 2534. 62. 3008. *Ad Reg.* 1656. 2010. 11 (Bd. VI.).

Recke, Gert, aus Reval, Rhr. 16]$\frac{1}{2}$54 bis 1657.

Reichart, Jac. Joh., Aelt. d. gr. G., Rhr. 18,$\frac{4}{12}$10, GV. 1812, entlassen 18]$\frac{?}{1}$15, starb in Narva.

Reimers, Diedr., Rhr. 16,$\frac{4}{12}$87, GV. 1697, HV. 1698 bis 1700, Bm. 17$\frac{?}{12}$01, Präs. 1703 v. Januar bis April, starb 1710.

Remboldus, s. Lenepe.

Remmelingkrade, Goschalck, Rhr. 1485. 94. 96. 1524. Bote nach Moskau.

Rentelen, Evert von, Rhr. 1525. 32.

Rente (Renten), Arnoldus de, Bürger 1346. Rhr. 1359 bis 1361. 63. 65. 67—69. 74. 75. 84. 85. UB. No. 923, 23. 25. 27. 29. 31. 32. 35. 935, 190. 980, 24. 1015. 57. 105.

Renten, Gerlacus de, Rhr. 1313? War 1316 todt.

Restede, Thomas, Rhr. 1531.

Reyer (Reyger), Jasper, Rhr. 1559. Kämmerer 1579 bis 1585, starb 15,$\frac{6}{12}$85. Er besass in Harrien mehrere Dörfer pfandweise. Paucker, Landgüter I, 15. 60.

Reyne (Reen), Conradus de, Bürger 1345, Rhr. 1347 bis 1351. 53. 55. 57. 59. 61. 63. UB. No. 904. 20. 923, 11. 13. 15. 17. 19. 21. 23. 25. 27. 924, 84. 92. 935, 210. 980, 21.

Rhode, Carsten, Rhr. 16,$\frac{4}{12}$11, GV. 1624—26, IIV. 1627, starb 1628.

Ricbodo, s. Lenepe.

Richen (Richer), Joh. von, Rhr. 1455. 58. 67. Bm. 1470—72. Michelsen No. 54.

Richerdes (Righerdes), Gise, Rhr. 1432. 36. Bm. 1441. 1442. 44. 54? War vielleicht Rathsherr schon 1426, von welchem Jahre frühestens die im UB. No. 2422 abgedruckte Urkunde zu datiren sein möchte, wonach auch das Bd. VI *ad Reg.* 2872 Ausgeführte zu berichtigen ist.

Richerdes (Righerdes), Jacob, Rhr. 1516. Bm. 1519. 1522. 26. 31. 36.

Riesemann, Christoph Bernh., Aelt. d. gr. G., Rhr. 18,$\frac{5}{12}$26, starb im Juli 1831.

*****Riesemann,** Oscar von, aus Reval, studirte in Dorpat, Advocat, Syndicus 1864.

*****Riesemann,** Peter Aug., Dr., Secretär des Departements des Gouvernements-Magistrats für bürgerliche Sachen bis 1796, NgS. 17$\frac{4}{7}$97, entlassen 1804.

Riesenkampff, Bernh. Heinr., Rhr. 18$\frac{4}{12}$00, starb im Juni 1801.

Riesenkampff, Carl Eberhard, Vater von Diedr. Ferd., Aelt. der gr. G., Rhr. 18$\frac{10}{12}$11, GV. 1817, Bm. 18$\frac{2}{8}$23, Pr. 1824, entlassen 18$\frac{1}{7}$25.

Riesenkampff, Carl Philipp, Rhr. 17$\frac{4}{12}$37, GV. 1746—48, HV. 1749—51, Kämmerer 1756, Bm. 17$\frac{3}{11}$57, emeritirt 1767, starb 17$\frac{8}{12}$69.

Riesenkampff, Diedrich Ferdinand, Sohn von Carl Eberhard, geb. zu Reval 17$\frac{1}{3}$99, Wortf. der gr. G., Rhr. 18$\frac{6}{12}$36, starb 1854.

***Riesenkampff,** Georg Hnr., Justizofficial 18$\frac{1}{1}$06, NgS. 18$\frac{1}{2}$08, entlassen 18$\frac{2}{4}$09.

Riesenkampff, Joh. Philipp, geb. zu Reval 17$\frac{2}{4}$65, Aelt. d. gr. G., Rhr. 18$\frac{1}{2}$05, entlassen 18$\frac{5}{12}$11, starb um 1845.

Riesenkampff, Jürgen, Vater des Nachfolgenden, Aelt. der gr. G., Rhr. 16$\frac{6}{12}$96, GV. 1702, HV. 1703, starb 17$\frac{1}{8}$03.

***Riesenkampff,** Justus Joh., Sohn des Vorigen, geb. zu Reval 16$\frac{1}{4}$90, studirte die Rechte zu Pernau, Greifswald und Halle 1707—11, in welch letzterem Jahre er vom Herzog von Mecklenburg-Schwerin, Friedrich Wilhelm, zum Secretär bei dessen Forst- und Jagdcollegium ernannt wurde. Im J. 1714 kehrte er in seine Vaterstadt zurück, wurde Oberlandgerichts-advocat im Januar 1715, Rathsherr 17$\frac{4}{12}$15. Zum Secretären des Oberlandgerichts berufen, gab er 17$\frac{3}{1}$24 seine Stellung beim Rathe auf, und starb ums J. 1745. Vergl. Napiersky in der Vorerinnerung zum Nachtrage zu Th. Hiarn's Chronik, in den *Monum. Livoniae antiquae* Bd. II. S. IV fgg. Anm. *.

Rike, Richard, Rhr. 1362. 64. 66. 68. 73. 76. Er war wiederholt Sendebote auf Hansa- und Städtetagen. UB. No. 923, 26. 28. 30. 32. 34. 1049. 55. 1115. 2895. Reg. 1240.

Rinckhoff, Wilh., Rhr. 1477. 79. 82. 90. Michelsen No. 101.

***Rinne,** Carl Aug., Commercienofficial 18⅟11, NgS. 18⅟11, als solcher entlassen 18⅟12. *Commissarius fisci*, starb um 1840.

***Rinne,** Jean Paul Friedr., geb. auf der Insel Dagö 18²⁄₁19, studirte in Dorpat, Advocat, NgS. bei der Criminalabtheilung 18²⁄₃43, entlassen um 1850.

Ripen, Hnr. von, Rhr. 1430. 32. War 1433 todt.

Rodde, Diedr. I., Rhr. 16⅟87 bis 1696.

***Rodde,** Diedr. II., geb. zu Reval 1731, Official, NgS. 17⅞67, WgS. 17²⁄₅79, Rathssecretär 17²⁄₅83, Rhr. 17⅓83, bis zur Aufhebung der alten Verfassung, 1786, Bürgermeister 1787 bis 1796. Nach Wiederherstellung der alten Verfassung Bm. 17⅔96, starb 18⅟00.

Rodde, Diedr. III., Aelt. d. gr. G., Rhr. 18⅟10, entlassen 18²⁄₃20.

Rodde, Joh. Joach., aus Reval, Aeltermann der gr. G.. Rhr. 17⅟26, GV. 1738—40, HV. 1741. 42. Starb 17⅟43.

Rode, Albert und Werner, s. Rade.

Rode, Gerwinus de, ist identisch mit Gerwinus de Lenepe. S. oben S. 111.

Römer, Hermann, aus Westphalen, Rhr. 16⅓30, GV. 1638—40, HV. 1641—43, Kämmerer 1643. Starb 1659.

Roper (Roter), Tidemann, Rhr. 1464. 71. 72. 78.

***Rosenbach,** Bernard von, der Stammvater der adeligen Familie von Rosenbach, ist ein Findling, der am Schwarzenbach ausgesetzt war, und daher den Namen Bernhard zur Bech erhielt. Seine Erziehung und namentlich auch seine Universitätsstudien wurden aus Stadtmitteln bestritten. 16⅟24 wurde er als Substitut beim Secretariat angestellt, bald darauf als Rathssecretär, und als solcher oft in Stadtangelegenheiten nach

Stockholm deputirt. Zum Syndicus gewählt 16$\frac{3}{12}$42, ward er im J. 1643 in den Adelsstand erhoben, und erhielt den Namen von Rosenbach. Bm. 16$\frac{3}{1}$53, Pr. 1653. 54. 57. Als im J. 1658, da die Stadt durch die Pest entvölkert war, der Gouverneur Bengt Horn empfahl, wegen der durch den Krieg mit den Russen drohenden Gefahr, ein königliches Garnisoncommando in die Stadt aufzunehmen, wollte der Rath sich dazu nur unter der Bedingung verstehen, dass ihm darüber, dass Solches den Stadtfreiheiten nicht nachtheilig sein solle, eine schriftliche Versicherung ertheilt würde. Als der Gouverneur, vor Ausstellung der versprochenen Versicherungsschrift, mit einem Infanterieregimente in Reval einrücken wollte, liess ihm der Stadtcommandant, Conrad Nieroth, auf Befehl des Bm. von Rosenbach das Thor sperren, worauf Bengt Horn die Stadt und deren Thore besetzte, Rosenbach arretiren liess, und nach Stockholm schickte. Er wurde jedoch bald darauf aus dem Arrest entlassen und wieder in sein Amt eingesetzt, welches er bis zu seinem im J. 1661 erfolgten Tode versah.

Rosenkron (Rosencrohn), Heinr. von, hiess, bevor er geadelt wurde, Heinrich Fonn, und war ein Sohn des Rathsherrn Johann Fonn. Er wurde 16$\frac{2}{8}$58 Rathssecretär, und, mit Beibehaltung dieses Amtes, 16$\frac{1}{1}$67 Vicesyndicus, mit der Präcedenz vor allen Rathsherrn, die nach diesem gewählt werden würden. 16$\frac{9}{1}$72 gab er das Secretariat ab, behielt bloss das Vicesyndicat und erhielt seinen Sitz im Rathe nächst den vier Bürgermeistern. 16$\frac{1}{1}$73 ward er Syndicus, und 16$\frac{6}{12}$75, nachdem er vorher nobilitirt worden, Bürgermeister, mit Beibehaltung des Syndicats. 16$\frac{2}{3}$80 wurde er vom König zum Assistenzrath ernannt, und gerieth theils dadurch, theils durch verschiedene Anmassungen in Misshelligkeiten mit dem Rathe, in Folge deren er im J. 1681 vom Amte suspendirt und ihm der Process gemacht wurde. Von einer vom König eigens eingesetzten

Commission wurde er zur Amtsentsetzung und Verweisung auf
sechs Jahre verurtheilt. Der König bestätigte den ersten Theil
des Urtheils 16¦²⁄₃82 und 16⅞83. Dessen ungeachtet amnestirte
er den Rosenkron nach vier Jahren nicht nur, sondern ernannte
ihn auch 16¹⁄₆87, „da er dem Staate viele wichtige Dienste
geleistet", zum Justizbürgermeister und Präsidenten des Rathes
der Stadt, die Interessen des Königs und der Krone in Acht zu
nehmen, und nahm ihn in des Reiches Schweden Schutz auf. Im
Spätsommer 1687 trat Rosenkron dieses Amt an, und bekleidete
es bis zu seinem Todo: 16²⁄₅90.

Rotcher (Rötchers, Ruthgert), Joh. (Hans), Rhr.
1503. 6. 8. 12. 14. 15. 22. 24. Testament vom J. 1520.

Rotermann, Christian Abraham, Aelt. d. gr. G., Rhr.
18¹⁶⁄₅59, † 18¹⁷⁄₇70.

Rotert, Bartholomeus I., Everts II. Sohn, Rhr. 1575.
Bm. 1579. Präs. 1581. 84. Er ertrank auf einer Reise, die er
im Gefolge des Grafen Pontus de la Gardie, Behufs der Ver-
längerung des zwischen Russland und Schweden errichteten
Waffenstillstands, machte, mit dem Grafen in der Narowa. Sal.
Henning's Chronik, in den Script. II. S. 283.

Rotert, Barthol. II., Aeltermann d. gr. G., Rhr. 16¹⁄₁11.
GV. 1621—23, HV. 1624—36. 29. 31. Starb 1646.

Rotert, Evert I., Rhr. 1523. 24. 26. Kämmerer 1539.

Rotert, Evert II., Rhr. 1550, Bm. 1566, starb 1579.

Rotert, Jacob, Rhr. 1480. 84. 85. Bm. 1487. Michelsen
No. 164.

Rotert, Joh., Rhr. 1480. Bm. 1483—1500. War 1505
verstorben. Michelsen No. 237. 38.

Rugele, Conr., Bürger 1315. Rhr. 1332. 33. Bm. 1334.
UB. No. 923, 2. 3. 935, 20. 90. Der in den Jahren 1337 und
1338 ohne das Epitheton „dominus" vorkommende Conrad Ruggele
(UB. No. 935, 129. 149) ist vermuthlich ein Sohn des Rathsherrn.

Ruggesberg, Joh., Rhr. 1527.

Rumoer, Albert, Rhr. 1433. 36. 39. Bm. 1450. 54. 55. 1457—59. Vergl. UB. No. 2436. Michelsen No. 10.

Rumoer, Henning I., Rhr. 1396. 99. 1401. 2. 5. 7. 8. 1414. 16. 18. 23. 31. UB. No. 1534. 614. 56. 750. 965. 70. 2216. 674.

Rumoer, Henning II., Rhr. 1470. 72. 78. 80. Michelsen No. 57. 83. 117.

Russenberge, Hans Wiltfanck, Rhr. 1515. 22.

Rydenius, Nicol. Hermann, Rathmann 1796, Aelt. d. gr. G., Rhr. 17$\frac{9}{6}$97, entlassen 18$\frac{2}{6}$03.

S.

Sabel, Joh., Rhr. 1352. 54. 56. 58. 60. UB. No. 923, 16. 18. 20. 22. 24.

Saffenberg, Arent (Arnoldus), Rhr. 1402. 3. 10. 14. 22. 1423. 28. 29. 31. UB. No. 1596. 602. 676. 843. 2386. 659. 74. 82. R. 2337.

*****Salemann,** Carl Joh., geb. zu Reval 17$\frac{1}{8}$69, studirte in Jena 1787—90, wurde dann in Reval Advocat, 1797 Gilde-secretär, 18$\frac{2}{4}$04 bis 18$\frac{1}{2}$08 NgS. Zum Rathsherrn gewählt 18$\frac{7}{12}$13, wurde er Bm. 18$\frac{2}{2}$17, zugleich Syndicus 18$\frac{9}{7}$20. Präs. 1819—33. 25—27. 29—31. 33—35. 37. 38. Im Jahre 1826 wohnte er, als Deputirter der Stadt, der Krönung des Kaisers Nicolaus in Moskau bei. Er starb im Januar 1843.

Salemann, Thomas, Aelt. d. gr. G., Rhr. 18$\frac{9}{12}$06, starb 18$\frac{3}{7}$07.

Salige, Joh., Rhr. 1514.

Sanders, s. Zanders.

Sasse, Rhr., war 1325 todt.

Sandstede, Friedrich, Rhr. 1566. Er begleitete 1569 den Syndicus Conr. Dellinghausen, bei dessen Unterhandlungen mit

Taube und Kruse, nach Wesenberg. Russow's Chronik S. 78 und oben S. 90.

Schale, Gert, Rhr. 1446. Bm. 1457. 58. 67. 70. 72. Testament 1477. Michelsen No. 5. 6. 10.

Scharenberg, Paul, Rhr. 1524.

Schelvent, Heinr. I., war im J. 1417 noch nicht im Rath (UB. No. 2115), wohl aber im J. 1421 (UB. No. 2378 und *ad R.* 2828). Bm. 1430. 38. 42.

Schelvent, Heinr. II., Rhr. 1457. 58. 65. 72. 77. 80. Bm. 1481. 82. 89. Michelsen No. 26. 56. 57. 83.

Scheper, Joh., Rhr. 1373. 74. 79. 85. 89. 90. UB. No. 923, 34. 35. 1262. 63. Hansarecesse II. No. 190.

Schilling, Caspar, Rhr. 1524.

Schlüter, Heinr., aus Lübeck, Rhr. 16 $\frac{8}{17}$ 61, wegen Krankheit entlassen 1667.

*Schmaltz, Georg, Advocat, WgS. 17 $\frac{8}{16}$ 10, NgS. 17 $\frac{12}{11}$ 24, starb 1725.

Schmedemann, Joh., Rhr. 1550. Kämmerer 1563. Im Herbste 1560 wurde er an den König Erich XIV. von Schweden gesendet, um Hülfe gegen das die Stadt bedrohende Russische Heer zu suchen, und im J. 1561, um die Bestätigung der Privilegien der Stadt beim Könige zu erwirken. Der König erhob ihn in den Adelstand und verlieh ihm einen grossen Theil der Hark'schen Güter. Russow's Chronik S. 63. 65. Salomon Henning S. 235. Er starb vor 1569.

Schmidt (Smet), Evert, Rhr. 1469. 70. Bm. 1476. 511. Michelsen No. 38. 46.

Schmidt (Smyt), Heinr., Rhr. 1511. 15. 21. Bm. 1525. 1527. 29. 30.

Schmidt (Smet), Joh. I., Rhr. 1430. 44. 46. 56.

Schmidt (Smidt), Joh. II., Rhr. 1525.

Schmidt (Smet, Faber), Laurentius, Rathssecretär 1541—69. Er begleitete die an den Ordensmeister Gotthard Kettler deputirten Bm. Köning und Rhr. Hünerjäger im J. 1560. Russow S. 63 und oben S. 106 und 109.

Scholvin, Joh. Heinr., Rathmann 1796, Aelt. d. gr. G., Rhr. 17½97; starb 18²⁄₃04.

Schomaker, Marcus, Rhr. 1482. 83.

Schonenberge, Rodolphus de, Rhr. vor 1324.

*Schonert, Carl Joh., aus Reval, Advocat, Rhr. 17¹⁄₂43. GV. 1755—60 und 63. Starb 1766.

Schotelmund, Godescalcus, Rhr. 1373. 78. Bm. 1381. 1384. 85. 89. 96. UB. No. 923, 34. 1171. 75. 262.

Schoten, Benedict (Bendix) von, Rhr. 16¹⁄₂58, GV. 1664—66. HV. 1667. 68. Starb 1669.

Schoten, Diedrich von, aus Reval, Aeltermann d. gr. G., Rhr. 16¹⁄₂96 bis 1697.

Schoten, Hans von, aus Reval, Aeltermann d. gr. G., Rhr. 16¹⁄₂73, GV. 1687, HV. 1691, Kämmerer 1692. 93.

Schoten, Johann von, Sohn von Thomas II., Bürger 1691, Aelt. d. gr. G., Rhr. 17⁵⁄₆10, starb noch in demselben Jahre an der Pest.

Schoten, Thomas I. von, Rhr. 16¹⁄₂27 bis 1632. Ueber seine Besitzungen in Harrien s. Paucker I, 22. 34.

Schoten, Thomas II. von, aus Reval, Vater von Johann, Aelt. d. gr. G., Rhr. 16¹⁄₂97, GV. 1706—8, HV. 1709, starb 1710 an der Pest. Ihm gehörte das Gut Koitjerw in Harrien. Paucker I, 64 fg.

Schreve, Franz Christoph, Aelt. d. gr. G., Rhr. 17¹⁄₂63, GV. 1775—77, HV. 1778—81.

Schreve (Schrowe), Thomas, Rhr. 16¹⁄₂15. GV. 1630. 1631. HV. 1632—34. Bm. 16²⁄₃31. Präs. 1635. 39. 43. Starb 1643.

Schreve, Thomas Heinrich, Bürger 1699, Aelt. d. gr.
G., Rhr. 17$\frac{18}{19}$21, starb 17$\frac{26}{27}$29.

Schriver, Herm., Rhr. 1535.

Schröder, Boet I., Rhr. 1525. GV. 1535. Bm. vor 1539.
Präs. 1539. Er war es, der, als Gerichtsvoigt, den Johann
Uexküll von Riesenberg, der einen Bauern erschlagen hatte,
handfest machen und in das Gefängniss setzen liess. Russow's
Chronik S. 35.

Schröder, Boet II., Rhr. 1572. GV. 1585—87. HV. 1588
bis 1590. Starb 1602.

Schröder, Joh., Rhr. 1568. GV. 1576. HV. 1579. 80.
Starb vor 1586. Er besass die Güter Mex und Fegefeur in Harrien. Paucker I, 56—58. 70.

Schroven (Schriver), Tidemann, Rhr. 1489. 90. 93. 94.

Schrowe, s. Schrewe.

Schultz, Gottlieb Emanuel, Aeltermann der gr. G.,
Rhr. 18$\frac{8}{12}$02, Kämmerer 1812, starb 18$\frac{1}{4}$13.

Schutte, Cord, Rhr. 1512.

Schutte, Evert, Rhr. 1473.

Schutte, Godeke, Rhr. 1465. Bm. 1475. Michelsen
No. 70.

*****Schütz,** Alexander, geb. zu Reval 18$\frac{3}{9}$09, studirte zu
Dorpat, Advocat, Tischvorsteher bei der Estländ. Gouvernements-
Regierung, Secretär bei der Criminalabtheilung des Niedergerichts
18$\frac{2}{6}$39, Protocollführer beim Rath 18$\frac{1}{4}$42, Rathssecretär 18$\frac{2}{9}$43,
Syndicus 1858, starb 1864.

Seebeck, Thomas, aus Reval, Aelt. der gr. G., Rhr.
17$\frac{5}{12}$42, starb 17$\frac{7}{6}$48.

Selhorst, Joh., Rhr. 1520. 26. 28. 29. 32. In seinem
Testamente vom J. 1536 vermachte er nicht nur ein Capital
von 4000 Mark Rigisch zu einem Stipendium für vier Studirende,
sondern auch eine Summe von 400 Mark Rigisch, und erforder-

lichen Falls noch mehr, um die „Quelle vor der Karripforte" in die Stadt zu leiten. S. v. Bunge's Archiv III, 303 fg.

*Sendenhorst, Carl Heinr., Advocat, WgS. 17⅜28, NgS. 17₁⅜37. Rathssecretür 17½42, Syndicus 17₁⅞43. Bm. 1763, Präs. 1764. 65. 67. Starb 17⅞⅞70.

*Sendenhorst, Gerh. Heinr., Official, Rhr. 17₁⅝79 bis zur Aufhebung der alten Verfassung im J. 1786; dann Polizei-vorsteher (Pristaw) für Criminalsachen bis 1796, Rhr. 17⅞97, GV. 1798, Bm. 18¹₁⁄⁰00, Präs. 1806, starb 18⅞06.

Silva, s. Wolde.

Smet, Smit, s. Schmidt.

Smedingh, Hermann, Rhr. 1473. 82. 91.

Snussel (Snossel, Nussel), Cord, Rhr. 1414. 22. 23. War 1429 todt. UB. No. 2592. 93. 2654. 59. 89.

Spanigert, Rotger, Bürger 1401. Rhr. 1411. 12. UB. No. 1596.

Specht, Joh., Rhr. 1373. 74. 78. 80. 88. 91. 92. War 1395 todt. UB. No. 923, 34. 35. 1151. Vergl. auch No. 2997.

Spreckelsen, Peter von, Rhr. 16₁⅝02. GV. 1609—11. HV. 1612—14. Kommt zuletzt vor 1635.

Stalbiter, Brant (Brendekinus) von, Bürger 1340. Rhr. 1360. 62. 64. 66. 68. UB. No. 923, 24. 26. 28. 30. 32. 925. 1057. 935.

Stalbiter, Cezarius (Zoriis, Sories, Serius), häufig bloss beim Vornamen genannt. Bürger 1340. Rhr. 1352. 54. 56. 1358. 60. 62. 64. 66. 68. 73. 87. War 1389 todt. UB. No. 923, 16. 18. 20. 22. 24. 26. 28. 30. 33. 34.

Stalbiter, Gerh., Rhr. 1333. 35. 38. 40. 42. 44. 46—48. 1350. 52. Bm. 1354. 56—59. UB. No. 825. 83. 923, 1. 3. 4. 6. 8. 10. 12. 14. 16. 18. 20—23. 927. 935, 204.

Stampehl (Stampeel), Andreas I., Rhr. $16\frac{7}{12}23$. GV. 1635—37. HV. 1638. 39. Bm. $16\frac{11}{12}43$. Pr. 1644. 49. 52. Starb 1653.

Stampehl, Andreas II., Rhr. $16\frac{4}{12}81$—86.

Stampehl, Heinr., aus Reval, Rhr. $16\frac{8}{12}61$. GV. 1673 bis 1675. HV. 1676—78. Bm. $16\frac{29}{12}83$. Präs. 1683. 85. Kommt noch vor bis 1689.

Stampehl, Joh., Rhr. $16\frac{6}{12}01$. Kümmerer 1602—22. Er besass das Gut Walling in Harrien pfandweise. Paucker's Landgüter I, 47.

Stede, Paul von, Rhr. 1524.

Stegemann, Gust. Wilh., Aeltermann d. gr. G., Rhr. $17\frac{5}{9}7$. HV. 1806—8 und 12. Starb 1813.

Stene (de Steno, de Lapide), Rotcher van, Rhr. 1333. 38. 40—42. 44—46. 48. 50. 52. 54. 56. 58. Bm. 1360. 62. 1364. 66. 68. UB. No. 884. 904. 923, 1. 4. 6. 8—10. 12. 14. 16. 18. 20. 22. 24. 26. 28. 30. 32. 927. 28. 931, 4. 5.

Stenhagen, Arndt, Rhr. 1407. 14. 17. 18. 22. 23. 27. 30. 1437. UB. No. 1728. 965. 2218. 406. 674.

Steynwyk, Jac., Rhr. 1540.

*****Stillmark,** Peter, Advocat, Justizofficial $18\frac{2}{3}08$, WgS. $18\frac{1}{2}11$, Rhr. $18\frac{5}{12}15$, entlassen $18\frac{2}{3}17$.

Stippel, Arend, Rhr. $16\frac{7}{12}90$—96.

Stocken (Stocker), Arnoldus de, Rhr. 1340. UB. No. 923, 4. Vergl. auch No. 925. 931, 6.

Stokestorp (Stochkelstorp, Stochsdorp, Stotzdorf). Peter, Rhr. 1362—64. Bm. 1366. 67. 69. UB. No. 923, 26. 28. 30. 31. 996. 1025. 2895.

Stolte, Heinr., Rhr. 1407. 10. 14. 15. UB. No. 1720. 28. 836. 47. 2390.

Stoltevoet, Goschalk, Rhr. 1428—57.

Stoltevoet (Stolzenfucs), Johann, Rhr. 1385. Bm 1387. 89—93. 95—97. 99. 1402. 7. 9. 14—16. 18. 19. Genoss besonderes Ansehen beim Hochmeister und war vielfach als Sendebote thätig. UB. No. 1246. 62. 69. 71. 340. 47. 67. 93. 1396. 414. 50. 602. 713. 808. 958. 90. 2002. 18. 20. 21. 60. 2233. R. 2779.

Stoppekote, Conr., Bürger 1332. Rhr. 1349. 51. 53. 55. 1357. 58. UB. No. 923, 13. 15. 17. 19. 21. 935, 85. 980, 22.

Stoppesake, Albertus, Rhr. 1410. 28. 30. 39. Im UB. No. 2162. 375. 439 kommt er bei den Jahren 1417 und 21 vor, jedoch ohne den Titel *dominus* oder Herr.

Stotelmunt, s. Schotelmund.

Strahlborn (Straelborn), Barthold, Sohn von Johann II., Aelt. d. gr. G., Rhr. $17\frac{8}{12}39$. GV. 1752—54. HV. 1755. Starb $17\frac{5}{12}55$.

Strahlborn, Caspar I., Rhr. $16\frac{6}{12}01$, starb 1605.

Strahlborn, Caspar II., Rhr. $16\frac{8}{12}67$ bis 1669.

Strahlborn, Caspar III., aus Reval, Aeltermann der gr. G., Rhr. $17\frac{8}{12}52$, starb $17\frac{7}{12}60$.

*****Strahlborn**, Christian, NgS. $16\frac{10}{12}55$, Rhr. $16\frac{7}{12}58$, Bm. $16\frac{8}{12}61$, Präs. 1663. 67. 71. 78. 82. Auf das J. 1683 wurde er zum Gefolgten am Wort ernannt: „*cum conditione*, so er die Kräfte haben sollte." Im Aemterbuche wird seiner beim J. 1687 zuletzt erwähnt. Starb $16\frac{5}{12}88$. Ihm gehörten die Güter Surro und Salla in Wierland. Paucker's Landgüter II, 7.

*****Strahlborn**, Heinr. Johann von, Secretär des Civildepartements des Gouvernements-Magistrats 1790—96, Räthssecr. $17\frac{?}{?}97$, Syndicus $18\frac{2}{?}03$, zugleich Bm. $18\frac{3}{?}06$, Präs. 1809. 12. Starb $18\frac{2}{12}14$. Er besass das Gut Koppelman in Harrien.

*****Strahlborn**, Jobst Heinr., Protonotär, WgS. $17\frac{3}{12}84$, blieb es auch beim Stadtwaisengericht während der Statthalterschaftsverfassung. Rhr. $17\frac{?}{?}97$. HV. 1814—23. Starb $18\frac{10}{12}23$.

Strahlborn, Johann I., Rhr. 1584. GV. 1595—97. HV. 1598—1600.

Strahlborn, Johann II., aus Reval, Vater von Barthold, Aelt. d. gr. G. Rhr. 17|$\frac{2}{3}$10. GV. 1724. 25. HV. 1726—28. Starb 17|$\frac{3}{2}$28, 69 Jahr alt. Er war in Harrien besitzlich.

Strathen, Joh., Rhr. 1484.

Strohm, Bengt Fromhold, Aeltermann d. gr. G., Rhr. 17|$\frac{5}{12}$98, entlassen 18$\frac{2}{3}$05.

*****Struerus**, Paul, aus Stargard, NgS. um 1670, Rhr. 16|$\frac{3}{12}$75, Bm. 16|$\frac{6}{12}$96, Justizbürgermeister 17|$\frac{1}{2}$03, starb 17|08.

Stumm (Stumme), Heinr., Rhr. 1522—27.

Stumpel (Stympel), Hermann, Bürger 1313. Rhr. 1314. 15. 18. 19. 24. 32. Bm. 1333—35. 41. 43. UB. No. 923, 1. 5. 7. 924, 3. 934. 935, 11. 17. 18. 84. 95. 103. 115.

Summermann, Joh., Rhr. 1454. 58.

Sunnenschin, Joh., Rhr. 1430? Bm. 1436—45.

Sunnenschin, Peter, Rhr. 1513.

Super, Joh., Rhr. 1458. 64. 67. Bm. 1470. 86—94. Michelsen No. 26. 181. 206. 229.

T.

Taffelmaker, Simon, Rhr. 1514.

Telgete (Tellechte, Telchte), Heinr. von, Bürger 1405. 13. Rhr. 1415. 20. 22. 23. War 1428 todt. UB. No. 2021. 39. 218. 51. 371. 659. 74. 997. 98. Reg. 2320, b. 2587, b.

Telt, Cort I. zur, Rhr. 1550, starb 1551.

*****Telt**, Conrad II. zur, Secretär-Substitut 16|$\frac{2}{2}$20, starb 1629.

Then (Thenen, Tchen), Simon von, Rhr. 1587. GV. 1598—1601. HV. 1601—03. Bm. 16|$\frac{1}{2}$04. Präs. 1605. Starb 1609.

Thieren (Thier), Berent von, aus Reval, Rhr. 16$\frac{5}{12}$75, Kämmerer 1689—93.

Thieren, Christian von, aus Reval, Bürger 1698, Rhr. 17$\frac{2}{11}$10, Kämmerer 1710—29, Bm. 17$\frac{2}{11}$29, emeritirt 17$\frac{2}{11}$39, starb 17$\frac{9}{1}$42 im 72. Lebensjahre.

Thieren, Johann von, Rhr. 16$\frac{1}{12}$20. GV. 1632—34. HV. 1635—37. Bm. 16$\frac{7}{12}$40. Präs. 1641. 45. 51. Starb 1657.

*__Tideböhl,__ Joh. Heinr., geb. zu Reval 17$\frac{2}{1}$86, studirte in Dorpat, Advocat 1809, NgS. 18$\frac{2}{1}$09, Rathssecr. 18$\frac{2}{11}$11, zugleich Syndicus 18$\frac{1}{1}$14. Legte beide Aemter nieder 18$\frac{2}{8}$20 und wurde Rath in Bauersachen beim Generalgouverneur. Starb in Riga um 1855.

Tidinchusen, Hans, Rhr. 1505.

Tolner, s. Colner.

*__Topff,__ Johann, NgS. 1550.

Treppe, Arnoldus, Rhr. 1385.

Tunder, Carl Samuel, Aelt. d. gr. G., Rhr. 18$\frac{8}{12}$00, HV. 1811. Starb 18$\frac{1}{8}$11.

Tunder, Christian, aus Reval, Aeltermann der gr. G., Rhr. 17$\frac{2}{8}$00, GV. 1709, starb 1710 an der Pest. Ihm gehörte das Gut Nehhat in Harrien. Paucker's Landgüter I, 52.

*__Tunder,__ Heinr., geadelt von Tunderfeld, Assessor und Secretär des Burggerichts zu Reval, Rathssecretär und Vicesyndicus im Janr. 1658, Syndicus 16$\frac{2}{11}$58, zugleich Bürgermeister 16$\frac{8}{12}$61, legte 1673 das Syndicat nieder. Präs. 1662. 66. 70. 75, in welchem Jahre er starb. Er war gleichzeitig Lehrer der Rechte am Gymnasium (Willigerod's Geschichte des Gymnasiums zu Reval S. 8). Sein Schwiegervater war der Bürgermeister Bernhard von Rosenbach. S. oben S. 124 fg. Er scheint auch in Harrien besitzlich gewesen zu sein. Paucker a. a. O. S. 60 und 83.

Tymmermann, s. Goschalk Zimmermann.

Tyrbach, Marcus, Rhr. 1525.

*****Tzernekow**, Karstian, Rathssecr. (Stadtschreiber) 1400. UB. No. 1504.

U.

Unekinus, Rhr. 1316, war 1319 todt.

Unna, Detmarus de, Rhr. 1333. 35. 40. 42. War 1345 todt. UB. No. 923, 1. 3. 4. 6. 925. 935, 162. 163. 182. 185. 219.

Unna, Everhardus de, Rhr. 1334. 36. 41. 42. 43. 45. 1347. 48. UB. No. 882. 84. 923, 2. 5. 6. 7. 9. 11. 924, 71. 931, 6. 935, 116. 177. 181.

Unna, Godfridus de, Rhr. 1316. 19. 22. 25. UB. No. 713, b. 935, 44. Der in den Jahren 1329 und 31 in No. 935. 62 und 82 vorkommende gleiche Name, ohne *dominus*, gehört vielleicht einem Sohne an.

Unna, Thidemannus (Theodericus) de, Bürger 1317. 1319. 22. 25. 27. 31. Rhr. 1332. 33. (Bm. 1335?) 37. 41—43. UB. No. 923, 1. 3. 5. 7. 924, 31. 935, 45. 54. 81. 89. 134. 151. 163.

?Utrecht, Rotcherus de, Rhr. 1321. Im UB. No. 935. 21 kommt beim J. 1315 ein Rotcherus de Utrecht, aber ohne das Prädicat *dominus*, vor; derselbe war im J. 1327 gestorben und hatte einen gleichnamigen Sohn hinterlassen, welcher in den Jahren 1327. 33. 34 und 48 öfters, aber nie als *dominus*, urkundlich auftritt. UB. No. 924, 15. 18. 935, 55. 107. 214.

V.

Vasolt, Joh., Rhr. 1387. 89—91. 95. 96. 1400. 403. UB. No. 1263. 545.

Vegesack, s. Fegesack.

Velthusen, Joh., Rhr. 1442. 49. 50. 53. 58. 67. Im J. 1457 Bote nach Nowgorod.

Verden, Albertus de, Rhr. 1364—66. 68. 74—76. 78. 79. War öfters Sendebote auf Hansatagen. UB. No. 923, 28. 30. 32. 35. 1027. 115. 36. 3213. R. 1225. Hansarecesse II. No. 86. 173.

Verdene, Henr. de, Rhr. 1298. UB. No. 1044, b, 104.

Ver Meer, Diedr., aus Reval, Aelt. d. gr. G., Rhr. $17\frac{6}{12}24$. GV. 1735—37. HV. 1738—40. Bm. $17\frac{8}{12}42$. Pr. 1744. 47. 51. 1755. 60. Starb $17\frac{9}{2}61$, 77 Jahre alt.

*Vestring, Heinr., aus Reval, Bruderssohn des Nachfolgenden, WgS. $16\frac{1}{10}55$; ging um 1658 nach Riga, wo er Syndicus wurde und an der Revision des Rigischen Stadtrechts Antheil nahm. Starb 1672. S. Bunge's Einleitung in die Rechtsgeschichte §. 86 S. 234. Böthführ, Rigische Rathslinie No. 561.

Vestring, Joh., aus Reval, Sohn des Superintendenten Heinr. Vestring, wurde 1643 zu Greifswald Doctor der Rechte, Vicesyndicus $16\frac{9}{3}46$, Syndicus 1653. Eine falsche Denunciation wider ihn Seitens eines Hans Luhr verwickelte ihn in viele Ungelegenheiten, so dass er auch eine Zeitlang vom Amte entfernt war. Im J. 1657 oder 58) gab er das Syndicat auf und wurde Königlicher Assistenzrath. Im J. 1659 nahm er an den Olivaischen und nachher auch an den Moskowischen Friedensunterhandlungen als Gesandter Antheil. Gestorben ist er in Riga.

---

*) Im J. 1657 wohnte er, nach Ausweis der Rathsprotocolle, noch den Sitzungen des Rathes bei. Daher kann die Nachricht in v. Recke's und Napiersky's Schriftsteller-Lexicon (IV, 428), dass er schon 1655 dem Grafen Magnus de la Gardie und dem Reichsgrafen Skytte zugeordnet gewesen, und 1656 zum Assistenzrath bestellt worden, um so weniger richtig sein, als gerade in den Jahren 1655—57 wider ihn wegen angeblich ungeziemender Aeusserungen über die Regierung der Process anhängig war.

Vette, Herm., Rhr. 1529.

Viant, Viende, s. Fiant.

Vickynchusen, Bertoldus, Rhr. 1342—49. 51. Bm. 1353. UB. No. 882. 83. 923, 6. 8. 9. 11. 13. 15. 17. 924, 82. 935, 175. 200. 213. 221. 223. 231.

Viesen (Viecsen, Viczen), Hildemarus de, gewöhnlich nur beim Vornamen genannt, Rhr. 1349. 51. 53. 55. 57. 59. 61. 1363. 65. 67. 73. UB. No. 923, 13. 15. 17. 19. 21. 23. 25. 27. 29. 31. 34. 1057. 76. 279.

? Vilter, Joh., Rhr. um 1400.

Voes, Tidemann, Rhr. 1420? Bm. 1429.

Volmesten, Heinr., Rhr. 1347. 49—51. Bm. 1353—55. 57? UB. No. 904. 923, 11. 13. 15. 17—19. 21.

Vormann, Hilger, Rhr. 1470. 82.

Vorste, Johann, Rhr. 1385. 86. War 1389 todt.

Vorste, Kersten van, Rhr. 1423. R. 2674.

Vredenbeke, Conr. de, Rhr. 1320.

Vrese, s. Frese und Friso.

W.

Wangersen, Georg (Jöran) von, Rhr. $16\frac{8}{12}11$, geadelt von Wangersheim, Bm. $16\frac{11}{1}26$, Pr. 1627. 30. 33. 36. 40. 1648. 49. Starb 1654. Er besass die Güter Hakhof, Warjel und Terrefer in Allenlacken. Paucker, Landgüter II, 5. 24. 33. 50.

Wangersen, Johann (Hans) von, Rhr. 1575—83. Ihm gehörte das Gütchen Koitjerw und ein Theil von Pewel. Paucker a. a. O. S. 32. 33. 64.

Warnecke, Joachim, aus Schwerin, Rhr. $17\frac{2}{1}10$. GV. 1726—28. HV. 1729. Starb $17\frac{2}{1}29$.

Waswo, Nicol. Daniel, Aelt. d. gr. G., Rhr. $18\frac{4}{1}11$. GV. 1819. HV. und Kämmerer 1832—36. Starb $18\frac{1}{8}36$.

Wazemulen, Henr., Rhr. 1385. 88.

Wedderden, Alardus de, Rhr. 1378, starb vor 1385.

Wehren, Berend Joh. I. von, aus Reval, Aelt. d. gr. G., Rhr. 17,$\frac{8}{10}$10. GV. 1715—17. HV. 1718—20. 22. Kommt zuletzt vor 1726.

Wehren, Berend Joh. II. von, Aeltermann der gr. G. Rhr. 17,$\frac{9}{2}$39. GV. 1749—51. HV. 1752—54. 56. Kämmerer 1758—62.

Wehren, Thomas Joh. von, Aelt. d. gr. G., Rhr. 18,$\frac{8}{2}$02. entlassen 18$\frac{9}{1}$04.

Wehren, Wilh. Heinr. von, Aelt. d. gr. G., Rhr. 18,$\frac{6}{2}$31. entlassen 18$\frac{6}{8}$36.

*Weisse,** Robert, NgS., Rhr. 18,$\frac{7}{2}$58.

Weldeghe, Hermann I., Rhr. 1341. 43. 46, 49 zuletzt Bm., war 1350 todt. UB. No. 923, 5. 7. 10. 935, 223. 234. 980, 8. 245.

Weldeghe, Hermann II., Rhr. 1361. 63. 65. 67. UB. No. 923, 25. 27. 29. 31.

Weldeghe, Tidemannus, Rhr. 1325. 34. 35. 38. 39. UB. No. 716. 923, 2. 3. 927. 935, 49. 146. 980, 18.

Wennemarus, s. Holloger.

Werden, Joh. von, Rhr. 1539.

Werden (Werne, Wernen), Simon von, Rhr. 1512. 15. 1517. 26.

Werne, Antonius von, Rhr. 1510.

Werne (Werden), Reynold von, Rhr. 1455. 56. 58. 67. 1472. 74. 80. 81. Michelsen No. 4. 7. 62. 72.

Wernen, Thomas von, Rhr. 1546. Bm. 1550, starb 1554.

Wernung (Werning, Wörmynck), Herm., Rhr. 1442. 1456. 57. 58. 73. 74. Michelsen No. 4. 7. 13. 30. 50. 60. 63.

*Wetterstrand,** Andreas, Official, NgS. 17,$\frac{4}{2}$83 bis zur Aufhebung der alten Verfassung; dann Magistratssecr. im Cri-

minaldepartement bis 1796. Syndicus 17ǀ97. Bm. 18¹⁄₆03. Präs.
1808. Starb 18¹⁄₆11.

Wetterstrand, Joh. Andr., Aelt. d. gr. G. Rhr. 18¹²⁄₁₂11.
GV. 1815. Kämmerer 1826—31. Starb 18¹⁄₆31.

* **Wetterstrand**, Reinh. Joh., Commercien-Official, WgS.
18²⁄₁03, Rathssecr. 18¹⁄₁11, entlassen 18⁷⁄₁11, Advocat, Rhr.
18₁⁶₁₂31, entlassen wegen Kränklichkeit 1834.

Wibbeking (Wibking), Joh., Rhr. 16¹⁄₁₂20. Kämmerer
1623—42.

Wickede (Wichede), Thilmannus de, Rhr. 1356. 58.
1360. 62. 64. 66. 68. 73. 76. War 1383 gestorben. UB. No.
923, 20. 22. 24. 26. 28. 30. 32. 34. 1115.

Widemann, Heinr., Rhr. 1500. 11. 16. 19. Testament v.
1521. Michelsen No. 239.

Wilber (Wilbers), Heinr., Rhr. 1572. GV. 1584. HV.
1585—87.

Wilcken, Claus Heinr., aus Reval, Rhr. 16₁⁶₂97, starb
17²⁄₉04.

Wilcken, Joachim Nicol., aus Estland, Aelt. d. gr. G.
Rhr. 17₁⁵₂81 bis 1786.

* **Wilcken**, Johann Andreas, Rhr. 17¹⁄₁₂27, GV. 1741. 42.
Bm. 17⁷⁄₁43, starb 17¹⁄₁44.

Wiler (Wilern, Wielern), Nicol. von, Aeltermann d.
gr. G., Rhr. 16₁⁷₂73. GV. 16³⁄₈84 bis 1686. HV. 1687—89. Kommt
1691 zuletzt vor.

* **Willebrand** (Wilbrand), Friedr., aus Mecklenburg.
Dr. der Rechte, Syndicus 16³⁄₈31, zugleich Bm. 16₁⁶₁35, dankte
1640 ab und zog nach Rostock.

* **Willen**, Jobst Heinr. von, aus Reval, Official, NgS.
17₁⁸₀10, Rhr. 17₁⁶24. Bm. 17⁴⁄₈27, zugleich Syndicus 17⁵⁄₈28, Präs.
1730. 31. 34. 35. 38. 39. 41. 42. Starb 17¹⁄₁42.

Wiltfanck, s. Russenberg.

Winckelmann, Berent, Rhr. 1584—91.

Winter, Joh., Rhr. 1551. GV. 1567. Wurde 1561 Namens der Stadt nach Mitau gesandt, dem Ordensmeister Gotthard Kettler den Eid aufzukündigen. Russow's Chronik S. 64. Henning's Chronik S. 237.

Wistinghausen, Christian, aus Reval, Aelt. d. gr. G., Rhr. 17$\frac{5}{12}$42, Kämmerer 1746—62, Bm. 17$\frac{5}{1}$62, starb 17$\frac{8}{1}$66.

Wistinghausen, Daniel, aus Lübeck, Rhr. 16$\frac{9}{1}$54, starb 1669.

Wistinghausen, Joh. Christian, Aelt. d. gr. G., Rhr. 17$\frac{8}{12}$79 bis 1780.

Witt, Peter Heinr. von, geb. zu Reval 17$\frac{1}{3}$80, Aelt. d. gr. G., Rhr. 18$\frac{5}{12}$15, Bm. 18$\frac{1}{2}$25, Pr. 1828. 32. 36. 39. Starb 1855.

***Witte,** Bened., Official, WgS. 17$\frac{5}{12}$37. NgS. 17$\frac{3}{4}$42. Rathssecr. 17$\frac{7}{12}$43. Rhr. 17$\frac{8}{12}$45. GV. 1758—60. HV. 1761. 62. Starb 17$\frac{2}{4}$62.

***Witte,** Christian, NgS. um 1704, starb 1710.

Witte, Diedr. I., Rhr. 16$\frac{4}{12}$81. GV. 1691. HV. 1692—95. Kämmerer 1693. 698. Er besass das Gut Wredenhagen. Paucker, Landgüter I, 86.

Witte, Diedr. II., aus Reval, Aelt. d. gr. G., Rhr. 17$\frac{4}{12}$48, starb 17$\frac{3}{1}$62.

***Witte,** Georg, aus Reval, Assessor des Burggerichts, Rhr. 16$\frac{9}{12}$60. GV. 1667—69. HV. 1670—72. Bm. 16$\frac{6}{12}$75. Präs. 1677. Starb 1678.

Witte, Gerhardus I., Bürger 1349. Rhr. 1353. 55. 57. 1359. 61. 63. 65. 67. UB. No. 923, 17. 19. 21. 23. 25. 27. 29. 31. 935, 220. 980, 18.

Witte, Gert. II., Rhr. 1384. 85. 87. 89—96. Bm. 1397 bis 1423. War 1428 todt. Machte viele Reisen in Angelegenheiten der Stadt. UB. No. 1254. 73. 330. 40. 409. 48. 51. 59. 72. 503.

1545. 51. 53. 614. 56. 720. 41. 76. 852. 958. 68. 96. 2028. 39. 61.
2350. 2427. 36. 534. 674. 2924. 25. 97. 3107. R. 1427 u. *ad* 1856.

Witte, Gert III., Rhr. 1500. 502. 14.

Witte, Gerlach, Rhr. 1432—37. 44.

Witte (Albus), Joh. I., Rhr. 1334. 35. 41. 43. 45—50. UB.
No. 843. 82. 84. 923, 2. 3. 5. 7. 9. 10. 12. 14. 935, 197. 200. 221.

Witte, Joh. II , Aeltermann d. gr. G., Rhr. $17\frac{8}{16}10$. GV.
$17\frac{4}{11}10$. HV. 1715 — 17. Kämmerer 1720. Bm. $17\frac{2}{1}21$. Präs.
1723. 27. Starb $17\frac{1}{9}29$.

Witte, Jürgen, aus Reval, Aelt. d. gr. G., Rhr. $17\frac{7}{12}29$,
Kämmerer 1740, starb $17\frac{6}{5}55$.

Witte, Paul, Rhr. 1539. 42. 46. 50. War 1563 **todt**.

Wittekop, Hans, Rhr. 1506.

Wolde (de Sylva), Herm. van dem, Rhr. 1333. 35. UB.
No. 923, 1. 3. 927.

Woltershusen, Joh., Rhr. 1410. Bm. 1411. 14. 15. UB.
No. 1551. 843. 81. 965. 72.

Wulff, Henr., Rhr. 1365—70. UB. No. 923, 29. 31. 32.
1044. 2895. R. 1266.

Wydinchusen, Hans, Rhr. 1414.

Wyse, Th., Rhr. 1333. 35. UB. No. 923, 1. 3. 924, 4.

Y.

Ylne, Goscalcus uter, Rhr. 1354. 56. 58. UB. No. 923,
18. 20. 22.

Z.

Zanders (Sanders), Cord, Rhr. 1405. 16—20. UB. No.
1655. 77. 2115. 282. 303. 3104. 6—10. R. 1409.

Zimmermann (Tymmermann), Goschalk, Rhr. 1435. 43.
War 1451 verstorben.

Zimmermann, Herm., Rhr. 1581. Kämmerer 1587—1601.

Erster Anhang.

Die Rigische Rathslinie.

Erster Abschnitt.

Einsetzung und älteste Verfassung des Rigischen Rathes.

Die Geschichte des Rigischen Rathes hat vor der des Reval-
schen den wesentlichen Vorzug, dass man sie bis in die ersten
Anfänge hinauf verfolgen, die Zeit der Einsetzung des Rathes
ziemlich genau bestimmen und die Namen wenigstens einiger
seiner allerersten Glieder angeben kann. Das Verdienst, die
dahin zielenden Nachweise gegeben zu haben, gebührt Riga's
Bürgermeister H. J. Böthführ[1]), dem wir „Die Rigische
Rathslinie vom Jahre 1226 bis auf die gegenwärtige Zeit. Riga
1857. 8." verdanken. Nach Böthführ's Forschungen fällt die
Einsetzung des Rigischen Rathes in die zweite Hälfte des März
oder in den April des Jahres 1226. Bis dahin finden wir die
Stadt durch einen Voigt, oder durch einen Syndicus vertreten.

---

[1]) Der Rath der Stadt Riga. Ein Beitrag zur Verfassungsgeschichte
der Stadt. (Sonderabdruck aus den Rigischen Stadtblättern). Riga 1855. 8.
Vergl. auch E. Winkelmann in den Mittheil. aus der Livl. Geschichte
Bd. XI. S. 334 fgg.

Bereits in einer Urkunde des Bischofs Albert von Riga vom
Jahre 1209[2]) erscheint unter den Zeugen: „*Philippus, advocatus
de Riga, cum suis civibus*“, und es ist ohne Zweifel derselbe, der
einfach unter dem Namen „*Filippus*“ als Zeuge in der Urkunde
desselben Bischofs vom J. 1211[3]) wiederkehrt, welche sicherlich
zunächst Riga im Auge hat und als das älteste Privilegium
dieser Stadt betrachtet werden kann[4]). Sein Nachfolger war
der in des Bischofs Albert Urkunde vom Juli 1224[5]) als Zeuge
an der Spitze der *cives* aufgeführte „*advocatus Luderus.*“ Die
nächste urkundlich als Vertreter der Stadt auftretende Person
ist der Syndicus Albert, welcher in dreien Urkunden des
Legaten, Bischofs Wilhelm von Modena, vom December 1225
und vom 16. März 1226, als im Namen der Stadt handelnd eingeführt wird[6]). Sehr bald darauf erfolgte die Einsetzung des
Rigischen Rathes, und es ist kaum zweifelhaft, dass der Syndicus Albert und der wenig später, namentlich in den Jahren
1229, 32 u. 34, in Urkunden erscheinende „*Albertus, advocatus*“[7])
eine und dieselbe Person ist, dass also jener Syndicus, der in
den Jahren 1225 und 26 die Rechte der Stadt so erfolgreich
wahrnahm, bei der Einsetzung des Rathes als *advocatus* oder
Voigt an die Spitze desselben gesetzt wurde. Nächst ihm wurden
Diedrich von Berewich und Johann von Horehusen
als bereits bei der Gründung des Rathes ernannte Glieder desselben bezeichnet[8]).

---

[2]) Livl. UB. No. 15.

[3]) Das. No. 20.

[4]) S. darüber meine Beiträge zur Kunde der Livländ. Rechtsquellen
S. 51 Anm. 150, und meine Einleitung in die Livl. Rechtsgeschichte §. 57.

[5]) UB. No. 61.

[6]) UB. No. 75. 76. 79.

[7]) Das. No. 101. 114. 134.

[8]) Urk. v. J. 1232, das. No. 111.

Dies ist aber auch fast Alles, was wir über die Gründung des Rathes wissen. Wir erfahren nur noch gelegentlich, dass der Rath aus zwölf Gliedern, *consules*, auch *rathmanni*[9]) genannt, bestand[10]); ob der Voigt in dieser Zahl mit inbegriffen ist, wird nicht angegeben. Nur daraus, dass die Namen der meisten Consuln eine Reihe von Jahren, als in dieser Eigenschaft stehend, immer wieder erscheinen, können wir schliessen, dass ihr Amt ein lebenslängliches war[11]). Ob aber die *consules* beständig im Rathe sassen, oder, nach dem Vorbilde anderer Städte Norddeutschlands, insbesondere Hamburgs und Lübecks, sich in einen sitzenden, neuen oder jungen, und einen nicht sitzenden oder alten Rath theilten, darüber fehlt es wiederum an jeder directen Nachricht. Für die letztere Alternative dürfte indess der Umstand sprechen, dass, während — wie oben gezeigt — im J. 1231 die Zahl der Rathsglieder auf zwölf angegeben wird, in den Jahren 1231 und 32 urkundlich eine weit grössere Zahl mit ihren Namen bezeichneter Consuln auftritt: nach den Angaben in Böthführ's Rigischer Rathslinie waren ihrer im Jahre 1231 achtzehn, im Jahre 1232 gar vierundzwanzig[12]), also gerade das Doppelte jener — *s. v. v.* — Normalzahl. Der dagegen gemachte Einwand, dass dieselben Namen von Rathmännern in unmittelbar auf einander folgenden Jahren urkundlich auftreten[13]),

---

[9]) S. z. B. die Urkunde vom J. 1231 im UB. No. 105.

[10]) Urk. des Bischofs Nicolaus von Riga vom 9. August 1231 (UB. No. 109): „— — *Praefatum — beneficium duodecim consules nomine ipsius ciritatis (Rigae) receperunt etc.*"

[11]) Indirect wird dies durch die in der Anm 10 angeführte Urkunde bestätigt, wo es weiterhin heisst: „*Si autem ex his duodecim quis morte vel quocunque alio modo a consilio ciritatis cesserit, successor ipsius nobis homagium facere — — tenebitur.*" Bei nicht lebenslänglicher Amtsdauer der *consules* hätten die gesperrt gedruckten Worte anders gelautet.

[12]) S. übrigens unten Anm. 19.

[13]) Böthführ, der Rath der Stadt Riga S. 5, scheint aus diesem Grunde entgegengesetzter Meinung zu sein.

ist nicht stichhaltig, theils weil die Glieder des alten Raths ja
immerfort als Rathsglieder angesehen, von der Theilnahme an
den Sitzungen zwar befreit, dessenungeachtet aber in Angelegenheiten der Stadt verwendet wurden[14]), theils weil es möglich
ist, dass in Riga der alte und neue Rath nicht, wie in Reval,
sich jährlich ablöste, sondern, wie in Hamburg und Lübeck,
jedes Rathsglied zwei Jahre hintereinander im Rathe sitzen
musste, und erst jedes dritte Jahr „frei vom Rathe", d. i. von
den Rathssessionen, war.

Leider enthalten die beiden ältesten Recensionen des indigenen
Rigischen Stadtrechts — aus dem zweiten und dritten Viertheil
des dreizehnten Jahrhunderts — über diesen Gegenstand auch
nicht einmal einen Fingerzeig. Erst das ums Jahr 1280[15]) in
Riga (als Subsidiarrecht) recipirte Hamburger Stadtrecht vom
J. 1270 enthält eine Bestimmung über die Rathswahl[16]), welche
aber wahrscheinlich nicht practisch wurde. Denn wir finden sie
in dem nicht lange darauf, ums J. 1290, umgearbeiteten (sog.
Oelrichs'schen) Stadtrecht Riga's wesentlich verändert, und zwar
vermuthlich auf Grundlage der Verfassung des Rathes, wie
sie bis dahin bestanden hatte. Es heisst nämlich in der dem
Stadtrecht vorangestellten Wahlordnung:

> *De raat, de geseten hevet des iares; de schal kesen den*
> *rat, de dat andere iar sitten schal, und scholn se benomen*
> *des sunnedages vor sante Michaeles dage, to der bursprake*
> *openbare, und der scoln wesen XII. Und des negesten*

---

[14]) S. überhaupt oben S. 24 fgg.

[15]) S. hierüber die Rigischen Stadtbl. v. J. 1855 No. 45 S. 360, das
Inland v. J. 1855 Sp. 746. **Das Rigische Schuldbuch,** herausgegeben
von Hildebrand S. XI.

[16]) Sie lautet im Wesentlichen nachstehend: „*Up sunte Peters dage,
als men den rad küset, so sal men kesen sestene; dersulven twei zullen
wesen, de er in dem rade nicht gewesen hebben; un de sestene scholen iiij to
sik nemen ut deme rade, de se kuren in den rad etc.*"

vridages na deme meneden so scal de mene raat uppe
dat hus komen, bride, olt und iunk, de gan und stan
mogen etc."

Bis dahin ist der Sinn ganz deutlich[17]): es wird dadurch
vollkommen die oben aufgestellte Ansicht bestätigt, dass man
auch in Riga für jene Zeit den sitzenden von dem nicht sitzenden
Rathe zu unterscheiden hat, und dass der „alte und junge"
zusammengenommen den „gemeinen (d. i. gesammten) Rath"
bildeten. Dass man aber auch sonst auf die frühere heimische
Verfassung Rücksicht nahm, beweist nicht nur die Abänderung
des Wahltages, sondern insbesondere auch die Herabsetzung der
nach Hamburgischem Stadtrecht zu wählenden sechszehn Glieder
auf zwölf[18]). Die auf jene Worte noch folgenden Bestimmungen

---

[17]) Dunkel ist nur der Ausdruck „menede", der auch anderweitig in
einheimischen Urkunden vorkommt und eine Festzeit im Herbste zu bezeichnen scheint. So heisst es in der Rigischen Bursprake vom J. 1384
UB. No. 1213) Art. 47: „*Vortmer so bud de rad, welck man brutlach hebben*
schal, de en schal nene samelinge edder trecke maken to der brud, efte de
brud to deme brudegame, eer dem lesten mende." So lautet eine Willkür
des Revaler Rathes vom 29. September 1390 (UB. No. 1772): „*De rad wart*
des gantzliken eens, dat de scholre nenen convivium holden ne scholen tu
den meenden, und ok tu somere up dem velde." In dem Rigischen Kämmereibuch finden wir im J. 1405 unter den Ausgaben verzeichnet: „*XI fert.*
minus VII art. vor de köste to den menden up der boden." Hr. Dr.
Lübben in Oldenburg hält — wohl mit Recht — das Wort *menede* für
eine Abkürzung für „*meineweke, meindweke, mentweke, septimana communis*",
worunter die mit dem Sonntag nach Michaelis anhebende Woche ver-
standen wurde. (Gefällige Mittheilung des Hrn. Leonh. Napiersky in
Aschaffenburg).

[18]) Von dieser Ausführung weicht Böthführ S. 8 fg. in mehrfacher
Beziehung ab, indem er an der practischen Anwendung der ersten dieser
Wahlordnungen zweifelt, weil in ihr das Wesentlichste des Hamburger
Statuts beibehalten und dadurch die ursprüngliche Ordnung der Besetzung
des Rathes beseitigt sei, weil ferner sich sonst keine Andeutungen über
einen jährlichen Wechsel des Rathes finden, weil endlich so bald darauf
eine andere Wahlordnung festgesetzt worden sei. Was zunächst den letzten
Einwand betrifft, so haben wir freilich zur Bemessung des Zeitraums

sind in mehrfacher Beziehung ebenso dunkel, wie die im Hamburgischen Vorbild, haben jedoch für unsern Zweck kein Interesse. Für diesen wollen wir hier nur noch schliesslich bemerken, dass die oben besprochene Wahlordnung auch nicht von gar langer Dauer war. Denn in dem Originalcodex, welcher sie enthält, finden wir auf dem gegenüberstehenden Blatte, in Schriftzügen, welche höchst wahrscheinlich noch dem vierzehnten Jahrhundert angehören, eine neue Wahlordnung, deren Neuerung in dem Satze gipfelt:

> *„So wanne de raedt des endrachtich wert, dat se nie raedtlude kesen und seten willen, de sal men openbar nomen und kündigen van der loven des negesten sondages vor sunte Michele. Und des negesten fridages na den meenden etc."*

Darnach wird also die Rathswahl nicht jährlich vorgenommen, sondern nur dann, wenn der Rath sich darüber einigt: das kann wohl nichts anderes bedeuten, als: sobald das Bedürfniss dazu vorhanden ist, namentlich also zur Ersetzung erledigter Sitze. Zwar ist in dem Folgenden auch noch von dem *„raedt, beide olt und iungk"* die Rede, allein unter den

---

zwischen der ersten und zweiten Wahlordnung keinen andern Maassstab, als den ziemlich unsichern der Schriftzüge. Dass die e r s t e in das Ende des dreizehnten Jahrhunderts gehört, ist unbestritten; von der z w e i t e n nimmt Böthführ (S. 9) selbst an, dass sie „w a h r s c h e i n l i c h n o c h im v i e r z e h n t e n Jahrhundert" formulirt ist, schliesst also nicht einmal die M ö g l i c h k e i t ihrer Entstehung im f ü n f z e h n t e n Jahrhundert aus. Sollte nun in der That eine organische Bestimmung, die ein ganzes, ja selbst nur ein halbes Jahrhundert unverändert im Statut gestanden, nicht practisch gewesen sein? Obenein eine Bestimmung, durch welche die Quelle, in keinesweges unwesentlichen Punkten, abgeändert ist, und zwar offenbar im Anschluss an die alte Ordnung, keinesweges zu deren Beseitigung; denn dass in frühester Zeit ein jährlicher, vielleicht zweijähriger Wechsel des Rathes auch in Riga stattfand, ist oben im Texte wenigstens sehr wahrscheinlich gemacht worden.

„Jungen" sind hier offenbar nur die „zur Ergänzung" Gewählten zu verstehen. Somit hatte, wahrscheinlich noch vor Ablauf des vierzehnten Jahrhunderts, in Riga der jährlich oder alle zwei Jahre wechselnde Rath dem beständigen Rathe Platz gemacht.

Wegen der weiteren Entwickelung der Rigischen Rathsverfassung erlaube ich mir, einfach auf Böthführ's quellemässige und gründliche Darstellung zu verweisen.

Zweiter Abschnitt.

Kritische Einleitung in die älteste Rigische Rathslinie.

Wie ich bei der Geschichte der Rigischen Rathsverfassung mich auf die älteste Zeit beschränkt habe, so beabsichtige ich auch in Beziehung auf die Rathslinie nicht weiter zu gehen, als mir authentische Quellen Stoff zu Berichtigungen und Ergänzungen der mit so grossem Fleiss und so vieler Gründlichkeit ausgeführten Arbeit Böthführ's bieten. Der *terminus ad quem* ist der Anfang des Jahres 1423, bis zu welchem mein Liv-, Est- und Curländisches Urkundenbuch in seinen sechs Bänden reicht. Meine Hauptausstellung besteht hauptsächlich darin, dass in die älteste Rathslinie nicht wenige Namen aufgenommen sind, welche, meines Erachtens, nicht dahin gehören. Da diese meine Ansicht jedoch in verschiedenen Zeiträumen — wohl richtiger je nach Verschiedenheit der der Rathslinie zum Grunde liegenden Quellen — verschieden begründet werden muss, so muss ich die nachstehende Untersuchung in mehrere Abschnitte zerlegen. Die Gesammtergebnisse sollen sodann schliesslich in einer vollständigen, bis zum Jahre 1423 reichenden Rathslinie zusammengestellt werden.

Erster Abschnitt.

Bis zum Jahre 1286.

Für diesen Zeitraum bieten

1) einige erst in den sechsten Band des Urkundenbuches aufgenommene Urkunden aus dem dreizehnten Jahrhundert. namentlich aus den Jahren 1245, 55 und 56 (UB. No. 3015, 3026 und 27) einen Nachtrag von neun, bis dahin unbekannt gewesenen Namen Rigischer Rathsglieder: Reymarus, Albertus Hoyo, Helmoldus, Herm. Brewe, Hinr. van Duding-werder, Robrach van der Nienstat, Conradus, *advocatus*. Hildebrandus und Gerh. de Brilo.

2) Demnächst verdienen ohne Zweifel auch die vor Ein-setzung des Rathes, als dessen Vorgänger in der Vertretung der Stadt, auftretenden Vögte und Syndicus, zumal ihre Aemter später in dem Rath aufgingen, an die Spitze der Rathslinie gestellt zu werden. Dagegen finde ich

3) Bedenken, die von Böthführ unter No. 19 — 22 und 24 bis 27 verzeichneten Namen in die Rathslinie aufzunehmen[19]. Sie finden sich in der Urkunde des Rigischen Rathes über die Stadtmark vom J. 1232 (UB. No. 114). Im Eingange derselben

---

[19]) Es ist mir nicht entgangen, dass durch den Ausschluss von acht Personen aus der Rathslinie die oben S. 145 von mir angenommene Existenz von 24 Gliedern des gesammten Rathes und die daraus gezogenen Folgerungen illusorisch erscheinen könnten. Allein einestheils bleiben auch nach dieser Ausschliessung noch immer 16 unbestrittene Glieder nach, und dann können ja immer noch andere existirt haben, deren Namen uns nicht aufbehalten sind. Möglich auch, dass — wie in Hamburg und Lübeck — die Rathsglieder zwei Jahre hinter einander im Rathe sassen, jährlich nur sechs austraten und durch ebensoviel neue ersetzt wurden, dann würde die Gesammtzahl des alten und neuen Rathes in Allem 18 betragen haben, also gerade die Zahl, die wir im J. 1231 namentlich aufgeführt finden, und der sich auch die des Jahres 1232, nach Ausschluss jener acht, nähert.

führen sich als deren Aussteller ein: „*A(lbertus), advocatus, Th. de Berewich, Jo. de Horchusen, ceterique consules Rigenses, eo tempore, quo venerabilis pater, dominus Wilhelmus, Mutinensis episcopus etc., in Riga permansit, constituti.*" Am Schlusse heisst es: „*Praesentibus Alberto Hutnordine, Hermanno Nogete, Ludolpho Transtigam, Wernhero & socero suo Wichgero, Regenbodone, Godefrido iuxta portam, Bernhardo de Monasterio, Hermanno Vinken & Bernhardo, genero suo, Arnoldo de Sarzt, Wolderico, Thiderico de Wenda & fratre suo Haroldo, Meinolpho, Bernhardo Albo, Helenwico Nauta, Sifrido, Frederico de Lubike, Thiderico Longo, atque aliis quam pluribus. Datum etc.*" Wenn man, wie Böthführ a. a. O. thut, alle am Schluss der Urkunde dergestalt genannten 20 Personen — deren keiner das Prädicat *consul* beigelegt wird — dennoch als Rathsglieder ansehen will, so müsste man — auf Grund der Schlussworte: „*et alii quam plures*", annehmen, dass mit ihnen das Verzeichniss der Rathsglieder noch lange nicht erschöpft sei, dass also der Rath (fügen wir noch die drei im Eingange genannten hinzu) mindestens aus dreissig und einigen Gliedern bestanden habe: und das darf man doch sicherlich nicht! Eben daher aber muss man einen Theil der am Schluss aufgeführten Namen als nicht zum Rathe gehörig voraussetzen. Finden wir doch in einer das Jahr vorher, 1231, ausgestellten Urkunde des Rigischen Rathes (UB. No. 110), ausser den als solche ausdrücklich bezeichneten zwölf *consules*, auch noch drei „*mercatores*" als Zeugen genannt, wiederum mit dem Zusatze: „*et alii quam plures*", der hier ganz unverfänglich ist. Die Frage endlich, welche von jenen zwanzig Personen aus der Rathslinie auszuschliessen sind, lässt sich wohl am richtigsten dahin beantworten: diejenigen, welche anderweitig — d. i. ausser in dieser Urkunde — nirgends als *consules* auftreten[20]), und

---

[20]) Ueber einen andern Ausschliessungsgrund später.

dies sind: Regenbodo, God. iuxta portam, Bernhard, Vunkens Schwiegersohn, Harold, Meinolph, Bernh. Albus, Herm. Nauta und Sifrid[21]). Wenn nun auch der angegebene Ausschliessungsgrund kein unfehlbarer ist, so wird man die Rathsangehörigkeit der genannten Personen zum mindesten als eine höchst zweifelhafte bezeichnen dürfen. Eigentlich müsste man aus demselben Grunde auch noch den Ludolphus Transtigam[22]) ausschliessen, weil auch sein Name hier zuerst auftritt. Er ist aber höchst wahrscheinlich identisch mit dem in Urkunden von den Jahren 1245, 55, 56 und 58 (UB. No. 318. 3015. 26. 27) genannten *consul Ludolphus* (ohne Beinamen), und wird daher, wenn er im J. 1232 nicht schon Rathmann war (was wegen der dritten Stelle, die er in der Urkunde einnimmt, wahrscheinlich ist), es nicht viel später geworden sein.

4) Endlich ist hier noch zu bemerken, dass der Rathmann *Wernerus* oder *Wernherus* bei Böthführ irrthümlich unter den Nummern 6 und 28, also doppelt, aufgeführt wird, an letzterer Stelle überdies als *socer Wichgeri*. Letzteres ist ein Versehen, denn in der Urkunde No. 114 heisst es: „*Praesentibus — — Wernero & socero suo Wichgero.*" Mithin war *Wichgerus socer Werneri*, *Wernerus* dagegen *gener Wichgeri*.

---

[21]) Auffallend bleibt es freilich, dass ihre Namen nicht am Schlusse, hinter denen der notorischen Rathsglieder, vielmehr zum Theil zwischen diesen stehen. Allein ein blosser Formfehler, der dem Schreiber zur Last fallen mag, berechtigt nicht, Unwahrscheinliches vorauszusetzen.

[22]) Böthführ nennt ihn (No. 23) *L. Trans Rigam*; die von mir gegebene Lesart stützt sich auf die Autorität von J. C. Brotze *(Sylloge diplomatum)* & C. E. Napiersky *(Monum. Liv. ant. IV, CXLIX)*.

Zweiter Zeitraum.

Vom Jahre 1286 bis 1352.

Dieser Zeitraum umfasst die *domini* des Schuldbuches der Stadt Riga, über welche schon Mancherlei, aber noch nichts Erschöpfendes, gesagt worden ist[21]. Es dürfte sich daher lohnen, die bezüglichen Fragen genauer und schärfer ins Auge zu fassen, die Grundsätze, welche dabei leiten müssen, festzustellen, und den durch dieselben ermittelten Maassstab an jeden einzelnen der im Schuldbuch vorkommenden *domini* anzulegen[24]. Dabei sind übrigens ohne Weiteres diejenigen *domini* ganz unbeachtet zu lassen, welche durch eine gleichzeitige anderweite Bezeichnung, namentlich als Ritter oder Geistliche, entschieden nicht zum Rathe gehören.

Es dürfte dem angegebenen Zwecke am entsprechendsten sein, zuerst die Momente zusammenzustellen, welche die Annahme, dass ein *dominus* wirklich Rathsglied war, bestätigen oder doch bestärken und unterstützen, und sodann diejenigen folgen zu lassen, welche Zweifel an der Rathsangehörigkeit der mit dem Prädicat *dominus* versehenen Individuen erregen.

I. Zu den Bestätigungsgründen sind zu rechnen:

1) vor Allem der Nachweis, dass der betreffende *dominus* in anderen Urkunden oder in Chroniken als Rathsglied ausdrücklich bezeichnet wird;

2) dass er im Schuldbuch als Vertreter der Stadt oder des Rathes, als in deren Namen handelnd, auftritt, wie dies mit

---

[23] S. über die Litteratur dieser Frage oben S. 2 Anm. 3.

[24] Dies wird erst jetzt, wo das Schuldbuch vollständig gedruckt und mit sehr sorgfältig gearbeitetem Personenregister versehen vorliegt, möglich.

mehreren Namen in No. 233 und 1884 — 1909 des Schuldbuches
der Fall ist [25]).

II. Die Bestärkungs- und Unterstützungsgründe, welche die
Rathsangehörigkeit wenigstens in hohem Grade wahrscheinlich
machen, sind bereits von Böthführ [26]) so gründlich und um-
fassend zusammengestellt worden, dass ich mich füglich darauf
beschränken kann, die wichtigsten derselben, so weit ich sie
anzuerkennen vermag, kurz anzudeuten. Dahin gehört, wenn

1) einem *dominus* ein eigenes Folio im Schuldbuch angewiesen ist. Weniger Wahrscheinlichkeit spricht dafür, dass auch
der Genosse desselben Folio zu den Gliedern des Rathes gehört:
in der Regel wird man aber auch dieses annehmen können.

2) wenn ein *dominus* als Immobiliarbesitzer in der Stadt
angeführt oder doch seine dauernde Ansässigkeit in derselben
aus den Inscriptionen ersichtlich wird.

3) wenn ein Individuum mehreremal constant, und ohne
Ausnahme, *dominus* genannt wird. Dadurch sind selbstverständlich diejenigen nicht ausgeschlossen, welche im Jahre 1286, dem
der Einrichtung des Schuldbuches, so wie von dem Jahre 1315
an, wo die Inscriptionen überhaupt seltener werden, nur ein einzigesmal vorkommen. Für diese ist mindestens die Möglichkeit
ihrer Rathsangehörigkeit anzunehmen, falls nicht besondere Zwei-
felsgründe ihnen entgegenstehen. Ebensowenig schadet es, wenn
ein Individuum Anfangs nicht, später aber ununterbrochen das
Prädicat *dominus* führt; denn aus jenem anfänglichen Mangel
folgt nur, dass es damals noch nicht dem Rathe angehörte.
Ferner finden wir auch nicht selten, dass eine Person in einer
Inscription *dominus* genannt wird, in mehreren unmittelbar

---

[25]) S. auch unten in der alphabetischen Aufzählung die Rubrik „Richard Sassendorp.‟

[26]) Die Rigische Rathslinie S. 21 fgg.

darauf folgenden Inscriptionen aber diesen Titel nicht erhält [27]). Hier wird die Weglassung wohl nur der Bequemlichkeit des Schreibers beizumessen sein, daher die Annahme der Rathsangehörigkeit nicht beeinträchtigen dürfen. Auf gleiche Weise sind wohl auch die Fälle zu beurtheilen, wo ein Individuum, welches früher constant *dominus* genannt wurde, das letztemal, namentlich auch wo es als verstorben aufgeführt wird, des Prädicats ermangelt.

4) Ob ein *dominus* öfter als Gläubiger, denn als Schuldner auftritt [28]), oder in der einen oder der anderen dieser Eigenschaften ausschliesslich erscheint, dürfte für unsern Zweck im Allgemeinen nichts entscheiden [29]). Wohl aber kann die Rathsangehörigkeit desselben dadurch unterstützt werden, wenn er vorzugsweise Geschäfte von grösserem Umfange betreibt, insbesondere als Darlehnsgläubiger mit bedeutenderen, namentlich runden Summen sich darstellt [30]). Denn es darf gewiss vorausgesetzt werden, dass der Rath sich bemüht hat, Männer an sich zu ziehen, welche durch Reichthum und ausgedehnte Geschäftsverbindungen zu besonderem Ansehen gelangt waren.

III. Schreiten wir nunmehr zu den Zweifelsgründen, so ist vor Allem

1) hervorzuheben, dass sehr häufig Personen — der Zeit nach — abwechselnd bald mit, bald ohne den Titel *dominus* im

---

[27]) Der gewöhnlichere Fall der Art ist, wo ein *dominus* als Schuldner aufgeführt wird: „*Dominus Cajus tenetur Sempronio etc.*", worauf dann unmittelbar folgt: „*Idem Cajus tenetur etc.*" Fehlt solchen Wiederholungen der Name ganz, heisst es also bloss: „*Idem tenetur*," so ist das Weglassen des „*dominus*" ohnehin gerechtfertigt.

[28]) In der Regel treten übrigens die *domini* viel häufiger als Gläubiger auf, seltener als Schuldner.

[29]) Interessant sind die bereits von Hildebrand S. LXXV hervorgehobenen Beispiele des Glückswechsels der Rathmänner Conrad von Moren und Albert Winmann.

[30]) S. Hildebrand S. XXII. Vergl. auch Böthführ S. 25 fg.

Schuldbuche auftreten [31]). In der Regel wird hier sehr viel auf die grössere oder geringere Genauigkeit und Zuverlässigkeit der Schreiber ankommen, deren der Herausgeber des Schuldbuches, Hildebrand, nicht weniger als sechszehn unterscheidet. und von denen die meisten nur kurze Zeit — ein bis drei Jahre — fungirten; von den zehn älteren [32]) versah nur einer, der zweite, sein Amt etwa sieben Jahre, von 1287—94. Eine Prüfung der Zuverlässigkeit der einzelnen Schreiber ist aber, wenn überhaupt möglich, jedenfalls überaus schwierig und würde doch kaum zu einem sichern Resultate führen. Dass aber ein Rathsschreiber, selbst wenn er Neuling ist, einem Rathsgliede den diesem gebührenden Titel vorenthalten habe [33]), ist wohl nicht vorauszusetzen, daher der von Zeit zu Zeit auftretende Mangel des Titels gerechten Zweifel an der Rathmannenwürde erweckt, ja selbst die Möglichkeit ausschliesst, wenn nicht besondere Gründe zur Annahme des Gegentheils bewegen: namentlich Fälle der Art, wie sie oben unter No. 3 der Bestärkungsgründe angegeben sind [34]). Auf diesen Combinationen beruhen auch die nächstfolgenden Momente (2—4).

[31]) Manchmal mögen es übrigens auch Namensvettern sein, obschon in solchen Fällen gewöhnlich ein unterscheidendes *senior* und *iunior* oder dergl. dem Namen hinzugefügt wird. S. übrigens in der alphabetischen Aufzählung die Artikel *Hinricus de Calmaria, Joh. Copman, Walterus Rogge*.

[32]) Die sechs jüngsten (11—16), vom J. 1310 an, kommen kaum in Betracht, da von ihnen nur wenige Inscriptionen herrühren, so vom vierzehnten nur 16, vom fünfzehnten 6, vom sechszehnten 3, und dies im Laufe von mehr als zwanzig Jahren: 1332—52.

[33]) Dennoch kommt selbst dieser Fall vor in No. 1501, wo Giseler und Walter Winmann erst ohne das Prädicat *dominus* verzeichnet sind und gleich darauf, noch in derselben Inscription, *domini* genannt werden. Auch auf dem Folio des *dominus Svederus de Monasterio* kommt dessen Name einigemal (No. 1786 und 87. 1879) ohne das Prädicat vor. Und zwar sind es verschiedene Schreiber (der zweite, vierte und zehnte), welche diesen Verstoss begehen.

[34]) Vergl. noch, was oben S. 2 Anm. 3 über diesen Gegenstand in Beziehung auf Reval gesagt ist.

2) Ein Name, welcher überhaupt nur ein einzigesmal im Schuldbuch (und zwar weder bei Eröffnung, noch gegen den Schluss desselben) mit dem Prädicat *dominus* versehen ist, kann einem Rathsgliede angehören, viel Wahrscheinlichkeit dafür ist in solchem Falle nicht vorhanden.

3) Individuen, welche zwar öfters im Schuldbuch auftreten, jedoch nur das erstemal mit dem Prädicat, später immer ohne dasselbe, dürften aus der Rathslinie auszuschliessen sein; mindestens ist ihre Hingehörigkeit sehr zweifelhaft.

4) Wenn der Titel *dominus* in einer grösseren Zahl von Inscriptionen nur ein oder zweimal fehlt, so dürfte dadurch wenigstens die Möglichkeit der Rathsangehörigkeit nicht beeinträchtigt werden; man könnte den Fehler der Nachlässigkeit des Schreibers zuschieben.

5) Wenn das eingetragene Geschäft auf einen besondern Stand, z. B. den eines Geistlichen hindeutet [35]), so ist der Titel *dominus* für die Rathsherrnwürde nicht entscheidend, die Sache zweifelhaft.

6) Bereits in meinem Urkundenbuche [36]) habe ich die Vermuthung ausgesprochen, dass in dem Schuldbuche auch die Verwandten der Rathsglieder *domini* genannt würden [37]). Zu dieser Vermuthung wurde ich veranlasst durch die Rücksicht auf den in vielen Norddeutschen Städten der Zeit festgehaltenen Grundsatz, dass nahe Verwandte, namentlich Brüder, nicht gleichzeitig im Rathe sitzen durften [38]). Nun werden aber im Schuld-

---

[35]) S. z. B. in der alphabetischen Aufzählung die Rubrik: „*Gerhardus de Roglia*."

[36]) Bd. III. Reg. S. 68.

[37]) Dieser Ansicht widerspricht Böthführ a. a. O.

[38]) S. oben S. 21.

buch mehrmals zwei Brüder gleichzeitig als *domini* aufgeführt[10]): wollte man sie daher beide für Rathsglieder halten, so müsste darin ein Verstoss gegen jenen Grundsatz gefunden werden, der doch wohl nicht zu vermuthen ist. Es darf indess nicht unbemerkt bleiben, dass die Geltung dieses Grundsatzes in Riga nicht feststeht, ja dass die daselbst recipirt gewesene Recension des Hamburgischen Rechts vom J. 1270 ihn nicht aufstellt, er sich vielmehr erst in einer etwas jüngeren Recension desselben Rechts, vom J. 1292, ausdrücklich ausgesprochen findet. Und selbst hier wird nur bestimmt, dass (mit Rücksicht auf den wechselnden Rath) Brüder nicht „*to ener tiit bi malckander*,“ auch nicht „*ane middel na malckander*,“ in den Rath gezogen werden sollen; dass also Brüder zwar gleichzeitig zum Rathe überhaupt gehören, jedoch nicht zusammen und nicht unmittelbar nach einander Mitglieder des s i t z e n d e n (neuen) Rathes sein dürfen[40]). Will man also von diesem Zweifelsgrunde im Allgemeinen auch absehen, so ist es doch nicht undenkbar, dass ein Rathsschreiber, aus allerdings übel angebrachter Devotion gegen seinen Vorgesetzten, auch einmal einem Verwandten desselben ein ihm nicht zukommendes Ehrenprädicat beigelegt hat. Aus verwandten Gründen ist

7) der Umstand, dass der Zuname eines *dominus* einer bekannten, im Rigischen Rathe öfters vertretenen Patricierfamilie angehört, an s i c h nicht entscheidend, obwohl er unter Um-

---

[39]) Dahin gehören Heinrich und Johann von Beveren, Hermann und Johann Pape, Albert und Richard Wynman, Heinrich und Ludwig von Mythovia, welche ausdrücklich als Brüderpaare bezeichnet werden, und denen man vielleicht auch noch Hermann und Johann Copman, Johann und Volmar Dovinch, Johann und Sweder von Münster, Arnold und Ludolph Longus, Andreas und Gerhard Magnus, Helmold und Herbord Parvus hinzugesellen kann.

[40]) S. L a p p e n b e r g, Hamburg. Rechtsalterthümer S. XXXVIII. und F r e n s d o r f f, die Stadt- und Gerichtsverfassung Lübeck's S. 100 Anm. 3.

ständen umgekehrt sogar einen Unterstützungsgrund abgeben kann [41]). Der Name einer notorischen Familie des Landadels aber ist vollends geeignet, Zweifel zu erregen, zumal wenn ein auch im Vornamen übereinstimmender Zeitgenosse als bischöflicher oder Ordensvasall, namentlich als Ritter, urkundlich nachgewiesen werden kann [42]).

8) Dass *domini*, von denen sich nachweisen lässt, dass sie dem Rathe einer andern Stadt angehören [43]), aus der Rigischen Rathslinie auszuschliessen sind, ist selbstverständlich.

9) Wenn zwei oder mehr Namen durch *et* mit einander verbunden sind (wodurch sie als Gesellschafter sich kundgeben) und nur vor dem ersten das Wort *dominus* in der einfachen Zahl steht, so sollte als selbstverständlich anzunehmen sein, dass dieses Wort sich bloss auf den erstgenannten bezieht, nicht auch auf den zweiten und bezw. dritten; und dies ist auch in der Regel der Fall [44]). Dennoch fehlt es nicht an Ausnahmen, indem wir mehrmals den Singular *dominus* finden, obgleich auch der zweite und dritte Gesellschafter zur selben Zeit notorisch im Rathe sassen [45]). In diesen Fällen ist der Singular *dominus* offenbar nur einem Versehen der Schreiber beizumessen, welche mitunter, statt *domini*, resp. *dominis*, voranzusetzen [46]), das *dominus* oder *domino* vor jedem einzelnen Namen wiederholen [47]), in den gedachten Ausnahmefällen aber diese Wiederholung aus Flüchtigkeit unterlassen haben. Solche Inscriptionen, in denen

---

[41]) S. z. B. in der alphabetischen Aufzählung die Artikel Beveren, Osenbrugge und Sassendorp.

[42]) S. ebendas. die Artikel Alenpois, Alexander, Dolen, Rosen, Thoys.

[43]) S. ebendas. Bruno von Warendorp u. vergl. Vrowin von Gothland.

[44]) S. z. B. das Schuldbuch No. 426. 27. 745. 43. 1080. 1115. 1515. 1514. 81. 766 u. a.

[45]) Das. No. 1136. 1202. 1866.

[46]) Wie dies z. B. das. No. 113. 1143. 1254. 1566 geschieht.

[47]) S. das. No. 212. 451. 488. 1027. 1191. 1899.

Gesellschafter auftreten, sind daher mit besonderer Vorsicht zu
prüfen, namentlich auch noch in einer anderen Beziehung. Es
kommt nämlich nicht selten vor, dass der erste Gesellschafter
nur mit seinem Vornamen, der zweite dagegen mit Vor- und
Zunamen verzeichnet ist, was leicht zu der Annahme veranlassen
kann, dass der Beiname des zweiten auch dem ersten zukommt.
Dennoch ist dies nicht immer der Fall. Vollkommen gerechtfertigt ist diese Annahme nur dann, wenn entweder der Familien-
name selbst in der Mehrzahl angegeben ist [18]), oder der erste
Name ein besonders häufig vorkommender ist, z. B. Johann:
denn zu dessen Unterscheidung von seinen vielen Namensvettern
darf sein Zuname nicht fortgelassen werden, ohne unheilvolle
Verwechselungen zu veranlassen [19]). Wenn ihm daher der Zuname nicht unmittelbar folgt, so muss derselbe mit dem seines
nachfolgenden Genossenschafters identisch sein [50]). Anders ver-
hält es sich mit minder gewöhnlichen oder gar nur selten vorkommenden Vornamen: denn die Sitte, Personen, selbst höherer
Stände, in der Regel nur beim Taufnamen zu nennen, war zu
jener Zeit so herrschend, dass sich von nicht wenigen oft genannten Rathsgliedern in Riga, wie in Reval, seltener in Dorpat.
nur der — ungewöhnliche — Vor- oder Taufname, nicht auch
der Zuname, erhalten hat [51]). Ist aber zwischen den beiden
Namen noch ein Wort eingeschaltet, ist namentlich das Wort
dominus jedem der Namen vorgesetzt [52]), dann ist es unbedingt

---

[18]) Dies findet sich öfters, z. B. No. 96. 373. 1501. 1629.

[19]) S. überhaupt mein Urkundenbuch Bd. II. Vorrede S. VI fg.

[50]) S. z. B. das Schuldbuch No. 411. 516. 593 u. a.

[51]) Dahin gehören beispielsweise für Riga: *Woldericus*, *Helmoldus*.
Bertrammus, *Hildeboldus*, *Mauritius*, *Wikboldus*, für Reval: *Alphodus*.
Constantinus, *Engelbertus*, für Dorpat: *Gotmarus* u. s. w.

[52]) Z. B. im Schuldbuch No. 488 und 1899.

unrichtig, den Zunamen des zweiten Gesellschafters auch dem ersten beizulegen[53]).

Auf Grundlage der vorstehenden Erwägungen wird man für die *domini* des Schuldbuches fünf verschiedene Kategorien annehmen können, je nachdem ihre Rathsangehörigkeit

    I. vollkommen begründet, oder

    II. sehr wahrscheinlich, oder

    III. nur möglich, oder

    IV. Zweifeln unterworfen oder endlich

    V. entschieden zu verwerfen ist.

Die nächste Aufgabe ist demnach, bei jedem einzelnen *dominus* (auch bei denjenigen, die irrthümlich dafür gehalten werden) zu prüfen, in welche dieser Kategorieen er zu stellen ist. Es soll dabei die alphabetische Ordnung, als die übersichtlichste, befolgt, und am Schlusse ·jedes Artikels durch eine Römische Zahl (I—V) die Kategorie, welcher der *dominus* darnach angehört, bezeichnet werden. Die Aufgabe ist übrigens weder eine leichte, noch das Resultat derselben ein ganz sicheres, weil sich zwischen der zweiten, dritten und vierten Kategorie keine scharfen Gränzen ziehen lassen, diese vielmehr, je nach dem verschiedenen G r a d e der Wahrscheinlichkeit, der Möglichkeit oder des Zweifels, immer schwankend bleiben werden.

Vorher wird es aber nicht überflüssig sein zu bemerken, dass auch die Angabe der Jahre, in welchen die einzelnen Personen auftreten, nicht v o l l k o m m e n genau sein kann, weil 1) bei den meisten Inscriptionen nicht das Datum der Eintragung, sondern das der Erfüllung angegeben ist, die aber in der Regel nur um einige Monate, selten um ein Jahr oder gar mehr, von einander differiren[54]), und 2) bei nicht wenigen

---

[53]) S. in der alphabetischen Aufzählung die Artikel *Bertrammus* und *Giselerus*.

[54]) S. darüber H i l d e b r a n d S. XVIII.

Inscriptionen, besonders aus dem vierzehnten Jahrhundert, jede
Zeitangabe fehlt. Für diese letztern Fälle bleibt nur übrig, auf
den Schreiber Rücksicht zu nehmen, von welchem die Inscription
herrührt. Aber auch hier ist eine scharfe Gränzziehung nicht
möglich, theils aus dem ersten der oben genannten Gründe.
theils wegen der lückenhaften Zeitangaben vom J. 1303 an, wo
der siebente Schreiber eintritt, so dass man sich damit begnügen
muss, die Zeit ihrer Wirksamkeit nur annähernd zu bestimmen[55]).
Dies vorausgeschickt, ist, mit Zugrundelegung der der Hildebrand'schen Ausgabe des Schuldbuchs angeschlossenen Tabelle
der sechszehn Schreiber, jedem derselben nachstehende ungefähre
Dauer seiner amtlichen Wirksamkeit beizulegen:

dem ersten Schreiber das Jahr 1236 bis Anfang 1287,

dem zweiten von 1287 bis 1294,

dem dritten von 1294 bis 1296,

dem vierten von 1296 und 97,

dem fünften von 1297 bis 1301,

dem sechsten von 1301 bis 1303,

dem siebenten von 1303 bis 1304, und zum zweitenmal in
den Jahren 1305 und 1306, zwischen dem neunten und zehnten.

dem achten von 1304 bis 1305,

dem neunten 1305,

dem zehnten von 1306 bis 1307,

dem elften von 1307 bis 1310,

dem zwölften von 1310 bis 1314,

dem dreizehnten von 1314 bis 1332,

dem vierzehnten von 1332 bis 1336,

dem fünfzehnten von 1337 bis 1339 und

dem sechszehnten von 1342 bis 1352.

**) Vergl. ebendas. S. XIX.

Alphabetisches Verzeichniss der *domini*.

Advocati, s. Thidericus Advocati, unten No. 106.

1. Alenpoys (Alempois), Lambertus, findet sich nur zweimal (No. 954 und 56) aufgeführt: beidemal als *dominus*, vom zehnten Schreiber, also 1306 oder 1307, und von einer unbekannten Hand, beidemal als Gläubiger desselben Schuldners, das erstemal für verkaufte Pferde. Ein Lambert Alempois erscheint vor dem J. 1350 mit seinen Brüdern Gerhard und Otto, als Vasall des Erzbischofs von Riga (UB. Reg. 1062). Auch im Schuldbuch (No. 1634) finden wir im J. 1315 einen Gerhard Alempois, als Gläubiger eines Russen an Wachs. Zwar sehen wir öfters auch einen Johann Alempois in den Jahren 1288—96, zuweilen als Compagnon eines Rigischen Bürgers, Geldgeschäfte, meist als Gläubiger, machen. Dessen ungeachtet berechtigen die zuerst angeführten Umstände, an der Rathsangehörigkeit des Lambert Alenpois zu zweifeln. IV.

2. Alexander. Er selbst tritt nicht auf, sondern sein Sohn Johannes in No. 717. 720. 1733, bei den Jahren 1288 und 1294. Dieser Johannes erscheint als erzbischöflich Rigischer Vasall im J. 1288 (UB. No. 524), und als ebensolcher der Vater im J. 1277 (UB. No. 449); dieser ist also entschieden aus der Rigischen Rathslinie zu streichen[36]). V.

3. Anglia, Gerhardus de, 1291. 93. 302. 305 *dominus*; 1302 giebt ihm derselbe Schreiber, der ihm 1305 den Titel zutheilt. denselben nicht. Daraus, dass er, mit einer Ausnahme

---

[36]) S. auch Hildebrand S. XXXIII Anm. 1 und S. 50 Anm. 3, wo zugleich die Vermuthung aufgestellt wird, dass er identisch sei mit dem *Alexander de Thoreyda* in No. 1700 des Schuldbuches, welcher als Bruder des *dominus Andreas de Dorpato, miles*, bezeichnet wird.

— wo er einem Russischen Kürschner 7¹/₂ Ferding auf Hypothek creditirt — nur Lieferungen an Wachs, und zwar je ein Schiffspfund, ausbedingt, dürfte geschlossen werden, dass er ein Geistlicher war, und aus diesem Grunde das Prädicat *dominus* führte. Seine Rathsverwandtschaft ist jedenfalls zweifelhaft. IV.

4. Areten, Henricus, nur einmal im J. 1295 genannt, kann möglicher Weise Rathsglied gewesen sein. III.

5. Arnesberg, Hermannus de, im J. 1328 ohne *dominus*, 1345 *dominus* und Grundeigenthümer. III.

6. Arnesberg, Johannes de, 1292. 94. 99. 301—303, von vier verschiedenen Schreibern als *dominus* bezeichnet, nur einmal (No. 1585), im J. 1297, von einem fünften Schreiber nicht. Sehr wahrscheinlich Rathsglied. II.

7. Berinchusen, Hermannus de, creditirt im J. 1286 1 m𝔎. Möglich. III.

8. Bersse, Gerbertus, creditirt 1287 3³/₄ m𝔎. Möglich⁸⁷). III.

Bertespape. Im Urkundenbuch III. Reg. S. 68 und bei Böthführ No. 121 unrichtig gelesen für Lettespape. S. diesen unten No. 54.

9. Bertrammus³⁸), nur einmal (No. 488) im J. 1287, in Gemeinschaft mit dem *dominus* Gerhardus de Rostok, als Gläu-

---

⁸⁷) Der im Jahre 1352 (UB. No. 944, betreffend den Ankauf eines Hauses in Riga von Seiten der Calandsbrüderschaft) vorkommende „Herr Gerbert Berse" ist wohl nicht, wie Hildebrand S. 36 Anm. 2 meint, Rigischer Rathmann gewesen, so wenig wie einer der übrigen in der Urkunde verzeichneten „Herren", welche vielmehr ohne Zweifel zur Gesellschaft der Calandsbrüder gehörten. Denn sie bezeugen, dass, nachdem der Rath sein Siegel an die Urkunde gehangen, sie die ihrigen beigefügt. Rathsglieder pflegten aber nicht die von dem Rathe ausgefertigten Urkunden mit ihren Siegeln zu versehen.

³⁸) Hildebrand S. 124 und 144 nennt ihn ohne Grund *Bertrammus de Rostok*; aus der Zusammenstellung in der Inscription: „domino Ber-

biger einer Wachslieferung, vorkommend. Seine Rathsangehörigkeit ist nicht unmöglich. Auch Gerhard v. R. kommt nur dieses einemal vor. Beide haben noch ein gegenseitiges dunkeles Salzgeschäft. III.

10. Beveren, Henricus de, Bruder des Nachfolgenden, wird in den Jahren 1291. 92. 94. 97. 300. 3. 5 constant *dominus* genannt, erscheint fast nur als Gläubiger, giebt auf ein bis drei Jahre Credit. Seine Mitgliedschaft im Rathe ist unter diesen Verhältnissen um so wahrscheinlicher, als die Familie in dieser Zeit viermal im Rigischen Rathe vertreten ist, auch in Reval und Dorpat im Rathe angetroffen wird. II.

11. Beveren, Johannes I. de, Bruder des Vorigen, tritt sehr oft auf und zwar in den Jahren 1286—89. 91. 97. 1300. 1301 und 303 als *dominus*, dagegen öfters, in den Jahren 1287 bis 1289, 1300 und 305 ohne *dominus*, von denselben Schreibern, die ihm den *dominus* geben. Contrahirt, oft in Gemeinschaft mit seinem Bruder Heinrich, bedeutende Darlehnsgeschäfte, und übernimmt 1288 ansehnliche Lieferungen nach Wisby. Diese Verhältnisse und sein häufiges Vorkommen als *dominus* sprechen dafür, dass er Rathsglied war und dass unter dem ohne *dominus* Genannten wahrscheinlich ein Namensvetter zu verstehen ist. II. Jedenfalls ist von ihm zu unterscheiden:

12. Beveren, Johannes II. de, welcher in den Jahren 1315 und 1336 als *dominus* vorkommt (No. 974 und 1270) und den Hildebrand mit dem Vorigen identificirt. Richtiger trennt Böthführ (No. 42 und 153) beide von einander, lässt jedoch Johannes I. noch im J. 1315 leben. Da dieser aber zwischen 1287 und 1303 so oft auftritt, so dürfte die Pause bis zum J.

---

trammo & domino Gerhardo de Rostok", darf eine solche Folgerung nicht gezogen werden. S. oben S. 160 fg.

1315 zu auffallend, dieses Jahr also mit mehr Wahrscheinlichkeit auf Johannes II. zu beziehen sein. II.

13. Beveren. Timmo de, 1288. 98 — 300 constant als *dominus* und Gläubiger. Sehr wahrscheinlich. II.

14. Born, Herbordus, im J. 1307 ohne *dominus*, seit 1309 bis 1314 stets *dominus*. II.

15. Born (Boren, Bornes), Hinricus, 1309—14. 17. 27, stets ohne *dominus*. In No. 1631 v. J. 1314: „ — — *tenetur domino Herbordo Born & Hinrico*", worunter wahrscheinlich unser Born zu verstehen. Im J. 1330 im UB. No. 741 erscheint „Herr Hinrik Bornes" als Rigisches Rathsglied, und im Schuldbuch No. 120 beim J. 1339: „*relicta domini Hinrici Bornis*." Er war also zwischen 1327 und 1330 in den Rath gewählt und vor 1339 verstorben. I.

16. Bremis, Jacobus de, überreicht zwischen 1306 und 1309 (No. 1899) dem Erzbischof Friedrich von Riga, Namens des Rathes, 34 m£ Lüb. Pf. I.

17. Bursebegar. Ludeke, kommt nur zweimal vor: 1286 ohne *dominus* als Schuldner und 1287 als *dominus* und Gläubiger. Möglich. III.

18. Caesar, Johannes, No. 961, ums J. 1310, ohne *dominus* als Schuldner und Grundeigenthümer vorkommend, ist vielleicht identisch mit dem Joh. Caesar, welcher Ende des dreizehnten Jahrhunderts zwischen Pleskau und Nowgorod beraubt wurde (UB. No. 2770), so wie mit dem Rigischen Rathmann Johannes Keyser, im UB. No. 2809 v. J. 1338. I.

19. Calmaria, Hinricus I. de, tritt 1286 und 91 dreimal als *dominus* auf. Dass er — wie Böthführ No. 43 und Hildebrand S. 38 Anm. 2 annehmen — identisch sei mit dem in den Jahren 1323 und 26 urkundlich als Rigisches Rathsglied feststehenden Namensvetter (UB. No. 691 und 3075), ist sehr fraglich.

da zwischen ihnen, in den Jahren 1302 und 1307 (Schuldbuch
No. 441 und 949) ein Hinricus de Calmaria ohne *dominus* vor-
kommt, auch eine ungewöhnlich lange Dienstdauer von mehr
als 40 Jahren vorausgesetzt werden müsste. Demnach sind zwei
Rathsglieder des Namens zu unterscheiden, und der erste in die
Jahre 1286—91, (II.), der andere dagegen, als:

20. Calmaria, Hinricus II. de, in die Jahre 1323—26
zu setzen. I.

21. Campsor, Goscalcus, kommt in den Jahren 1286. 92.
1293. 97 und 303 achtmal ohne *dominus* vor; nur einmal im
J. 1304 (No. 913) findet sich verzeichnet: „*Detmarus, domini
G. Campsoris gener*", während andere dreimale (No. 915. 916 und
1194) in den Jahren 1304 und 1305 derselbe Detmarus als
„*Gotscalci Campsoris gener*", ohne vorgesetztes „*domini*", verzeichnet ist. Offenbar hat also das „*dominus*" in No. 913 nicht
die gewöhnliche Bedeutung, soll vielleicht eben nur die schwie-
gerväterliche Würde bezeichnen. Daher ist G. Campsor unbe-
denklich aus der Zahl der Rigischen Rathsglieder zu streichen,
zumal gegen ihn auch sein Gewerbe spricht [59]). V.

22. Cerdo, Christianus (prope Dunam), wird beim Jahre
1286 (No. 46—49) vom ersten Schreiber *dominus* genannt; in
der unmittelbar darauf folgenden vom zweiten Schreiber her-
rührenden (No. 1650) fehlt das Prädicat, und ebenso in noch
drei von demselben Schreiber eingetragenen Inscriptionen aus
den Jahren 1289—91. Dass Cerdo nicht sein erblicher Familien-
name war, sondern sein Gewerbe als Gerber bezeichnete, hat
Hildebrand [60]) mehr als wahrscheinlich gemacht. Gründe genug,
ihn aus der Rathslinie zu entfernen. V.

---

[59]) Vergl. Hildebrand S. XXXIV Anm.
[60]) A. a. O. S. XXXIV Anm. u. S. XXXVIII.

23. **Christinae**, Arnoldus. Dessen Schuld von 14½ m̄f an Alb. Winmann ist vom ersten Schreiber im J. 1286 zweimal in No. 2 und 1683 (unter Litt. A und fol. Wynman) eingetragen und zwar wird er hier *dominus* genannt. Dagegen rühren vom zweiten Schreiber zwei Inscriptionen vom J. 1294 her, in denen das *dominus* fehlt. Seine Rathsangehörigkeit ist also mindestens zweifelhaft. IV.

24. **Cygnus**, Hartmannus, kommt nur einmal im J. 1289 (No. 550) als *dominus* vor, war möglicher Weise Rathsglied. III.

25. **Cluverus**, Johannes, in den Jahren 1293. 94. 96 und 1301 ohne *dominus*, dagegen 1301. 2. und 3 *dominus* und meist Gläubiger. Von 1301—3 sehr wahrscheinlich Rathsglied. II.

26. **Colonia**, Bruno de, hat im Schuldbuch ein eigenes Folio, welches von 1289 bis 94 reicht. Uebrigens hat er, wie bereits Böthführ[*]) wahrscheinlich macht, bereits im J. 1286 im Rathe gesessen. Im J. 1295 (No. 356) begegnen wir seiner Wittwe. II.

27. **Copman**, Hermannus. Der zweite Schreiber legt ihm in den Jahren 1287 und 90 den Titel *dominus* noch nicht bei, wohl aber in den Jahren 1293—95. Der fünfte nennt ihn in denselben Jahren — 1300 und 1301 — zweimal *dominus,* dreimal nicht. Der sechste trägt seinen Namen im J. 1302 ohne *dominus* ein. Da sich hier Wahrscheinlichkeits- und Zweifels-gründe gegenüberstehen, ist es am rathsamsten, das Mittel zu nehmen und seine Rathsangehörigkeit für die Zeit von 1291 bis 1302 für möglich zu erklären. III.

28. **Copman**, Johannes, wird von dem ersten und zweiten Schreiber von 1286 bis 94 häufig mit dem Prädicat *dominus* ver-zeichnet, nur zweimal (No. 10 und 1356) bei den Jahren 1289

---

[*]) Rathslinie No. 40.

und 1293 ohne *dominus*. Aber auch in den Jahren 1295, 96
und 1298, desgleichen zweimal im J. 1332 erscheint ein Joh.
Copman ohne *dominus*, dagegen bereits im J. 1300 (No. 304 und
427) die Wittwe und die Waisen *(pueri)* des *dominus* Joh. Cop-
mann. Es sind also offenbar zwei Namensvettern zu unterscheiden, von denen der eine in den Jahren 1286—94 höchst
wahrscheinlich Rathsglied und 1300 verstorben war[62]). II.

29. Crispus, Arnoldus, erscheint im J. 1290 dreimal: in
No. 505 als Empfänger einer Wachslieferung, in No. 615 der
Geldforderung eines Dritten und in No. 1336 einer Geldforderung
der Kirche in Smolensk. Er könnte wohl ein Geistlicher gewesen
sein: seine Rathsangehörigkeit steht jedenfalls nicht ausser
Zweifel[63]). IV.

30. Crispus, Bertoldus, kommt nur zweimal vor: 1288
(No. 333) ohne *dominus* und 1303 (No. 374) als *dominus*. Hil-
debrand[64]) erinnert daran, dass „Herr Bertold der Cruse" im
J. 1297 Abgesandter Wisbys nach Riga war[65]). Dadurch wird
es sehr fraglich, ob er Rigischer oder nicht vielmehr Wisby'scher
Rathmann war. IV.

31. Crudener, Heinricus, nur einmal im J. 1289 (No.
1529) als *dominus* und Gläubiger für den Betrag von 20 m*ℳ*
genannt. Kann Rathsglied gewesen sein. III.

32. Curo, Gotscalcus, in den Jahren 1287—92 wiederholt
genannt und stets als *dominus* bezeichnet, war höchst wahrscheinlich Mitglied des Rathes. II.

---

[62]) Hildebrand fasst im Register beide in einer Person zusammen.

[63]) Vergl. übrigens Hildebrand S. XXXVI, der ihn für einen
Rigischen Rathmann hält.

[64]) S. 25 Anm. 4.

[65]) S. mein Archiv Bd. II. (zweite Ausg.) S. 215.

33. Dersowe (Darsowe), Bernhardus, kommt im Jahre 1327 (No. 210) ohne *dominus* vor, ist aber ohne Zweifel derselbe, welcher bei Hermann von Wartberge[46]) als Rigischer Rathmann und Abgesandter an den Grossfürsten Gedimin von Litthauen im Jahre 1329 erwähnt wird[47]). I.

34. Dersowe, Gerhardus de, in den Jahren 1293. 307. 1310 constant als *dominus* und als Gläubiger von 24—32 m*k.* aufgeführt. Gehörte höchst wahrscheinlich dem Rathe an. II.

35. Dersowe, Johannes, im J. 1288 (No. 1043) noch ohne *dominus*, erscheint bereits im Jahre 1291 mit dem Prädicat versehen, desgleichen 1297 und noch im Jahre 1338 (No. 995), in letzterem als usufructuarischer Vormund. Seine Rathsangehörigkeit daher sehr wahrscheinlich. II.

Dives, Ernestus, s. Ernestus de Monasterio, unten No. 66.

36. Dives, Ludolphus, de Kokenhusen. In den Jahren 1286 und 87 (No. 463. 73 und 1688) hat der erste Schreiber einen *Johannes domini Ludolphi* eingetragen, den er an andern Stellen (No. 477. 78. 84) einfach *Johannes Ludolphi* (ohne *dominus*) nennt. Der zweite Schreiber führt ihn im J. 1288 (No. 540) unter dem Namen: *Johannes, filius Ludolphi Divitis de Kokenhusen*, auf. Diesen letztern, den Vater, treffen wir nun zwar in den Jahren 1287—99 öfters im Schuldbuch an, jedoch niemals mit dem Prädicat *dominus*. Einmal, im J. 1293 (No. 1104) ist von einem „gewesenen" Grundbesitz desselben die Rede. Sonst erscheint er sowohl, als auch der Sohn, immer als Schuldner. Dem Allen zufolge dürfte ihm kein Sitz im Rathe zu vindiciren sein. V.

37. Dolen, Hermannus de, erscheint in zwei Inscriptionen von den Jahren 1291 und 94 ohne *dominus* als Gläubiger. In

---

[46]) *Scriptores rerum Pruss. II, 64. 142.* S. auch das UB. No. 2884.
[47]) Hildebrand S. 15 Anm. 3.

der letzten Inscription des Schuldbuches, No. 1909, wahrscheinlich ums Jahr 1330[68]), heisst es: *Item camerarii presentarunt
domino Hermanno de Dolen XVI½ mrc. cum IIII artonibus den.
numero.*" Unmittelbar vor und nach diesen Worten ist von
Zahlungen der Kämmerer an Fremde die Rede. Wenn man
überdies erwägt, dass die de Dolen in jener Zeit einem ziemlich
ausgebreiteten Livländischen Adelsgeschlechte angehörten, so muss•
man an der Rathsangehörigkeit dieses Hermann starken Zweifel
hegen[69]). IV.

38. **Dovinch**, Johannes, bereits im J. 1287 (No. 1030)
vom ersten Schreiber *dominus* genannt, erhält vom zweiten dieses
Prädicat in den Jahren 1288 und 89 (No. 528 und 545) noch
nicht, sondern erst 1290; und dann noch 1291. 93. 94. 97. 98.
Im J. 1304 (No. 908) wird seiner als eines Verstorbenen gedacht.
Er erscheint im Ganzen häufiger als Schuldner, besonders zu
Anfang, denn als Gläubiger. Dass er Rathsglied war, ist jeden-
falls sehr wahrscheinlich. II.

39. **Dovinch**, Volmarus, tritt in den Jahren 1291. 93.
1295—98 constant als *dominus* auf, und fiel als Rathsherr am
29. Juni 1298 in der Schlacht bei Neuermühlen gegen den
Orden[70]). Noch im J. 1295 (No. 1566) hatte er von dem Ordensmeister ein Darlehn von 40 m/t empfangen. I.

40. **Eggehardus**. Seiner geschieht nur einmal, im J.
1286 (No. 4), als eines Verstorbenen Erwähnung: „*Arnoldus,
habens domini Eggehardi relictam.*" Vielleicht gehört hierher
auch No. 1399 vom J. 1288: „*Thidericus Eghardi tenetur sue
matri etc.*" Es ist möglich, dass Eggehard vor dem J. 1286 im
Rathe gesessen. III.

---

[68]) S. ebendas. S. XX.
[69]) Uebrigens darf nicht verschwiegen werden, dass in No. 233 ein
Johannes de Dolen als *civis Rigensis* aufgeführt wird.
[70]) S. mein Archiv a. a. O S. 220.

41. **Elverus**, in den Jahren 1286 und 87 achtmal constant als *dominus*, und zwar immer als Schuldner, an Geld und
Wachs, aufgeführt, hat wahrscheinlich dem Rathe angehört. II.

Gerse, Gerbertus de, ist im UB. Reg. III, 69 und bei Böthführ No. 47 unrichtig gelesen für: Bersse. S. oben No. 8.

Gygas, Gerlacus, s. unten No. 90: Rese.

42. **Giselerus.** In No. 1899 findet sich, bei Aufzählung
der zwischen den Jahren 1306 und 1309 dem Erzbischof Friedrich
von Riga von der Stadt gezahlten Summen, unter Anderem die
Notiz: „*deinde missi erant sibi (i. e. archiepiscopo) a domino
Giselero et domino Johanne Langheside L magni aurei ad curiam.*"
Mit Unrecht macht Hildebrand[71]) aus diesem Giseler, — der
doch durch das „*et domino*" von Johann Langheside deutlich
geschieden ist, — einen *dominus* Giselerus Langheside, welcher
sonst gar nicht vorkommt. Es ist darunter vielmehr höchst
wahrscheinlich Giseler Winmann zu verstehen (unten No. 119),
dieser besondere · Giseler (jedenfalls nicht Langheside) aber aus
der Rigaer Rathslinie zu streichen. V.

43. **Gotlandia**, Vrowinus de, kommt nur einmal im
Jahre 1287 (No. 498) als Empfänger einer Lieferung von Asche
nach Gothland vor, und dürfte daher eher für ein Mitglied des
Wisby'schen Rathes zu halten sein. Für Riga ist er mindestens
sehr zweifelhaft. IV.

Helmicus *iuxta portam consulum*, s. unten Radtporten No. 88.

44. **Hermannus** *dictus* — —, findet sich nur in der
Ueberschrift des besondern Folio des *dominus* Johannes de Monasterio, als dessen Compagnon[72]). Der fehlende Zuname hat
auf dem aus der Handschrift herausgeschnittenen gegenüberstehenden Blatte gestanden. In den Inscriptionen des gedachten

---

[71]) A. a. O. S. 127 und 138.
[72]) Hildebrand S. 107.

Folio wiederholt sich der Name nicht: eine Vergleichung der verschiedenen *domini*, welche den Vornamen Hermann führen, würde jedenfalls kein einigermaassen zuverlässiges Resultat ergeben. Ihn, wie Böthführ No. 50 thut, für einen de Monasterio zu halten, fehlt ein genügender Grund. Da übrigens das mehrgedachte Folio mit dem Jahre 1286 beginnt, so muss auch unser Hermann, wenn überhaupt, bei diesem Jahre in die Rathslinie aufgenommen werden. II.

45. **Hildeboldus** (Hilleboldus) kommt in den Jahren 1286. 87. 90—92. 94. 95. 99. 301. 302 und 307 sehr häufig vor, stets als *dominus* und als Gläubiger. Seine Rathsangehörigkeit ist daher so gut wie ausser Zweifel. II.

46. **Hogheman**, Johannes, ist achtzehnmal aufgeführt, davon nur dreimal, vom ersten Schreiber (No. 468. 479. 1684) in den Jahren 1286 und 87 als *dominus*, dagegen schon 1286 vom ersten Schreiber, und 1288—91. 97 und 98, vom zweiten dritten und vierten, immer ohne *dominus*, und stets als Schuldner. Es dürfte danach wohl sehr fraglich sein, ob er je im Rathe gesessen. IV.

47. **Hogheman**, Sifridus, erscheint 1289—97, und einmal auch 1302 (No. 94) ohne *dominus*, ausserdem aber von 1300 bis 1305 wiederholt als *dominus*, und noch ums Jahr 1320 in einer Weise, die seine Rathsangehörigkeit wohl ausser Zweifel stellt, nämlich in No. 1866: „*Item (camerarii) expenderunt ex parte regis Lethowiae domino Siffrido Hogheman IV½ mrc.*" I.

48. **Holsatus**, Hinricus, zwar nur einmal (No. 451) beim J. 1303 genannt, allein anderweitig als Glied des Rathes in den Jahren 1300—307 constatirt. UB. No. 622. 2770. 3061. Reg. 910, cb. I.

49. **Institor**, Fridericus, in den Jahren 1288—91. 93. 94. 1296 ohne *dominus*, dagegen 1299 und 1300 *dominus*. Die gegen

60. Magnus, Gerhardus, in den Jahren 1289—91 constant als *dominus* und Gläubiger aufgeführt. Auch er gehört zu den zwischen Pleskau und Nowgorod beraubten Kaufleuten. UB. No. 2770. II.

61. Marscalcus, Gotscalcus, kommt nur einmal (No. 1851) im J. 1294 als Schuldner vor. Vielleicht bezieht sich auf ihn auch No. 499 vom J. 1287, wo ein Marscalcus ohne Vornamen, aber auch ohne *dominus*, als Gläubiger erscheint. Es ist kaum wahrscheinlich, dass er im Rathe gesessen, indess auch nicht unmöglich. III. Dasselbe gilt von

62. Marscalcus, Johannes, der auch nur ein einzigesmal (No. 1018) im J. 1338, übrigens als Erwerber eines Grundstücks, sich verzeichnet findet. III.

63. Mauritius, stets *dominus* und fast immer Gläubiger in runden Summen in den Jahren 1286—92. Im J. 1295 wird auf ihn eine Schuld von 30 m𝔰, mit einjährigem Zahlungstermin, eingetragen (No. 1859). Für seine Mitgliedschaft im Rath spricht alle Wahrscheinlichkeit. II.

64. Mythovia, Hinricus de, von 1286—1300 ohne *dominus*. Im letztern Jahre aber schon mit dem Prädicat und ebenso in den Jahren 1301—5. 7. 9. 16. 17; in der Zwischenzeit fehlt es einmal (No. 435) im J. 1302. Er ist übrigens auch sonst als Rigisches Rathsglied in den Jahren 1323 und 330 mehrfach nachzuweisen: UB. No. 693. 694. 741. 3071. I.

65. Mythovia, Ludovicus de, von 1286 bis 89 ohne *dominus*, von 1290 bis 1307 constant *dominus* und Gläubiger, öfters von bedeutenden Werthen. Im J. 1319 (No. 380) tritt seine Wittwe auf. Seine Rathsangehörigkeit dürfte kaum einem Zweifel unterliegen. II.

66. Monasterio, Ernestus de, kommt nur einmal (No. 939) im J. 1306 ohne *dominus* vor, ist aber ohne Zweifel derselbe, der im Jahre 1326 als Rigischer Rathmann im UB. No. 3075

genannt wird. In einer Urkunde vom J. 1323 (UB. No. 3071) erscheint sein Name als Rathsglied wieder, ist aber ausgestrichen und Rike an die Stelle gesetzt. Daraus schliesst Hildebrand[76]) auf die Identität beider: „es handle sich wohl nur um verschiedene Namen derselben Person." Ernestus Dives kommt nämlich — zum Theil in derselben Verbindung — auch sonst noch als Glied des Rigischen Rathes vor in den Jahren 1319 (UB. No. 667) und 1323 (das. No. 693), zweimal auch ganz ohne Zunamen in den Jahren 1323 und 25 (das. No. 694 und 710); in dem erstern dieser beiden Fälle ist an der Identität mit Ernestus Dives im UB. No. 693 nicht zu zweifeln. Bis aber die Identität von Ernestus Dives und Ernestus de Monasterio noch bestimmter nachgewiesen ist, dürfte es rathsam sein, beide neben einander stehen zu lassen. I.

67. Monasterio, Hermannus de, erscheint beim J. 1306 neben Ernestus de Monasterio (No. 930) ohne *dominus*. Im J. 1326 finden wir ihn im ÙB. No. 3075 als Zeugen, wieder neben Ernestus de Monasterio, und zwar mit dem Titel *dominus*. Vergl. auch das UB. No. 2803. I.

68. Monasterio, Johannes de, hat im Schuldbuch ein eigenes Folio, in Gemeinschaft mit Hermann — — (s. oben No. 44), und kommt auch sonst von 1286 bis 91 als *dominus* vor[77]). II.

69. Monasterio, Suederus de, hat gleichfalls ein eigenes Folio, und tritt von 1286 bis 1300 sehr häufig auf, immer als Gläubiger von bedeutenden Geldbeträgen auf Jahre. Er ist ohne

---

[76]) A. a. O. S. 63 Anm. 2.

[77]) In den Jahren 1297 und 1334 kommt im Schuldbuch No. 819 und 992 derselbe Name ohne *dominus* vor, gehört aber ohne Zweifel einer anderen Person an. Hildebrand unterscheidet jedoch beide nicht von einander, sondern hat sie im Register unter einer Rubrik zusammengestellt.

Zweifel auch unter dem Suederus, *consul Rigensis*, in der Urkunde v. J. 1288 im UB. No. 524 zu verstehen. I.

70. M o r e n (Morum), Conradus de, kommt in den Jahren 1286—303 mehr als fünfzigmal als *dominus* und als Gläubiger bedeutender, oft runder Geldsummen vor, desgleichen in der zu der vorhergehenden Nummer (69) erwähnten Urkunde vom J. 1288. I. Mit ihm ist nicht zu verwechseln ein anderer Conradus de Moren (vielleicht sein Sohn), der in den Jahren 1288—99 sechsmal ohne *dominus* aufgeführt wird, im J. 1317 (No. 293) mit seinen Brüdern. Dieser letztere ist wohl auch in dem UB. No. 766, a. vom Jahre 1336 gemeint. In Hildebrand's Register werden beide nicht von einander unterschieden.

71. M u t e r (Muteri, Myter), Helmicus, 1300 und 303 ohne *dominus*. Im J. 1319 (No. 1905) wird er *dominus* genannt und von ihm angegeben, dass er — wahrscheinlich Namens des Rathes — dem Erzbischof Friedrich von Riga 100 kleine Gulden überreicht. I.

72. O d e n p e, Everhardus de, wird im J. 1289 (No. 338) ohne *dominus* als Schuldner aufgeführt. Im J. 1292 (No. 663) erscheint: *„Johannes Semigallus, servus Everhardi de Odempe,“* und im Jahre 1290 derselbe *„J. Semigallus, qui fuerat servus domini Everhardi.“* Alle drei Inscriptionen stammen von demselben (dem zweiten) Schreiber und sind wenig geeignet, die Rathsangehörigkeit des Eberhard irgend wahrscheinlich zu machen. IV.

73. O d e n p e, Siffridus de. Im J. 1295 (No. 757) finden wir (vom dritten Schreiber) verzeichnet einen *„Johannes, filius* (ohne *dominus*) *Sifridi de Odenpe,“* und im J. 1286 (No. 1778 vom ersten Schreiber) einen *„Heinricus, domini Sifridi filius de Odenpe.“* Sonst kommt Sifrids Name nirgends vor, an seiner Rathsmitgliedschaft dürfte also mit Grund gezweifelt werden. IV.

74. Oldenvere (Olver, nicht Oldenum), Hermannus de, ist in dem Zeitraume von 1307 bis 1314 von vier verschiedenen Schreibern (10—13) je einmal eingetragen, das zweitemal (No. 962) als *dominus*, sonst immer ohne diesen Titel. Liegt hier ein Irrthum vor, so ist derselbe eher von dem einen (elften), als von den drei andern, begangen, und ist es demnach sehr zweifelhaft, dass Oldenvere im Rathe gesessen. IV.

75. Osenbrugge, Arnoldus de, wird nur im J. 1299 (No. 1595) als Vater des Wernerus erwähnt und ist sonst ganz unbekannt. Dass er Rathsglied war, ist nicht unmöglich, zumal der Name einer alten Norddeutschen Particierfamilie angehört. III.

76. Ostinchusen (Ostenhusen), Henricus de, wird 1295 (No. 1122) als *dominus*, dagegen dreimal, in den Jahren 1295, 1300 und 305 (von verschiedenen Schreibern) ohne das Prädicat aufgeführt. Da er auch in einer Urkunde vom J. 1288 (UB. No. 524) als Glied des Rigischen Rathes erscheint, so mögen sich die ebengedachten drei Inscriptionen auf einen Namensvetter beziehen[78]). I.

77. Ostinchusen, Johannes de, in den Jahren 1289 bis 1300 ohne *dominus*, im Jahre 1303 *dominus*. Ein Johann Ostinchusen erscheint im Jahre 1304 als Rigischer Bürger und Procurator der Stadt bei der Römischen Curie (UB. No. 619), im Jahre 1305 als Zeuge in einer zu Riga ausgestellten Urkunde (das. No. 617), ohne das Prädicat *dominus*, unmittelbar hinter den Namen zweier Rathsglieder. In den Jahren 1316, 1318 und noch 1325 scheint er in dem Streit des Ordens mit dem Erzbischof Friedrich von Riga, als erzbischöflicher Vasall, eine

---

[78]) Ob der im J. 1362 (UB. No. 990) als verstorben bezeichnete Lehnsbesitzer des Ostinchusenholm in der Düna mit ihm identisch ist, wie Hildebrand (S. 31 Anm. 3) meint, mag dahingestellt sein.

wichtige Rolle zu spielen (UB. No. 654, 661, 710 und 2775), allein nirgends wird er *dominus* genannt. Hiernach dürfte man wohl berechtigt sein, ihn aus der Rigischen Rathslinie auszuschliessen. V.

78. Ostinchusen, Volquinus de, findet sich nur einmal (No. 467) im J. 1286 als *dominus* verzeichnet, ist aber ohne Zweifel identisch mit dem *dominus Volquinus, consul Rigensis.* in einer Urkunde vom Jahre 1282 (UB. No. 481, a). Weniger wahrscheinlich ist seine Identität mit dem „Herrn Volquin von Ostenhusen" in dem sog. Sühnebriefe vom J. 1330 (UB. No. 741). In Arndt's Chronik (II, 348) wird beim J. 1302 ein Wolquin von Osthusen verzeichnet, welcher schon eher hierher gehört. Es müssten demnach zwei Personen des Namens unterschieden werden, deren erster in den Jahren 1282—1302, der andere um 1330 im Rigischen Rathe sass[79]). I.

79 u. 80. Pape, fratres Hermannus und Johannes, werden im J. 1352 (No. 212) als verstorben aufgeführt. Es sind ohne Zweifel dieselben, welche im Jahre 1338 einen bei Soest belegenen Hof verkaufen (UB. No. 2808). In demselben Jahre finden wir, als Zeugen, den Johannes Pape, *proconsul Rigensis* (UB. No. 2809), und mit ihm ist unstreitig identisch der Rigische Rathmann Iwan Pap in dem ums Jahr 1340 mit Smolensk abgeschlossenen Handelsvertrage (UB. No. 796). Johannes ist mithin gewiss, Hermann höchst wahrscheinlich auch Rathsglied gewesen[80]). I. II.

81. Pape, Siffridus, kommt in den Jahren 1299 und 300 ohne *dominus* vor, in letzterem Jahre aber führt er schon den

---

[79]) Böthführ unterscheidet auch zwei Rathsherrn dieses Namens in No. 69 und 116, vertheilt sie jedoch anders: 1) 1282—1330 und 2) 1302. Hildebrand (S. 35 Anm. 1) scheint sie für identisch zu halten.

[80]) S. überhaupt Hildebrand S 16 Anm. 1.

Titel und ebenso zweimal im J. 1307. Für seine Rathsverwandtschaft spricht alle Wahrscheinlichkeit. II.

82. Parvus, Andreas, heisst einmal im J. 1287 (No. 1316)
dominus, sonst wird ihm, auch von demselben Schreiber, und
von andern, fünfmal, in den Jahren 1287. 89. 94 und 1301 das
Prädicat nicht gegeben. Im J. 1289 (No. 1336) empfängt er
mit Arnoldus Crispus (s. oben No. 30) eine Geldsumme für die
Kirche in Smolensk. Die einmalige Ertheilung der Titulatur
dürfte auf einem Irrthum beruhen, die Rathsangehörigkeit jedenfalls zweifelhaft sein. IV.

83. Parvus, Helmicus, im J. 1287 zweimal *dominus* genannt, creditirt Geld und Wachs. Gegen die Möglichkeit, dass
er Rathsglied gewesen, ist nichts einzuwenden. III.

84. Parvus, Herbordus, erscheint auch nur zweimal als
dominus, im J. 1286, übrigens als Schuldner von Wachs und
Geld; daher auch nur Möglichkeit anzunehmen. III.

85. Parvus, Jacobus, wird im J. 1318 (No. 981) als Vater
eines gleichnamigen Sohnes genannt: „*Jacobus, filius domini
Jacobi Parvi.*“ Dass er Rathsglied gewesen, ist um so weniger
wahrscheinlich, als in den Jahren 1292—1307 sehr häufig ein
nicht titulirter Jacobus Parvus vorkommt, dessen *filius* in No.
981 gemeint sein könnte[81]). IV.

86. Plumbom, Johannes, in den Jahren 1297—1304 ohne
dominus, dagegen 1305. 307. 14 und 19 stets *dominus*, auch Grundeigenthümer, mithin sehr wahrscheinlich Glied des Rathes. II.

87. Ratgeve, Johannes, erscheint im J. 1291 (No. 628)
als *dominus*. Als Rigischer Rathmann fiel er am 29. Juni 1298
in der Schlacht bei Neuermühlen. S. mein Archiv Bd. II.
(Ausg. 2) S. 223. I.

---

[81]) Vergl. Hildebrand S. 66 Anm. 1.

88. **Radtporton**. Helmicus, im Schuldbuch unter dem Namen *Helmicus iuxta portam* (auch *domum*) *consulum* vorkommend, hat sein eigenes Folio, und erscheint auch sonst in den Jahren 1288—304 stets als *dominus*. Für seine Rathsangehörigkeit spricht mithin die grösste Wahrscheinlichkeit. II.

89. **Radtporten**, Johannes, beim J. 1323 ohne Titel aufgeführt, lässt sich, als Rigischer Rathmann, im J. 1330 in Lübeck für 308 m𝔎 Lüb. Pf. Renten kaufen (Lübeck. UB. II. No. 515) und ist auch in demselben Jahre im sog. Sühnebrief (UB. No. 741) genannt. I.

90. **Rese** (Gygas), Gerlacus, erscheint im Schuldbuch unter dem Latinisirten Namen in den Jahren 1286—91 und 1307 und hat sein eigenes Folio. Er kommt auch sonst häufig in Urkunden vor, aber auch erst seit 1286 als Glied des Rigischen Rathes. UB. No. 481, a. 505. 606. 617. 622. 741. 3052. 58. 59. Reg. 683, c. d. S. auch mein Archiv Bd. II. (Ausg. 2) S. 218 [*]). I.

91. **Rese**, Hinricus, im J. 1314 (No. 314) ohne Titel vorkommend, erscheint urkundlich als Rathmann im J. 1330 (UB. No. 741). I.

92. **Rigemunde**, Johannes de, in den Jahren 1289. 91 bis 1293. 98 und 300 häufig vorkommend, immer *dominus* genannt und meist Gläubiger. In einer Urkunde vom J. 1287 (UB. No. 519) wird er noch *civis Rigensis* genannt; im J. 1298 in meinem Archiv II, 218 „Herr Johann von der Rigemunde Porten." II.

93. **Ripen**, Willikinus de, wird im J. 1315 ohne *dominus* aufgeführt, 1339 aber *dominus* genannt. Sonst ganz unbekannt, kann er möglicher Weise Rathsglied gewesen sein. III.

---

[*]) S. überhaupt Hildebrand S. 15 Anm. 1.

94. Riquinus kommt im J. 1291 zweimal, beidemal als *dominus*, vor. Gegen die Möglichkeit seiner Rathsmitgliedschaft ist nichts einzuwenden. III.

95. Rode, Hermannus, heisst im J. 1336 *dominus* und erscheint auch sonst im J. 1330 urkundlich als Rigischer Rathmann. UB. No. 741. I.

96. Rogge, Johannes, begegnet im Schuldbuch (No. 982) nur einmal im J. 1323 und zwar ohne *dominus*, ist aber höchst wahrscheinlich der in demselben Jahre urkundlich auftretende Rigische Rathmann des Namens. UB. No. 691. I.

97. Rogge, Walterus, erscheint in den Jahren 1287. 91. 1293. 95. 300 und 304 constant mit dem Prädicat *dominus*, und ist auch anderweitig als Rigisches Rathsglied nachzuweisen (mein Archiv II, 218). Wenn daher der Name einmal, im J. 1305 (No. 1196), ohne *dominus* verzeichnet ist, so geschieht dies von einem neuen (dem neunten) Schreiber, und ist daher ein Fehler, falls darunter nicht ein Namensvetter des Rathmanns zu verstehen ist. Für die Jahre 1287—1304 ist die Rathsherrnwürde als erwiesen anzusehen. I.

98. Ropa, Wernerus de, erscheint 1297. 1314 und 20 ohne *dominus*, dann 1320 und 23 als *dominus*, dagegen 1327 und 28 von demselben Schreiber (dem dreizehnten) wieder ohne das Prädicat. Da er im J. 1330 urkundlich als Stadtvoigt auftritt (UB. No. 741), so ist nicht zu zweifeln, dass er seit 1320 dem Rathe angehört hat. I.

99. Rosis, Otto de, tritt nur einmal (No. 650) im J. 1291 als *dominus* auf, wo der Rathmann Johann Dovinch für ihn und seinen Bruder Ludolphus de Wenda Bürgschaft leistet. Es kann wohl nicht bezweifelt werden, dass in diesem Rosen der erzbischöfliche Vasall, Ritter und Stiftsvoigt des Namens zu erblicken ist, welcher seit 1282 öfters in Urkunden genannt

wird (UB. No. 481, a. 547. 2884) und im J. 1298 als Anführer des erzbischöflichen Heeres gegen den Orden fiel (s. mein Archiv II, 219 fg.). Er war ein Freund der Stadt Riga, aber kein Glied ihres Rathes[13]). V.

Rostok, Bertrammus, s. oben No. 9 Bertrammus.

100. Rostok, Gerhardus de, kommt nur einmal (No. 488) im J. 1287 in Gemeinschaft mit Bertrammus vor. Es ist nicht unmöglich, dass er im Rathe gesessen. III.

101. Sassendorp, Richardus de, wird vom dritten Schreiber im J. 1295 (No. 1293) dominus genannt; auch der fünfte Schreiber führt im J. 1300 (No. 1144) einen dominus Richardus (ohne Zunamen) auf, der auf Sassendorp zu beziehen sein dürfte[14]); der sechste dagegen giebt demselben gleich darauf, im Jahre 1301 (No. 1160), das Epitheton nicht. Ausserdem kommt Richard Sassendorp in den Jahren 1289 (No. 217), 1299 und 1301 (No. 1297 und 1299) ohne dominus vor. Im Jahre 1287 finden wir unter diesem Namen einen Gesandten der Stadt Riga nach Wisby (UB. No. 3052), der unstreitig Rathmann war. Dass wir also ein Glied des Rigischen Rathes vor uns haben, dürfte um so weniger einem Zweifel unterliegen, als die Familie Sassendorp auch sonst im Rigischen Rathe vertreten ist; nur die Dauer seiner Mitgliedschaft ist, obiger Widersprüche wegen, nicht mit Sicherheit zu bestimmen, es sei denn, dass man unter dem nicht titulirten einen Namensvetter verstehen wollte. I.

102. Seyme (Seymo, Zeymo), Johannes, ist in den Jahren 1286 und 87 wiederholt als dominus verzeichnet; im J. 1289 (No. 552) finden wir schon die Wittwe des Johannes Seymo, ohne dominus. Dessen ungeachtet ist er mit grosser Wahrscheinlichkeit als Rathsglied anzusehen. II.

---

[13]) Hildebrand S. 46 Anm. 4.
[14]) Das. S. 76 Anm. 1.

103. Seyme, Lambertus, in den Jahren 1294. 96—98 1304—6 häufig als *dominus* bezeichnet, ist auch urkundlich als Rigischer Rathmann in den Jahren 1305 und 307 nachzuweisen (UB. No. 617. 622. 3058). Wenn daher im Schuldbuch in den Jahren 1293. 95—97 und 1301 ein Lambertus Seymo ohne *dominus* vorkommt, so dürfte darunter wohl nicht unser wohlbegründetes Rathsglied zu verstehen sein, sondern ein Anderer, welcher nicht selten mit dem Zusatz „*iunior*" auftritt. Mit diesem letztern ist wohl auch der im J. 1302 im UB No. 606 mit dem offenbar entstellten Namen „*Lambertus de Seym*" auftretende „*civis Rigensis*" identisch. I.

104. Stake, Hermannus, erscheint nur einmal im J. 1287 (No. 322) als *dominus*, und könnte dem Rathe angehört haben. III.

105. Suederus prope Dunam wird von Böthführ No. 93 mit Beziehung auf das Schuldbuch als Rathsglied aufgeführt: ist jedoch, wenigstens in dem Hildebrand'schen Abdruck, nicht aufzufinden. V.

106. Thidemannus (Thidericus), *filius Advocati* (auch ohne *filius*), wird im Jahre 1301 von dem sechsten Schreiber ohne *dominus* verzeichnet, im J. 1302 von demselben wiederholt *dominus* genannt, desgleichen 1307 vom neunten Schreiber; dagegen 1314 und 1315 vom zwölften und dreizehnten Schreiber nicht. Er tritt immer als Gläubiger auf. Es ist nicht unwahrscheinlich, dass er von 1302 bis 1307, vielleicht bis 1315 im Rathe gesessen. II.

Thidericus Wigheri, s. unten No. 122 Wigheri.

107. Thoys, Hermannus de, der nur einmal im J. 1319 (No. 294) als Credit gebender *dominus* auftritt, kann nicht wohl ein anderer sein, als der in den Jahren 1328 bis 1343 in Urkunden häufig genannte Estländische Vasall und Ritter des Namens

(UB. No. 734, a. 792. 813. 814. 818. 820), ist also aus der Rathslinie zu streichen⁸⁵). V.

108. Toys (Toyse, Toyce, Teisne), Johannes de (auch ohne
de), erscheint in den Jahren 1289 bis 1303 sehr häufig ohne
dominus, in den Jahren 1303 und 304 aber wird ihm das Prädicat beigelegt: mithin war er höchst wahrscheinlich im J. 1303
in den Rath getreten. II.

109. Tralowe, Henricus, sehr oft in den Jahren 1289.
1292—95. 300—305. 309 und 10, stets als *dominus* und Gläu-
biger, in No. 927 auch als Grundeigenthümer aufgeführt. Eine
Inscription vom J. 1327 (No. 990), welche den Namen ohne
Titel als Gläubiger angiebt, ist wieder ausgestrichen und unmit-
telbar darauf mit Johannes Tralowe als Gläubiger wiederholt.
Uebrigens finden wir noch im Jahre 1329 Heinrich Tralowe als
Sendeboten der Stadt Riga an den Grossfürsten Gedimin von
Litthauen, und als Führer der Litthauer auf deren bald darauf
erfolgtem Zuge gegen den Orden⁸⁶). I.

110. Velyn, Herbordus de, kommt nur einmal im Jahre
1292 (No. 1092) als *dominus* und Gläubiger vor. Seine Rathsangehörigkeit ist nicht unmöglich. III.

111. Velyn, Johannes de, in den Jahren 1307—13 ohne
dominus, 1313 und 14 *dominus*, 1317 wieder ohne Titel. Diese
letztere Angabe (No. 979) des dreizehnten Schreibers mag wohl
auf einem Flüchtigkeitsfehler beruhen, da derselbe Schreiber ihn
früher (No. 970) *dominus* nennt, und wir ihm noch in den Jahren
1330 und 38 in Urkunden (UB. No. 739. 7112 und 2809) als
Bürgermeister begegnen. I.

---

⁸⁵) Damit einverstanden ist auch Hildebrand S. 22 Anm. 2.
⁸⁶) Hermann von Wartberge in den *Script. rer. Pruss. II*, 64
S. auch noch das UB. No. 966, a und 2884, wo er übrigens irrig Johannes
Tralowe genannt wird.

112. Vinario (de domo ,vini, Winhus), Ertmarus de, kommt nicht weniger als 23 mal, von 1292—1316, ohne *dominus* vor. Nur einmal (No. 960), ums Jahr 1310, wird er *dominus* genannt, bald darauf (No. 965) wieder nicht. Im J. 1338 (No. 1381) liest man: „*hereditatis lapideae, quae quondam domino Ertmaro antedicto (scil. de Vinario) attinebat.*" Bedeutet das „*quondam*" so viel als „weiland"? — Jedenfalls erscheint Ertmars Mitgliedschaft im Rathe hiernach zweifelhaft. IV.

113. Vundenguth, Ertmarus, wird von den verschiedensten Schreibern (2—8) in den Jahren 1294 bis 1304 bald mit dem Prädicat *dominus* versehen, bald nicht, indessen trifft letzteres viel häufiger zu (20 mal), als ersteres. Noch im J. 1302 finden wir das „*dominus*" weggelassen, und schon 1296 und zuletzt 1304 dem Namen vorgesetzt. Dies schliesst übrigens die Möglichkeit der Rathsangehörigkeit in den Jahren 1296 bis 1304 nicht aus[87]). III.

114. Vunke (Vunco), Bernhardus, begegnet nur zweimal, im Jahre 1288 ohne *dominus*, im J. 1291 von demselben Schreiber *dominus* genannt. Es ist möglich, dass er im letztern Jahre Rathsglied gewesen. III.

115. Warendorp, Bruno de, kommt nur einmal im Jahre 1390 vor, und ist unstreitig kein anderer, als der vieljährige Lübecker Rathmann und Bürgermeister, von 1289—1341. In die Rigische Rathslinie gehört er entschieden nicht[88]). V.

116. Warendorp, Johannes de, wird in den Jahren 1306 und 1307 wiederholt *dominus* genannt. Sonst findet man ihn bereits im J. 1284, übrigens wohl noch nicht als Rathsglied, an einem Rechtshandel in Smolensk betheiligt (UB. No. 3049); als Rathmann aber erscheint er urkundlich in den Jahren 1307, 1319

---

[87]) Vergl. noch Hildebrand S. 27 Anm. 8.
[88]) S. ebendas. S. XXXIII Anm. 1 und S. 24 Anm. 4.

und 1330 (UB. No. 622. 667. 741); im Jahre 1349 wird seiner im UB. No. 895,a. als eines Verstorbenen gedacht. I.

117. Wenda, Ludolphus de, wird von dem zweiten Schreiber in den Inscriptionen 45 und 51 vom J. 1294 *dominus* genannt. desgleichen in No. 1561 vom J. 1293; unmittelbar darauf, in No. 1562, fehlt das Prädicat; ebenso in noch sechs anderen Inscriptionen aus den Jahren 1291—94, und in einer Inscription des dritten Schreibers (No. 777) vom Jahre 1296. Erwägt man überdies, dass unser Ludolph in No. 650 als Bruder des Ritters Otto von Rosen (s. oben No. 99) bezeichnet wird, so erscheint seine Rathsangehörigkeit mindestens sehr zweifelhaft **). IV.

118. Wynman (Wyman), Albertus, hat mit seinem Bruder Richard (No. 120) ein eigenes Folio. Da er in der Ueberschrift desselben die erste Stelle einnimmt, so war er wohl der ältere unter den Brüdern. Er tritt in den Jahren 1286—1305 auf, zuletzt in No. 106 (wo er übrigens nicht *dominus* genannt wird) mit einem ungetilgt gebliebenen Schuldposten von 100 *mk* Silbers. An seiner Mitgliedschaft im Rathe dürfte übrigens kaum zu zweifeln sein. II.

119. Wynman, Giselerus, erscheint fünfmal, in den Jahren 1306 und 307, gewöhnlich in Gemeinschaft mit Wolterus Wynman, wird aber nur einmal (No. 1202) *dominus* genannt. Hierher gehört übrigens auch der oben unter No. 42 aufgeführte *dominus* Giselerus, und dann finden wir in einer Urkunde vom J. 1307 (UB. No. 622) den Giseler Wynmann ausdrücklich als *consul Rigensis* bezeichnet. I.

120. Wynman, Richardus, Alberts (No. 118) Bruder. kommt in den Jahren 1286—96 vor, aber bloss der erste Schreiber giebt ihm 1286 und 87 den Titel *dominus*, der zweite und dritte nennen ihn ohne dieses Prädicat. Höchst wahrschein-

---

**) Vergl. Hildebrand S. 58 Anm. 3.

lich ist er aber unter dem „*dominus Richardus, consul Rigensis,*"
in einer Urkunde vom J. 1282 (UB. No. 481, a.) zu verstehen,
und somit als Rathsglied anzuerkennen; nur für die Zeit nach
dem J. 1287 bleibt dies unentschieden. I.

121. W i e b o l d u s wird häufig genannt, von 1286 bis 93
ohne *dominus*, von 1295 aber bis 1303 constant als *dominus*,
ist daher so gut wie gewiss als zum Rathe gehörig anzusehen. II.

122. W i g h e r i (filius), Thidericus, wird zwar einmal, im
J. 1302 (No. 869), *dominus* genannt, dagegen viermal, in den
Jahren 1288, 1302 und 303 ohne das Prädicat. Seine Mitglied-
schaft im Rathe muss daher als zweifelhaft bezeichnet werden. IV.

Zeymo, s. Seyme, oben No. 102 und 103.

123. Z o y l a n t, Bodo (Regenbodo), tritt in den Jahren
1288—97 öfters auf, es wird ihm aber nur einmal (No. 398), im
J. 1296, das Epitheton *dominus* beigelegt, daher auch an seiner
Rathsangehörigkeit gezweifelt werden muss. IV.

Will man das Ergebniss der vorstehenden Untersuchung in
Zahlen ausdrücken, so gehören von den 123 verzeichneten Personen

in die e r s t e Classe, der erweislichen Rathsglieder, 37 oder 30%,
in die z w e i t e, welche mit der ersten so gut wie
                         zusammenfällt,   33 oder 27%,
in die d r i t t e, deren Mitgliedschaft nur möglich, 24 oder 20%,
in die v i e r t e, der zweifelhaften Glieder,   18 oder 14%,
in die f ü n f t e, der aus der Rathslinie Auszu-
                    schliessenden [**]),   11 oder 9%.

[**]) Diese mögen, da sie in der Folge nicht weiter in Berücksichtigung kommen, hier noch einmal zusammengestellt werden. Es sind:
Alexander, Gerlacus Campsor, Christianus Cerdo, Ludolphus Dives, Giselerus (Langheside), Johannes de Lubeke, Johannes de Ostinchusen, Otto
de Rosis, Suederus prope Dunam, Hermannus de Thoys und Bruno de
Warendorp.

Dritter Zeitraum.

Vom Jahre 1352 bis 1423.

In diesem Zeitabschnitt bedarf Böthführ's Rathslinie nur einzelner Berichtigungen und Nachträge. Erstere beziehen sich darauf, dass 1) in vier Fällen dieselben Personen mehrfach aufgeführt sind (No. 136 und 137, 201. 234 und 249, 215 und 219. 255 und 261) und 2) dass andere mit Unrecht in die Rathslinie aufgenommen worden (No. 248. 263). Die Nachträge bestehen meist in der Angabe von neuen Quellenzeugnissen, durch welche auch die Dauer des Sitzes im Rathe für einzelne Mitglieder genauer bestimmt wird, zum Theil aber auch in dem Nachweise mehrerer zur Zeit der Herausgabe der Rathslinie unbekannt gewesener, daher in dieselbe nicht aufgenommener Rathsglieder. Diese letztern mögen nachstehend zuerst zusammengestellt werden:

1. Wilhelm van dem Bussche kommt bloss vor in dem Städterecess zu Pernau vom J. 1369 (UB. No. 2895), woselbst die Rigischen Sendeboten unter den von ihrer Stadt verausgabten Summen aufführen: *„It. VIII mark, dei van hern Wilhelm van dem Bussche worden op genomen."* Da unmittelbar vorher und nachher notorische Glieder des Rigischen Rathes in ganz ähnlicher Weise genannt werden, so ist wohl auch Bussche als solches anzusehen. Uebrigens darf nicht unbemerkt bleiben. dass in demselben Absatze des Recesses auch ein Glied des Dorpater und eines des Reval'schen Rathes (Wolter van der Borch und Richard Rike) als Empfänger einer Geldsumme von Seiten Riga's bezeichnet werden. Daher kann die Rathsangehörigkeit Wilhelms v. d. Bussche nur als eine sehr wahrscheinliche, keinesfalls unwiderlegliche, angenommen werden.

2. Jacob Brothagen erscheint im J. 1412 in den Rigischen Kämmereirechnungen (UB. IV, 878 No. 1954) mit dem Titel Herr, und ebenso in einem Schreiben des Rigischen Rathes an den Hochmeister vom J. 1417 (UB. No. 2165); in letzterem wird neben ihm

3. Johann Wynranken auch „Herr" titulirt. Obschon beide nicht wieder vorkommen, so mögen sie doch Glieder des Rathes gewesen sein.

4 und 5. Johan Wallace und Johan Bodeke werden im J. 1450 im Rigischen Denkelbuche (UB. No. 2953, 29) gemeinschaftlich mit Steffen vom Sande, welcher anderweitig als Rathsglied nachzuweisen ist[*]), genannt, und zwar ist jedem derselben das Epitheton „Herr" gegeben, so dass man auch sie für Mitglieder des Rathes halten muss. Endlich ist hier noch zu erwähnen

6. Johann Sure, der in dem Notariatsinstrumente vom 9. December 1412 (UB. No. 2992), betreffend die von dem Herzog Witaut den Rigensern in Polozk abgenommenen Waaren, unter den Betheiligten mit dem Prädicat „Herr" aufgeführt wird. In einer Urkunde des Rathes über denselben Gegenstand vom 3. Febr. 1413 (No. 2995) heisst es dagegen: *„Claws Zuren, van Johan Suren wegen etc.",* es fehlt also das Prädicat. Dieses steht aber hier auch nicht vor dem Namen des Claws Zure, der doch im Eingange der Urkunde ausdrücklich *„medecumpan unses rades"* genannt wird. Man könnte daher vermuthen, dass auch Johann Sure zum Rigischen Rathe gehörte, wenn nicht um dieselbe Zeit, im J. 1411, in Dorpat ein Rathsherr dieses Namens vorkäme (UB. No. 1822), der höchst wahrscheinlich auch hier gemeint ist.

---

[*]) Bei Böthführ hat er, wohl aus Versehen, eine unrichtige Stellung unter No. 410, anstatt zwischen den Nummern 281 und 282, erhalten..

Die übrigen Ergänzungen, so wie die Berichtigungen, werden sich am füglichsten in der in Böthführ's Rathslinie befolgten Reihenfolge, als Zusätze zu den bezüglichen Nummern derselben. zusammenstellen lassen.

136 und 137. Hier finden wir „nach Arndt und anderen Verzeichnissen" die Namen Gerhard Bobbe und Leonhard Bobbe, den erstern als Bürgermeister, bei beiden die Jahrzahl 1318; von Leonhard wird auch das Todesjahr, 1358, angegeben; endlich bemerkt, dass im Denkelbuche im Jahre 1386 ein Erbe aufgelassen wird, belegen: „ultra radportam penes hereditatem domini Gerhardi Bobben." Es sind dies fast so viele Unwahrscheinlichkeiten und Widersprüche, als Angaben. Zunächst erscheint schon der Vorname „Leonhard" verdächtig, da er sonst weder in Riga, noch sonst im alten Livland, auch nicht in Hansa'schen Urkunden jener Zeit, anzutreffen ist. Schon daraus möchte man — zumal bei der Unlauterkeit der Quellen — schliessen, dass der Name verlesen ist, statt Gerhard, dass daher beide identisch sind, wofür auch der Umstand spricht. dass beiden dieselbe Jahrzahl, 1318, beigefügt ist. Dass ferner ein Mann, der bereits 1318 Bürgermeister (also in vorgerückterem Alter) war, erst 1358 gestorben, jenes Amt also mindestens 40 Jahre bekleidet, ist möglich, jedoch wenig wahrscheinlich. Wie aber derselbe dominus Gerhardus Bobbe noch im Jahre 1386 in einer Weise erwähnt werden kann, die ihn als noch lebend voraussetzen lässt (d. i. ohne das in solchen Fällen sonst unfehlbare „quondam"), ist vollends unbegreiflich. Wir dürfen hiernach höchstens annehmen, dass ein Gerhard Bobbe, wahrscheinlich im J. 1318, im Rigischen Rathe gesessen.

146. Joh. Copman kommt im UB. No. 713, b (nicht 723, b) vor.

149. Heinrich Meye trifft man schon im J. 1326 (UB. No. 3075) und noch 1338 an (das. No. 2809).

159. Detmar Domcrusse wird im UB. No. 849, a (nicht 849) *dominus* genannt.

165. Zu Joh. Bolto im J. 1366 zu vergleichen UB. No. 2885 und 3213.

166. Zu Heinr. Berner, 1368 und 69, UB. No. 2894 und 2895.

168 und 169. Zu Arn. Vorwerk und Joh. Durkop, im J. 1369, UB. No. 2895.

171. Zu Bruno Koveld, im J. 1373, die Recesse der Hansatage von 1256—1430. Bd. II. No. 53. 68. 69.

173. Meynart van Bochem (Sandbocheim) tritt schon 1369 auf im UB. No. 2895 und war 1383 Bürgermeister (das. No. 1190).

174. Vrowinus Remelingrode, auch Vrowin Remmelingk, 1381 in den Recessen der Hansatage II. No. 232. 238. War 1383 Bürgermeister. UB. No. 1190.

175 und 176 scheinen identisch zu sein, und Aneren nur verlesen statt Emmern.

177. Tymmo Holste begegnet uns 1385 im UB. No. 2953, 3, im J. 1386 das. No. 1392, und noch im December 1412 das. No. 2992.

179. Thidemannus Grane oder Grana, beim J. 1383 in den Recessen der Hansatage II. No. 266.

180. Wulfard van Ravenslage tritt auch noch in den Jahren 1398 und 1405 auf. UB. No. 1459. 656. 664. Reg. 1646. 1769. 788.

183. Tidemann van der Halle kommt auch vor in den Jahren 1386. 1394 und noch 1397, seit 1391 als Bürgermeister. UB. No. 1359. 1459. Recesse der Hansatage No. 323.

184. Tidemannus de Lynden, im UB. No. 1592 im J. 1388.

185. Caesarius Vockinchusen. S. auch das UB. No. 1602. 1664.

187. Johann van Colne stiftete eine Vicarie in Dortmund. UB. No. 3101.

188. Conrad Durkop erscheint im UB. No. 1602 v. J. 1402 und in der Reg. 2013 vom Jahre 1406. S. auch UB. No. 2951.

191. Rutgerus Zoust kommt schon im J. 1369 als Rathsglied vor. UB. No. 2895.

197. Tidemann Nyenbrugge wird ausser in den angeführten noch in vielen andern Urkunden genannt: UB. No. 1459. 83. 545. 553. 2924. 25. 45—47. Reg. 1654, b. 1768. 88. 2144, a.

199. Cord Visch begegnet gleichfalls noch in vielen Urkunden und zwar bis zum Jahre 1421. UB. No. 1620. 954. 970. 2006. 67. 2992 und 95. Reg. 1768. 2197.

200. Hermann Winkel. Hier ist 1381 wohl ein Druckfehler für 1391.

201. Lubbert Wittenborg tritt sehr häufig in den Jahren 1393. 94. 96. 99. 1401. 1402. 1407 und noch 1418, meist in Angelegenheiten der Stadt thätig, auf. UB. No. 1597. 98. 1602. 1642. 729. 954. 2286. 2945—47. Bei Böthführ ist er unter No. 249 noch einmal aufgeführt und muss dort wohl wegfallen. Kein Anderer, als dieser Lubbert, kann ferner der unter No. 234 nach Wiedau, Arndt und anderen Verzeichnissen aufgestellte Lubbert Mistenborch oder Wissenborch sein. Wiedau lässt ihn 1412 in der St. Petrikirche begraben werden, Arndt im J. 1421 noch leben. Diese unbelegten Angaben müssen unstreitig den urkundlich festgestellten weichen.

207. Johan Loman begegnet auch im UB. No. 1545.

209. Eggert (auch Egbert, niemals aber Eginhard) Berkhoff wird in den Kämmerei-Rechnungen (UB. No. 1954. 2029.

2659) bald bloss beim Vornamen genannt, bald auch mit dem Zunamen. S. noch Reg. 2283.

212. Gottschalk B r e d e b e k e oder Bredebach (Bredebecker ist offenbar unrichtig). Dass er noch 1434 und 35 Landvoigt war, beruht auf einem Versehen, denn er bekleidete dies Amt nur bis zum J. 1403. S. UB. No. 1593, 3 und Reg. 1898. Er lässt sich übrigens noch 1405. 1407. 1409—11 urkundlich nachweisen. UB. No. 1954. Reg. 1980. 2048. 115. 160. 197.

215. Johann v o n W y s e n b e r g, bei welchem das Jahr 1387 wohl nur ein Druckfehler statt 1397 ist, bloss auf Arndt und andere Verzeichnisse gestützt, welche dafür auch die Namen Tiesenberg und Vrisenberg haben, ist höchst wahrscheinlich identisch mit dem nach denselben unsicheren Quellen unter No. 219 verzeichneten Johann Fristenberg vom J. 1399. Vermuthlich ist V r e s e n b e r g für beide der richtige Name. Dass der unter No. 285 aufgeführte Johann Vresenberg, der in den Jahren 1440 und 41 Landvoigt und 1458 verstorben war, dieselbe Persönlichkeit sei, ist nicht wohl anzunehmen. Man muss also zwei Rathsglieder des Namens supponiren, von denen der ältere, hierher gehörige, in den Jahren 1397 und 1399 im Rathe sass.

216. Hermann B o b b e oder Bubbe tritt urkundlich in den Jahren 1412. 13 und 22 auf. UB. No. 1656. 2160. 2235. 2249. 2282. 2992. 95. Reg. 2076. 2116.

218. Johann R o s t o k begegnet 1412 und 13 im UB. No. 2992 und 95.

219. Johann F r i s t e n b e r g ist zu streichen. S. No. 215.

220. Johann W a n t s c h e d e war im J. 1412 Bürgermeister und tritt noch im J. 1421 auf. UB. No. 1602. 1818. 2521. 2992. Reg. 2013. 48. 115. 274.

221. Tideman v a n N i e n l o, auch van dem Loe, Loo. UB. No. 1729. 46. 72. 2981. Reg. 2013. 76. 144, a. 234.

222. Johann Rynman (Ryman) erscheint in den Kämmerei-Rechnungen (UB. No. 1954) als Empfänger einer Leibrente, was an seiner Rathsangehörigkeit zweifeln, vielmehr vermuthen lässt, dass er Geistlicher war und als solcher den Titel „Herr" erhielt.

223. Burchard (nicht Bernhard) Wesendael, ohne Zweifel derselbe, der bereits in den Jahren 1383 und 84, als „*clericus Brandenburgensis diocesis, publicus imperiali auctoritate notarius*", in dem Streite der Stadt Riga mit dem Domcapitel eine Reihe von Notariats-Instrumenten ausgefertigt (UB. No. 1190. 91. 96. 1199. 1200. 1202. 3. 5 und 6), dann, wahrscheinlich im J. 1384 (UB. Bd. VI. Reg. S. 85 *ad* Reg. 1832), in derselben Angelegenheit vom Rigischen Rath an die päbstliche Curie gesandt wurde (UB. No. 1527). Als Rathsglied erscheint er zuerst in einer Urkunde v. J. 1396 (das. No. 1511) und dann öfters: No. 1656. 1954. Reg. 1788.

225. Godeke Odeslo (nicht Oleslo), kommt noch im J. 1420 vor. UB. No. 2358.

230. Hartwich Steenhus wird in Urkunden häufig genannt, auch noch im J. 1419. S. UB. No. 1747. 829. 943. 2151. 301. 2329. 2992. 95.

231. Albert Stokman. UB. No. 1697. 98. Reg. 2076. 2274. 83.

233. Henning Deterdes, war noch 1412 und 13 Rathsglied. UB. No. 2292. 95.

234. Lubbert Mistenborch ist zu streichen. S. oben No. 201.

235. Johan Woynchusen sass bereits 1406 im Rathe. UB. No. 1954.

241. Claws Sure war auch noch 1413 Rathsglied. UB. No. 29.15.

244. Hartwich Segevrid kommt bereits 1412 vor. UB. No. 2992.

246. Meinhard von Bocheim wird im Kämmereibuch (UB. No. 1954) beim Jahre 1405 noch ohne den Titel „Herr" aufgeführt.

247. Hans Foysan sass 1412 und 13 noch nicht im Rathe. UB. No. 2992 und 95.

248. Hermann Sasse war Rathsherr in Dorpat, nicht in Riga. UB. No. 1874. 981. 2108.

249. Lubbert Wittenburch ist hier zu streichen. S. oben No. 201.

250. Johann Brothagen führt im J. 1416 noch nicht das Prädicat „Herr". UB. No. 2953, 20.

252. Reinhold Soltrump tritt urkundlich schon 1417 und 1418, jedoch ohne den Titel Herr auf. S. über ihn UB. No. 2151. 552. 566. 700. 3104. 6. 7. 9. Reg. 2409 im 6. Bande.

253. Hermann Vos. UB. No. 1970. 2006.

255. Hermann Stal ist ohne Zweifel identisch mit dem unter No. 261 aufgeführten Herman Steliss oder Stels, so wie mit dem im UB. No. 1659 Hermen Scel genannten Kämmerer, dessen Dienstzeit darnach in die Jahre 1422—33 zu stellen wäre. Welche Lesart des Namens die richtige ist, wage ich nicht zu entscheiden: die im UB. angenommene beruht auf der Autorität Leonhards von Napiersky; ihr kommt Stels am nächsten: bei der Aehnlichkeit der Buchstaben c und t in der damaligen Schrift ist eine Verwechselung beider leicht möglich. Stal dürfte schwerlich richtig sein. Dagegen kommt der Name Scel (Schel, Schele, Luscus) in jener Zeit nicht selten vor, namentlich auch in Riga. S. das Rigische Schuldbuch No. 58. 122. 132. 135. 854. 1504. 1857. Vergl. auch das Urkundenbuch No. 101. 926. 1015. 2777.

256. Heinrich Bekerworter war im J. 1456 bereits verstorben. UB. No. 2953, 54.

261. Hermann Steliss ist zu streichen. S. oben No. 255.

263. Frolik Engel war in den Jahren 1423. 24 und 31 Rathsherr zu Dorpat, gehört daher nicht in die Rigische Rathslinie. UB. No. 1982. 2375. *Ad* Reg. 2369. 825.

Noch bei einzelnen andern, ausser den vorstehend verzeichneten Nummern der Rathslinie — auch bei mehreren späteren — sind mir Zweifel aufgestossen, namentlich bei solchen, die sich bloss auf die Autorität Arndt's und anderer Verzeichnisse. oder darauf stützen, dass den bezüglichen Namen im Denkelbuche oder im Kämmereibuche das Prädicat „Herr" vorgesetzt ist. Da mir jedoch die eben gedachten Stadtbücher nicht zugänglich sind, aus welchen allein ich meine Vermuthungen begründen könnte, so ziehe ich es vor, letztere zurückzuhalten und hiermit meine Kritik zu schliessen, um deren Ergebnisse in der nachfolgenden ergänzten und berichtigten Rathslinie zusammenzufassen. Es sind dabei dieselben Grundsätze befolgt. und gelten daher auch dieselben Bemerkungen über Abkürzungen. Zeichen etc., wie oben S. 53 fgg. bei der Revaler Rathslinie, nur dass hier

1) das besondere Verzeichniss der Bürgermeister wegfällt. weil die Nachrichten über sie für Riga zu dürftig und lückenhaft sind.

2) Um die Ergebnisse der vorstehenden Untersuchung möglichst anschaulich zu machen, werden die einzelnen Personen, je nach der Kategorie, in welche sie gehören**), in nachstehender Weise unterschieden:

**) S. oben S. 161.

a) Diejenigen, deren Rathsangehörigkeit vollkommen begründet ist, sind ohne irgend welches Unterscheidungszeichen aufgenommen.

b) Die mit ihnen beinah gleich stehenden, deren Mitgliedschaft sehr wahrscheinlich ist, sind mit ihnen in gleicher Reihe verzeichnet, jedoch durch ein vorgesetztes Sternchen (*) unterschieden.

c) Diejenigen, bei denen nur die Möglichkeit, dass sie dem Rathe angehört, angenommen werden kann, sind mit kleinerer Schrift, ein wenig eingerückt, gesetzt; endlich

d) die ganz zweifelhaften zwar mit denen unter *c)* bezeichneten in eine Reihe gestellt, zum Unterschiede von ihnen aber mit einem Sternchen (*) versehen.

Dritter Abschnitt.

Aelteste Rigische Rathslinie.

1209. Philippus, advocatus, 211.
1224. Luderus, advocatus.
1225. Albertus, syndicus, 226.
1226. Albertus, advocat. (idem?),
234.
Berewich, Tidericus de,
consul, 240.
Horehusen, Joh. de, 240.
1230. Wernerus, gener Wichgeri,
232.
Wenden, Tidericus de, 232.
Utnorthing, Albertus, 232.
Woldericus, 240.
1231. Raceborch, Joh. de,
Rufus, Herm.,
Hereboldus.
Lubeke, Fridericus de, 232.
Nogatensilme, Herm., 232.
Monasterio, Bernh. de, 240.
Vunke, Herm., 240.
Horehusen, Wichgerus de,
245.

1231. Soest, Arn. de, 232.
Longus, Tider., 232.
Calmare, Wolmarus de.
1232. Transtigam, Ludolphus,
345. 358?
* Regenbodo.
* Iuxta Portam, Godefr.,
* Bernhardus, gener Hermanni Vunken.
* Wenden, Harold. de, frater Tiderici.
* Meinolphus.
* Albus, Bernh.,
* Nauta, Helewicus,
* Sifridus.
1240. Hermannus, advocatus.
Sosato, Hoyo de,
Sassendorp, Herm.,
Sassendorp, Joh., 245.
1245. Reymarus.
Hoyo, Albertus,
Helmoldus.
1255. Conradus, advocatus.

1291. Vunke, Bernh.,
  *Anglia, Gerh. de, 305.

1292. *Arnesberg, Joh. de, 303.
  Velyn, Herbordus de,

1293. *Dersowe, Gerh. de, 310.

1294. Seyme, Lamb., 307.
  Marscalcus, Gotsc.,
  * Wenda, Ludolphus de, 293.

1295. *Wicboldus, 383.
  Areten, Hinr.,
  ?   Osenbrugge, Arnoldus de,

1296. Vundenguth, Ertmarus, 304.
  *Zoyland, Regenbodo, 297.

1298. Monasterio, Lubbertus de,
  Rumelant, Conradus,
  Schwarz, Gotmarus,
  Spanan, Werner,

1299. Institor, Frider., 300.

1300. Hogheman, Sifridus, 320.
  Holste, Hinr., 307.
  Mythovia, Hinr. de, 330.
  *Pape, Sifridus, 307.

1301. *Cluverus, Joh., 303.

1302. *Langheside, Godfr., 307.
  Advocati, Thidem., 315?
  *Wigheri, Thider.,

1303. *Toys, Joh., 304.
  *Crispus, Bertold.,

1305. *Plumbom, Joh., 319.
  *Lettespape, Bernh., 310?

1306. Bremis, Jacobus de, 309?

1306. Wynman, Giselerus, 307.
  Warendorp, Joh. de, 330.
  349 †.
  *Alempoys, Lamb., 307.

1307? *Oldenvere, Herm. de,

1308. Ronno, Hinr.,

1309. Langheside, Joh., 326.
  *Born, Herbordus, 314.

1310. *Vinario, Ertmarus de,
  338 †.
  ?   *Parvus, Jacobus, 318 †.

1313. Velyn, Joh. de, Bm. 330.
  338.

1315. *Beveren, Joh. II. de,
  336.
  ?   *Bobbe, Gerh., Bm. 318.
  358 †.

1319. Dives, Ernestus, 323. 325?
  Muter, Helmicus,

1320. Ropa, Wernerus de, 330
  adv.

1321. Las, Bodo, 326.

1322. Keyepape, Joh., adv.,

1323. Monasterio, Ern. de, 326.
  Rogge, Joh.,
  Calmaria, Hinr. II. de,

1325. Copman, Joh. II.,

1326. Meye, Hinr., 338.
  Monasterio, Herm. de,

1329. Dersowe, Bernh.,

1330. Born, Hinr., 339 †.
Kruse, Hinr.,
Rese, Hinr.,
Rode, Herm., 336. •
Ostinchusen, Volquinus
II. de,
Radtporten, Joh.,
   * Dolen, Herm. de,
1336. Longus, Arnoldus, 338.
Longus, Ludolphus,
1338. Keyser, Joh.,
Pape, Joh., 352 †.
*Pape, Herm., 352 †.
Marscalcus, Joh.,
1339. Ripen, Willikinus de,
1345. Arnesberg, Herm. de,
1346. *Domerusse, Detmar,
1359. Vurnholt, Wilh., Bm.
Korneberch, Conr., Bm.
1360. Meyen, Gerh. de, 366.
1363. Borentze, Joh. de,
1366. Bolto, Joh.,
Gripeswold, Egbrecht,
1368. Berner, Hinr., 369.
Vorwerk, Arnold, 376.
Durkop, Joh., 379.
1369. Höppener, Bernh.,
Bocheim (Sandbocheim),
Meinart van, 383.
Soest, Rutger, 387 †.

1369. *Busche, Wilh. van dem,
1373. Koveld, Bruno,
1380. Remelingrode, Vrowin,
383 Bm. 384.
1381. Emmeren, Peter van,
383.
1382. Holste, Tymmo, 412.
1383. Grane, Tidemann, 390.
412 †.
Ravenslage, Wulfard van,
1391 Bm. 1405.
Stade, Wulfard van, 404.
410 †.
1384. Hiddensee, Herm., 391.
Halle, Tidemann van der,
391 Bm. 397.
1385. Lynden, Tidemann van,
388.
Vockinchusen, Caesarius,
391 Bm. 408.
? Meyen, Detmar, 386 †.
1386. Arnsberch, Goswin, 395.
Colne, Joh. van, 391.
1406 †.
Durkop, Conrad, 406.
Wintermast, Hermann,
391.
1387. Essende, Everhardus de,
395.
   *Sondag, Hinr.,

1388. Calmaria, Joh. de, 411.

1389. Bekerwerter, Jacob, 411.
Durkop, Hinr., 427.
Nyenbrugge, Tidemann,
392 Bm. 1400.

? *Copman, Rinold, 392 †.

1391. *Ranken, Otto,
Visch, Conrad, 421.
Winkel, Hermann, 400.
Wittenborg, Lubbert,
418.

1392. *Blomen, Hermann,
Coke, Joh., 395. 398 †.
Treppen, Arnold van der,
? Kornenberch, Herm.,
393 †.

1393. Loman, Joh., 399.

1394. Rynman, Claws, 402.
Berkhoff, Eggert, 423.
Huntschede, Tidemann,
411.

1395. Arnsberch, Gotscalcus,
404. 406 †.
Bredebeke, Gotscalcus,
411.

1396. Wesendal, Burchard, 405.
Slus, Arnoldus de,
Vresenberg, Nicol., 415 †.

1397. Vresenberg, Joh., 399.

1398. Bobbe, Herm., † 436.
Calander, Joh., 413.

1398. Rostok, Joh., 418.

1399. Wantschede, Joh., 1412
Bm. 421.

1401. Nienlo, Tidemann van
dem, 411.

1402. *Rynmann, Joh., 427.
430 †.

1403. Bonnit, Everh.,
Odeslo, Godeke, 420.

1404. Staggen, Joh., 405.

1405. Kuthus, Tidemann,
Peghe, Arndt, 423.
Rode, Walter, 415.
Steenhus, Hartwich, 419.
Stockman, Albert, 419.
431 †.
Woynchusen, Joh., 429.

1407. *Bedenkhusen, Peter van,
Deterdes, Henning, 413.

1408. Heide, Herbert van der,
419.
Pal, Lubbert de, 416.
Stockman, Herm.,

1409. Lynden, Joh. van, 425.
Sure, Nicol., 413.
*Monnik, Heyno,

1410? Essen, Marquard van
411 †.

1411. Seveneken, Wilh., 418.
439 †.

1412. *Brothagen, Jacob, 417.
Segevrid, Hartwich, 443.

1415. Sterneberg, Joh., 427.
Bocheim, Meinhard von,
423.

1416. Foysan, Joh., 428.

1417. *Wynranken, Joh.,

1418. Brothagen, Joh., 1446.

1419. Budde, Herm., 432.
440 †.

1420. Soltrump, Reinold, 447.

1421. Vos, Herm., 440.

1422. Dalhusen, Joh., 431.
Scel, Herm., 433.

1424. Bekerwerter, Hinr., 440.
456 †.

Zweiter Anhang.

Die älteste Dorpater Rathslinie.

~~~

Der Verlust des alten Archivs der Stadt Dorpat, bei deren Zerstörung durch den Zaren Iwan Wassiljewitsch[1]), hat zur Folge, dass wir von der Verfassung der Stadt und ihres Rathes in der älteren Zeit gar keine Kenntniss haben. Wir können bloss vermuthen, dass die Verhältnisse denen der Stadt Riga analog waren, da Dorpat seit den ältesten Zeiten den Gebrauch des Rigischen Rechts hatte[2]). Dennoch ist es möglich, aus den Archiven des Rigischen, besonders aber des Reval'schen Rathes, auch schon für das vierzehnte und fünfzehnte Jahrhundert eine, wenngleich ziemlich lückenhafte Rathslinie für Dorpat zusammenzustellen. Für die Zeit seit Wiedererstehung der Stadt im J. 1582 bis zum J. 1761 liefern Gadebusch's Jahrbücher nicht nur das vollständigste Material für eine Rathslinie, sondern meist auch für jedes Jahr die Aemterbesetzung. Die nachstehende Rathslinie für die älteste Zeit ist bis zum J. 1423 aus dem Urkundenbuch geschöpft, für die späteren Jahre vorzugsweise aus dem Rigischen Kämmereibuche. In letzterem ist übrigens

---

[1]) S. R. Hausmann in den Verhandl. der gelehrten Estnischen Gesellschaft in Dorpat Bd. VII. Heft 3 u. 4. S. 129 fgg.

[2]) S. UB. No. 1105 und meine Einleitung in die Livländ. &c. Rechtsgeschichte S. 157.

bei der Erwähnung fremder Rathsglieder („Herren") nicht immer angegeben, welcher Stadt sie angehören, daher am Schluss unserer Liste einige Namen vorkommen, für deren Eigenschaft als Glieder des Dorpater Rathes nur die Vermuthung streitet. Ihren Namen ist, zur Unterscheidung von denen, über deren Hierhergehörigkeit kein Zweifel obwaltet, ein Sternchen (*) vorgesetzt worden.

1319. Mynden, Gerh. de, UB. No. 667.
     Scillinc, Wescelus, 323. 32. UB. No. 667. 86. 752.
1323. Lange, Herm., 332. UB. No. 693. 94. 752. 3071.
1326. Scelen (Scelen?), Henr., UB. No. 723.
1331. Blomberg, Siffr., UB. No. 746.
     Gotmarus, das.
     Scilme, Phil., das.
     Velin, Godsc. de, Proconsul 336. UB. No. 746. 774.
     Hetvelt (Hitvelt), Bruno, 332. UB. No. 746. 52. 2797.
     Elfinchusen, Joh., UB. No. 746.
1332? Soygelant, Herm., UB. No. 752.
1340? Nestwede, Joh. de, UB. No. 795.
1345. Ponte, Hinr. de, UB. No. 2819.
     Wippervorde, Wulfardus de, das.
     Volmesten, Detmarus de, das.
     Vette, Conr., das.
1355. Heide, Gobele van der, Procons. 374. UB. No. 1096.
          3209—11. Reg. No. 1108, c.
1359. Ruscenberch, Tidem., UB. No. 3090, a.
1363. Kurler, Herbort, 373. 74. UB. No. 996. 1095. 96. Hansarecesse II. No. 53. 68. 69.
1365. Caspel, Godsc. van der, 366. UB. No. 2882. 87. 89.
     Langenbeke, Hildebr., UB. No. 2882.

1366. Lippe, Joh. van der, UB. No. 3213. Reg. 1225.

1368. Borch, Wolter van der, 369. 74. 81. Procons. 388. 92.
UB. No. 1055. 96. 117. 251. 2895. 925. Hansarecesse II, No. 232. 37.

1369. Vorste, Joh., 370. 74. UB. No. 1096. Reg. 1252. 53.
1259. 66.

Bremen, Gerlach van, UB. No. 2895.

Voykinchusen, Zories van, das.

1371. Kaporie, Herm., Hansarecesse II, No. 18.

1374. Vockinchusen, Evert Gildehus, Procons. UB. No. 1096.

1375. Vinke, Joh., Hansarecesse II, No. 99.

1379. Valenberg, Henr., 392. Procons. 401. 2. War 1408 verstorben. UB. No. 1459. 597. 602. 729. 47. Hansarecesse II, No. 190.

1385. Holthusen, Conr., UB. No. 3217, l.

Kegeler, Herm., Procons. 392. UB. No. 1330. 553. 2924.
· 2925. 3217, l.

1386. Beverman (van der Bever), Joh. I., 392. 97. 402. UB.
No. 1251. 93. 459. 602. 925. Hansarecesse II,
No. 323.

1387. Wege, Peter van (uppe) dem, 392. UB. No. 1246. 2925.

1389. Oldenbrekelvelde, Albert, 392. Procons. 402. 5. 11. UB.
No. 1602. 56. 796. 882. 2925. Reg. 1507. 17.

1392. Klinkrode, Winold, 396. Starb 1397. UB. ·No. 1330.
1414. 51. 553. 2924.

Kruse, Werner, UB. No. 2925.

Nilebert, Henr. van, das.

Hacke, Godsc., 397. 408. UB. No. 1454. 747. 2925.

1396. Bekeman, Werner, UB. No. 1511.

1397. Eppenschede, Joh. I., Procons. 398. 402. 5. UB. No.
1459. 602. 72.

1400. Remmelincrode, Godsc., 402. UB. No. 1512. 602.

1402. Olpe, Alf uter, 405 — 407. War 1414 todt. UB. No.
1602. 56. 86. 97. 98. 715. 16. 954. 85. 2019. 174.
2175. 260. 81. 2340—42. 969. Reg. 1881. 2035.

1403. Vos, Tideke I., 410—12. 18. 19. Procons. 420. 23. 24.
1429. UB. No. 1819. 32. 919. 2282. 333. 99. 700.
Reg. 1940.

1405. Velde, Joh. van dem, UB. No. 1656.

1407. Epponschede, Joh. II., 408. 9. Procons. 411. UB. No
1728. 29. 42. 46. 72. 954.

1408. Schadehaver, Henr., UB. No. 1747.

1410. Koten, Detmar van den (van me), 415. UB. No. 1826. 998.
Schriver, Henr., 412. UB. No. 1819. 26. 29. 30. 919.

1411. Sasse, Herm., 414. 17. UB. No. 1874. 981. 2108. S. oben
S. 197.

Hultschede, Joh., UB. No. 1882.

Sure, Joh., UB. No. 1882. 2292. 95. S. oben S. 191.

1415? Catrenberch, Joh., UB. No. 2038.

1416. Stenhus, Godsc., 417. UB. No. 2108. 61. 62.

1419. Berge, Gerd van dem, UB. No. 2309.

1420. Brekelveld (Brekelwolde), Joh., 421. UB. No. 2521. 52. 66.

1421. Engel, Vrolik, 423. 24. 31. UB. No. 1982. 2375. *Ad*
Reg. 2369. 825. Rig. Kämmereibuch. S. auch oben
S. 198.

1422. Butenschone, Herm., 423. 24. 26. 27. UB. No. 2659. 64.
2694. Rig. KB.

Hole, Henr. van me, Procons. 423. 27. 50. UB. No. 2659.
Rig. KB.

1423. Cothusen, Hartwich, Advocatus, UB. No. 2694.

Luseberch, Hilbrand, Adv., 430. UB. No. 2694. Rig. KB.

1425. Hole, Tideman van dem, Procons. Dieser, wie alle
folgenden, beruhen bloss auf dem Rigischen Kämmereibuche.

1427. Smythus, Tideman,

1428. Berinchof, Joh., 459.

1435. *Vockinchusen, Hillebrand, 438. 48. 49.

1440. Engelmestede,

1445. *Bredenschede, Joh.,

1455. Ossenbringk, Joh., 461.

*Orde, Willem up dem,

1460. Vos, Tideman II., 461.

Schrickelman, Herm., 461.

1462. Berinchof, Heydenrich, 464. 65. 67.

1464. Wantschede, Godeke,

1466. Beverman, Joh. II.,

Herlinghusen, Joh., 467. 69.

1468. Vockinchusen, Jürgen,

1470. Lyndouwe, Tymme,

1471. Hereke, Tideman.